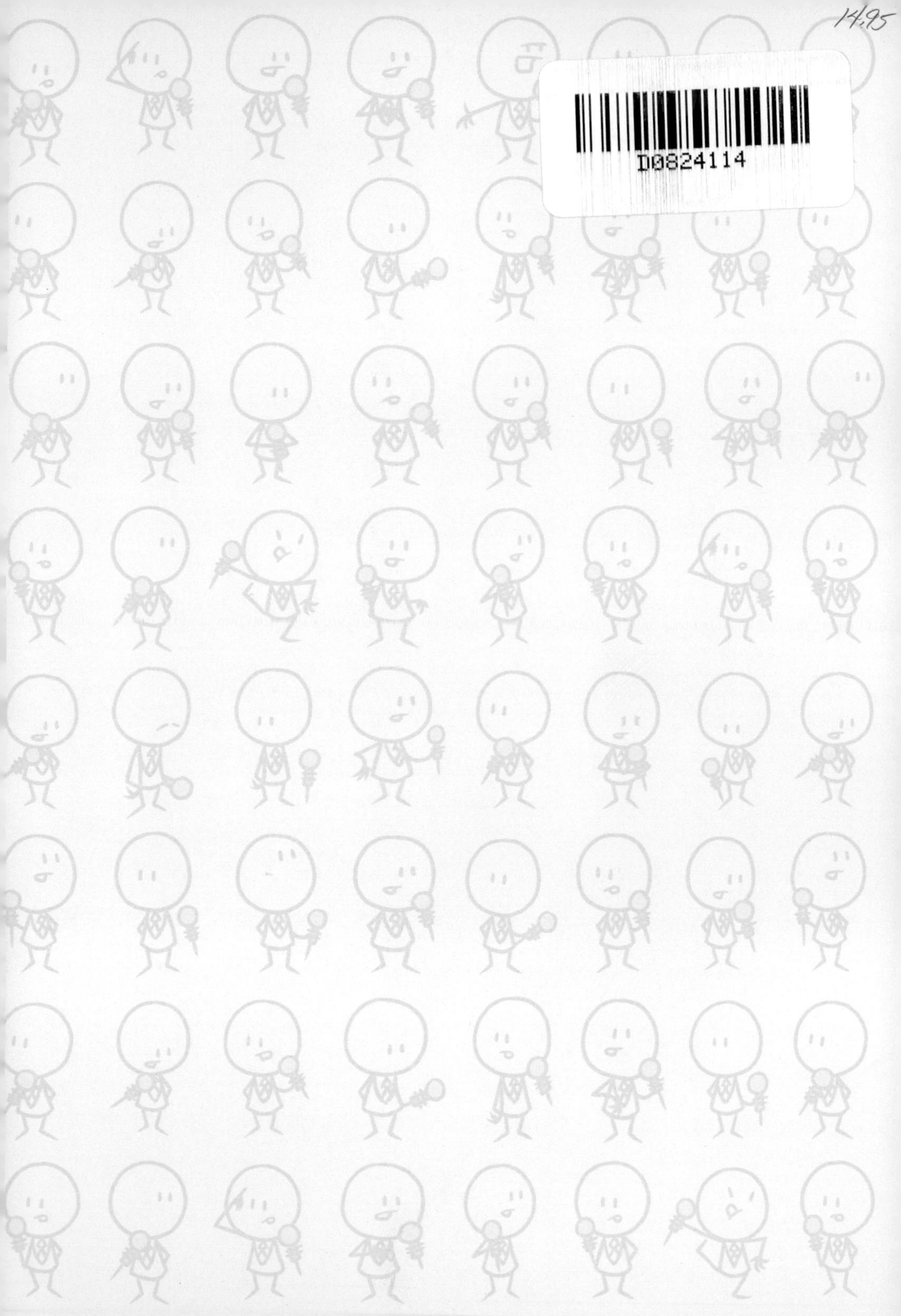

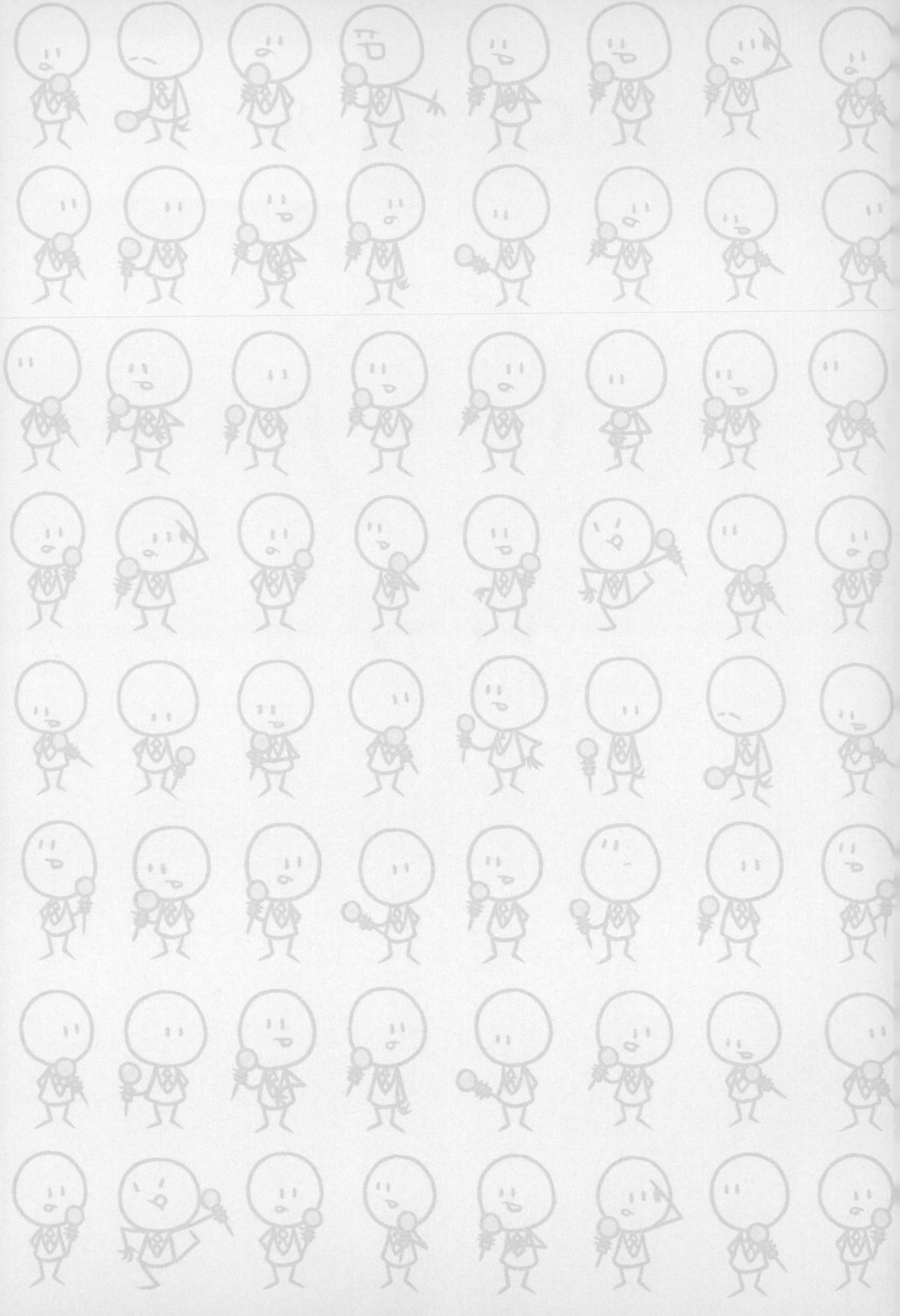

PACASSO

DR. NETAS

STANDUP

·CÓMIC·

PLAN B

Dr. Netas
Stand up cómic

Primera edición: septiembre, 2019

D. R. © 2019, Francisco Almaraz

D. R. © 2019, derechos de edición mundiales en lengua castellana:
Penguin Random House Grupo Editorial, S. A. de C. V.
Blvd. Miguel de Cervantes Saavedra núm. 301, 1er piso,
colonia Granada, delegación Miguel Hidalgo, C. P. 11520,
Ciudad de México

www.megustaleer.mx

D. R. © 2019, Víctor Trujillo, por el prólogo

ISBN: 978-607-318-494-6

Impreso en México – *Printed in Mexico*

El papel utilizado para la impresión de este libro ha sido fabricado a partir de madera
procedente de bosques y plantaciones gestionadas con los más altos estándares ambientales,
garantizando una explotación de los recursos sostenible con el medio ambiente y beneficiosa para las personas.

DESPUÉS DE TRABAJAR CUARENTA AÑOS en las casi siempre nobles labores del entretenimiento, hay cosas que ya puedo asegurar en la materia y otras que seguramente me han de enterrar con su misterio. Pero de las primeras puedo afirmar que en el diario quehacer de la comedia, muchos han logrado desarrollar el *estado del humor*; una actitud ante la vida que eleva el *sentido del humor* a rango de emoción primaria y especialidad.

Hay gente estupenda que logra pescar palabras, gestos y situaciones al vuelo para convertirlos en destapadores de carcajadas. Hay otros que tienen la facilidad de platicar chistes, conteniendo los relatos para aderezar con alusiones, ritmo y tonos la explosión esperada del remate. Inolvidables son los seres que con una mirada, un guiño o un movimiento de cejas exorcizan cualquier momento solemne e incómodo de esos a los que estamos expuestos, nada más por coexistir. Estos habitantes del *sentido del humor* sí tienen la facilidad y la disposición de poner a jugar el espíritu, pero dependen del ánimo, de la circunstancia, de la compañía, del tiempo libre, de los dolores, de los desamores, de la presión arterial o la económica. "Todo tiene su lugar y su momento", habría decretado una tía virgen y mártir que cuatrapeó muchas infancias.

(No incluiré a quienes les gana la risa cuando alguien se resbala o se cae en una coladera. Los burlones no alcanzan lugar en el exclusivo zoológico del buen humor.)

En cambio, quienes viven a través del *estado del humor* no tienen opción. La vida entera va pasando por ese filtro que rescata las posibilidades cómicas que laten mustias en el melodrama de cada día y de la mismísima tragedia. Y no para configurar cosas chistosas precisamente, sino para darle un sentido lúdico a la experiencia de vivir, convivir, amar, elegir, sufrir, compartir, pertenecer y morir.

Tan profundo y tan intenso como se lo imaginen, ver la vida desde la butaca de la comedia permite desarticular todo el protocolo social y moral de lo aprendido y heredado por generaciones. Desafiar las etiquetas: lo correcto, lo sano, lo prudente, lo sensato, lo normal, para que pueda fluir la turbosina infantil blindada por nuestra armadura intelectual, que nunca será a prueba de cosquillas.

¿Cómo identificar a estas singulares personas en medio de la multitud que nos confunde a todos? Los que se ríen de sí mismos: ellas y ellos son.

Los y las que han aprendido a no tomarse tan en serio ni sus berrinches de alarido, ni sus sueños de grandeza, ni el sufrimiento desgarrador, ni los celos shakespearianos, ni el amor eterno, son quienes aceptan su vulnerabilidad de buena gana y construyen sobre ella sus fortalezas; se ríen de su condición, se aceptan y se aman. No hay humor si no hay amor.

A partir de ello, todo. Menos que eso, no tiene chiste.

Francisco Almaraz es el autor de este libro, y es también miembro distinguido del *estado del humor*. En los bajos fondos de la elocuencia organizada se le conoce como Pacasso, y aquí nos presenta un ejercicio divertido, liberador y didáctico. Para quienes acostumbran la lectura, será un remanso. Para quienes nada más gusten de los monitos, un edén. Por un lado tenemos un monólogo, un discurso teatral que desde los clásicos fue adaptándose a través de los siglos para convertirse en el actual *stand up comedy*. Por otro lado, cerrando la pinza, tenemos la plataforma editorial para que, mediante el cómic, nos convirtamos en la audiencia creativa de un show que protagoniza un *monito* entrañable. La atmósfera es al gusto de los lectores. Yo escuché los zumbidos del micrófono y el cuchicheo del público a mi alrededor. Confieso que hasta vi golpes de luz y oí los platillazos de una batería no muy grande.

Así como siempre ha sido posible recrear en imágenes lo que uno va leyendo, también es posible leer para recrear lo que uno es.

Damas y caballeros, antes de cuestionar las audaces fusiones de mi amigo Pacasso, piensen que cuando alguien alguna vez decidió mezclar la música con la poesía, el teatro y la danza, nació la ópera alrededor de 1600. ¿Valdrá la pena la aventura? Siempre.

El cómic y el stand up juntos, como usted los quería leer.

VÍCTOR TRUJILLO

Página reservada para autógrafo.

(Por si te encuentras a Alfonso Cuarón
y se te hace feo pedirle que te firme un kleenex.)

A Bere,
por todo lo que
hemos creado juntos.

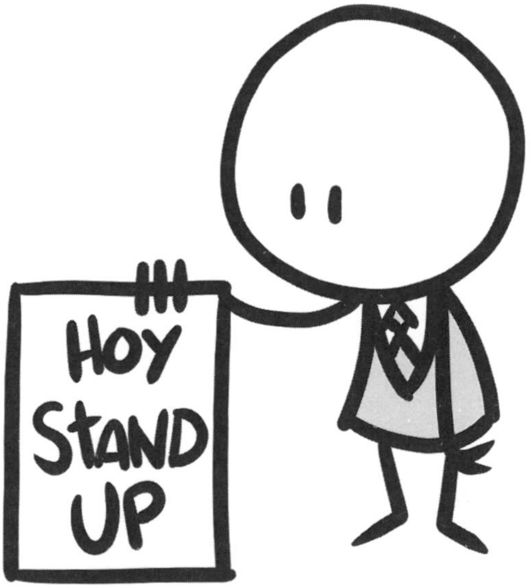
HOY
STAND
UP

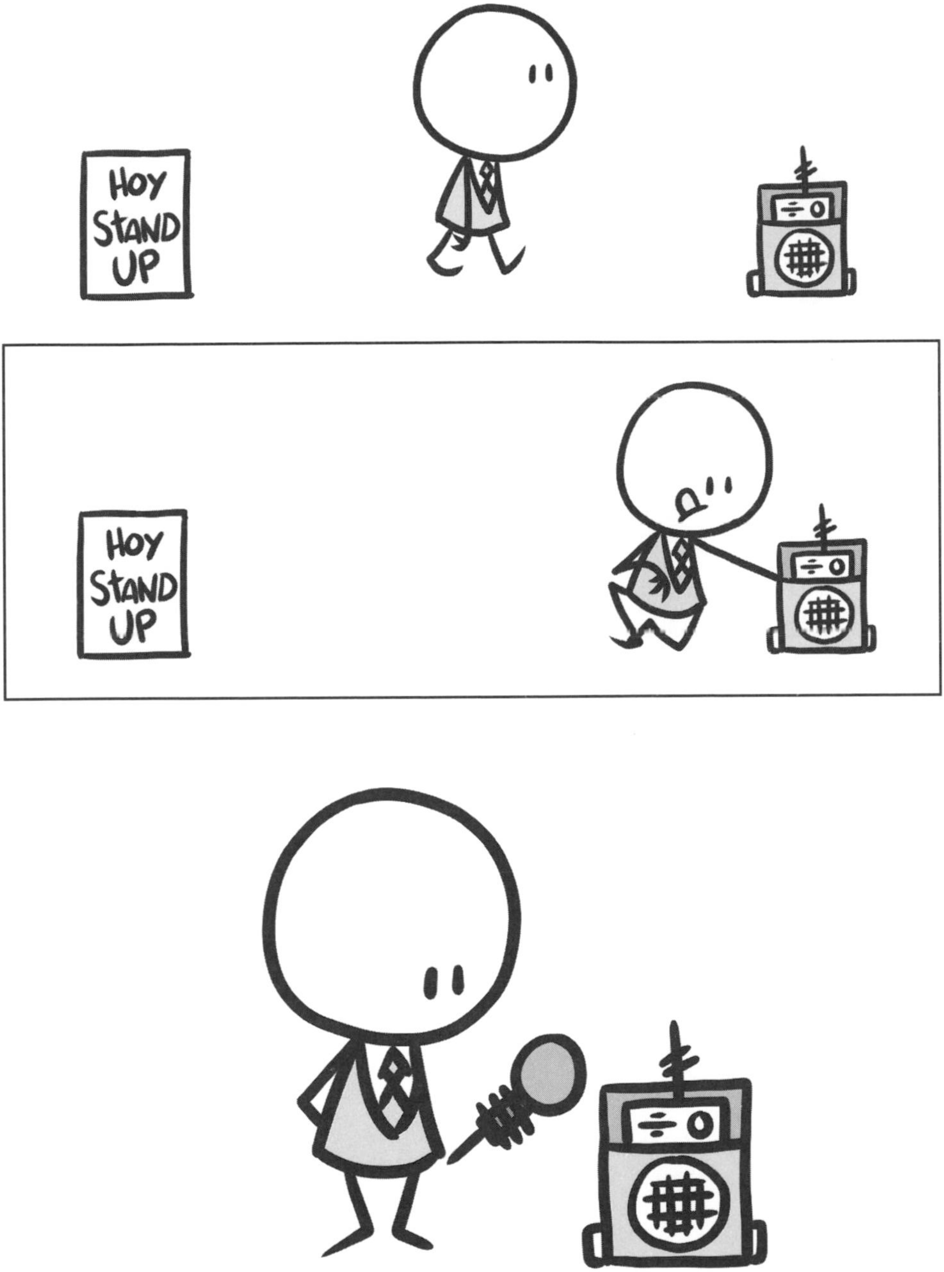
HOY
STAND
UP
HOY
STAND
UP

Hola.

Al conducir por la ciudad, siempre existe la posibilidad de toparte con automóviles que llevan pegados unos emblemas en forma de pescaditos.

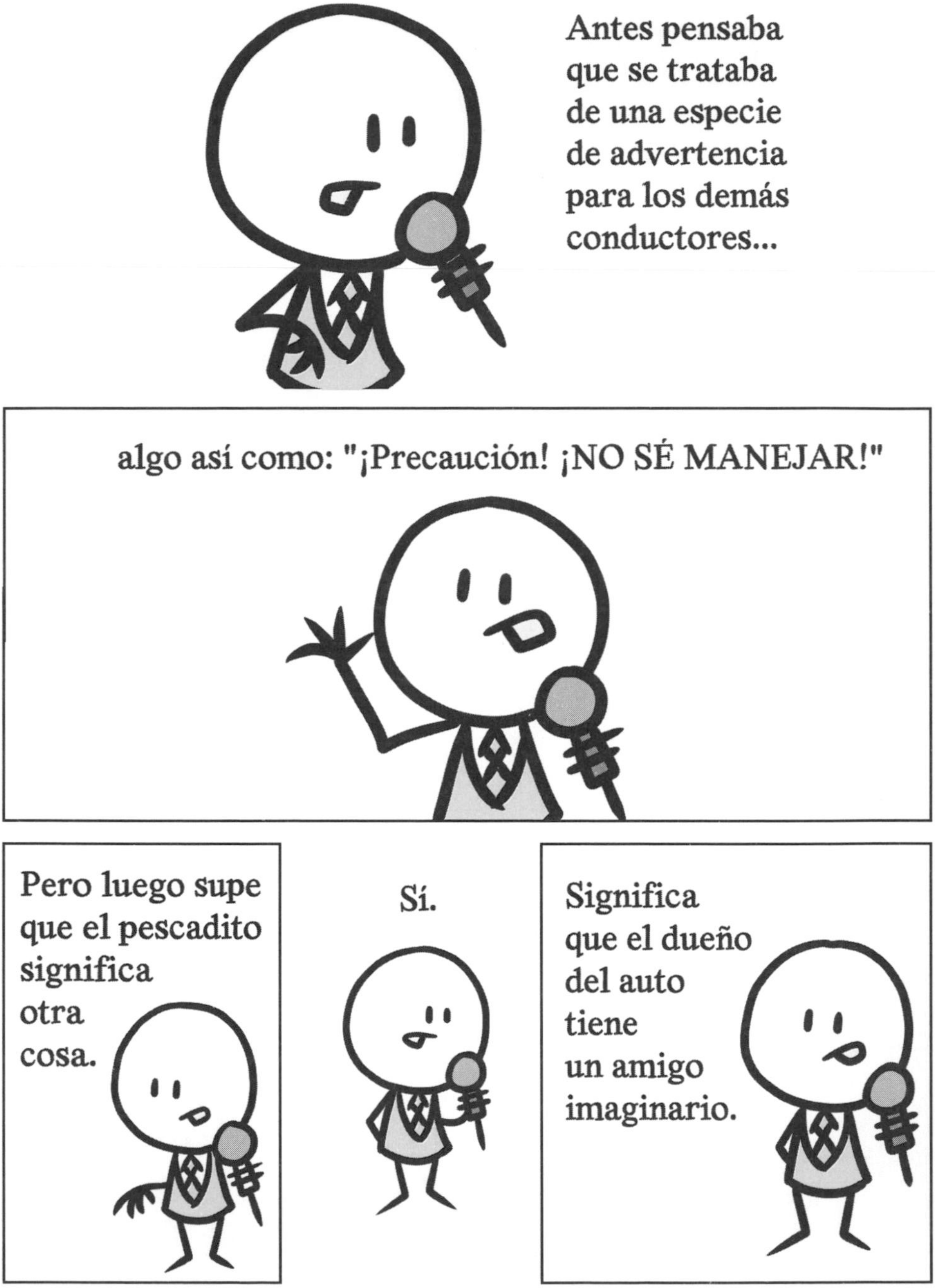
Antes pensaba que se trataba de una especie de advertencia para los demás conductores...
algo así como: "¡Precaución! ¡NO SÉ MANEJAR!"
Pero luego supe que el pescadito significa otra cosa.
Sí.
Significa que el dueño del auto tiene un amigo imaginario.

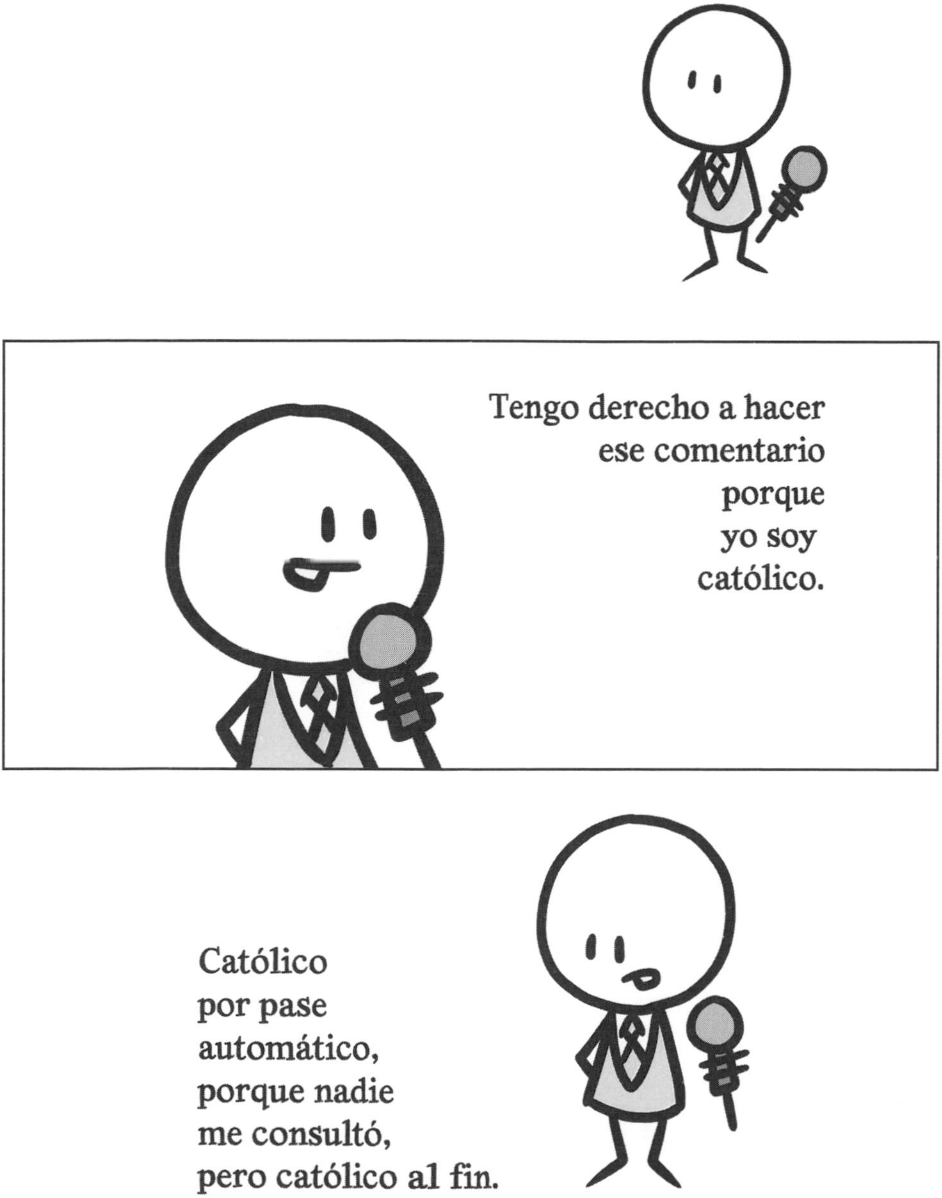
Tengo derecho a hacer ese comentario porque yo soy católico.
Católico por pase automático, porque nadie me consultó, pero católico al fin.

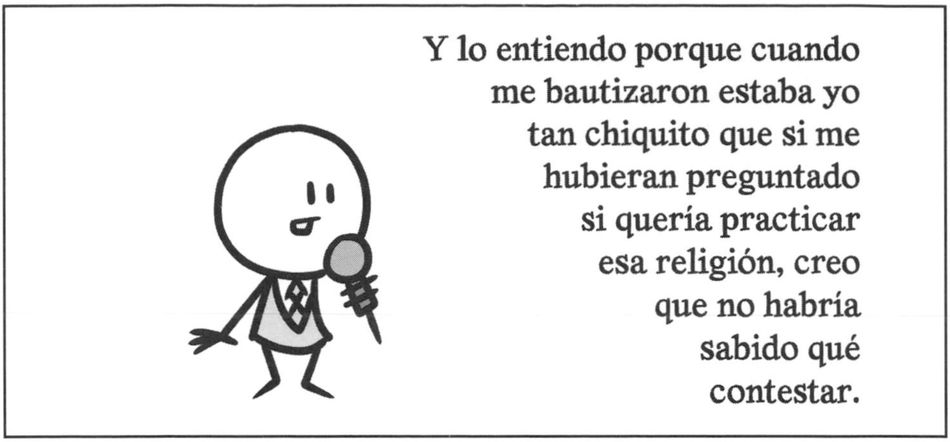
Y lo entiendo porque cuando me bautizaron estaba yo tan chiquito que si me hubieran preguntado si quería practicar esa religión, creo que no habría sabido qué contestar.

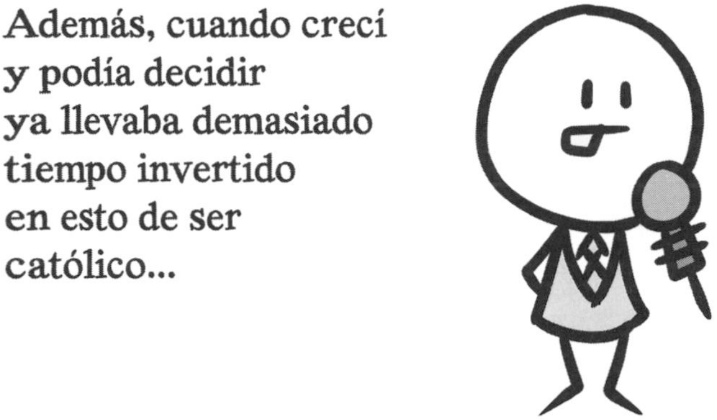
Además, cuando crecí y podía decidir ya llevaba demasiado tiempo invertido en esto de ser católico...

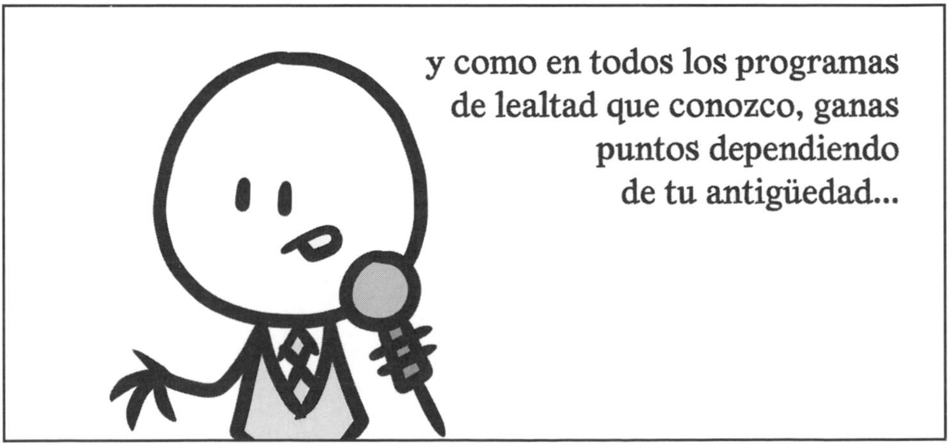
y como en todos los programas de lealtad que conozco, ganas puntos dependiendo de tu antigüedad...

pues,
no sé...

pero sinceramente espero
que al llegar a las puertas del Cielo,
justo cuando San Pedro ordene
que me lleven al Infierno
por no tener méritos
suficientes para entrar,
haga una pausa...

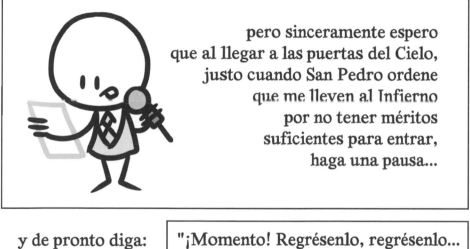

y de pronto diga:

"¡Momento! Regrésenlo, regrésenlo...
¡¿SOCIO DESDE 1970?!"

Sostengo una relación de amor y odio con los peatones.

El tipo de peatón que más odio es el peatón matador.

El peatón matador es ése que aunque sabe que el automovilista tiene el paso, camina frente a los autos...

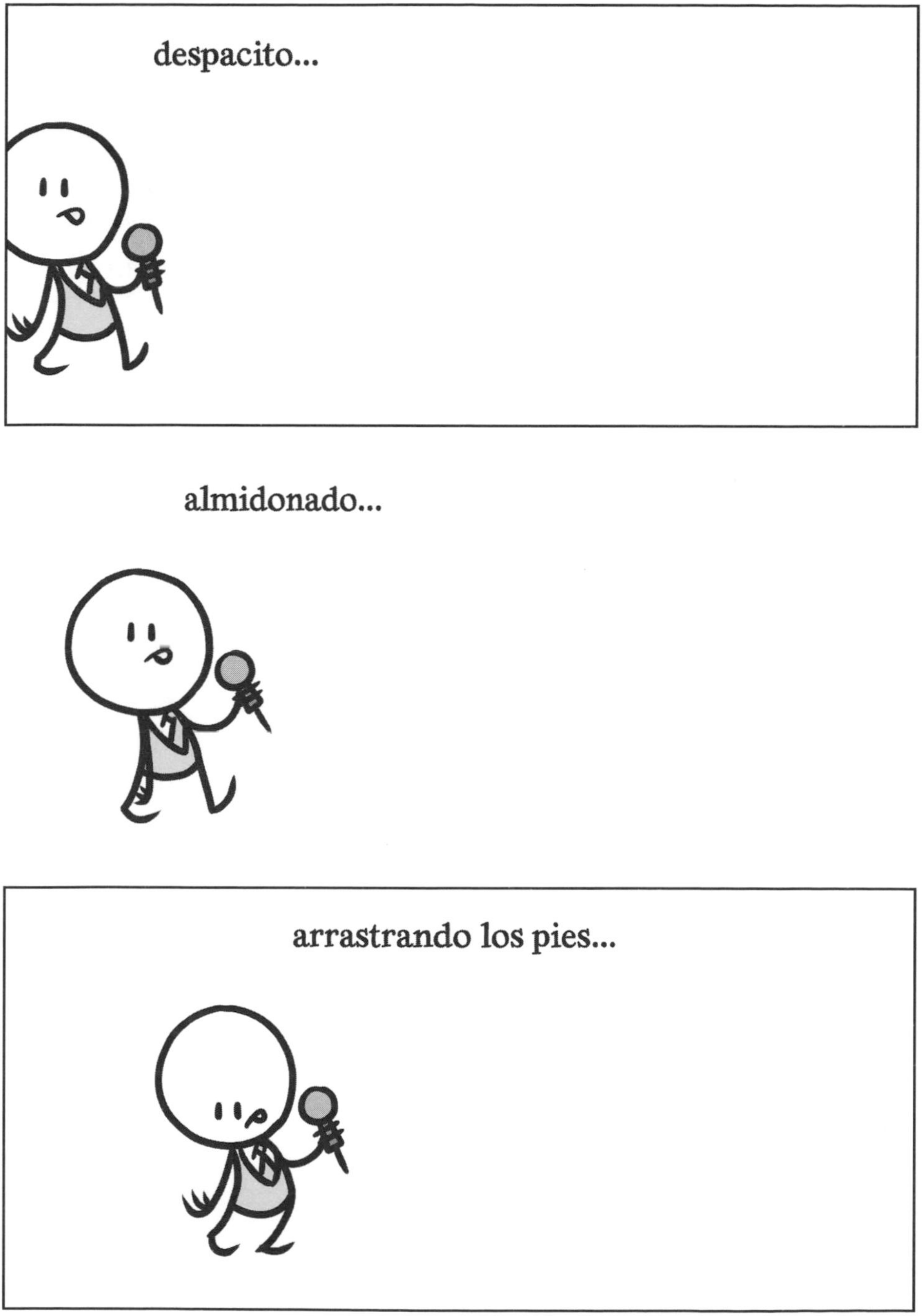
despacito...
almidonado...
arrastrando los pies...

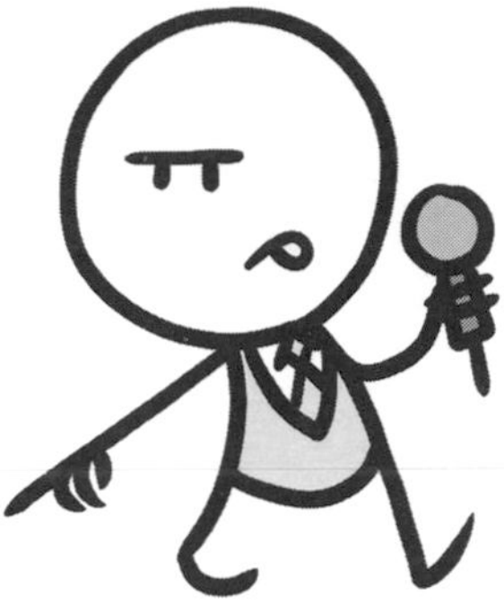

mirando de reojo las defensas
de los coches para iniciar
una pelea si detecta
el más mínimo
movimiento.

Los odio.

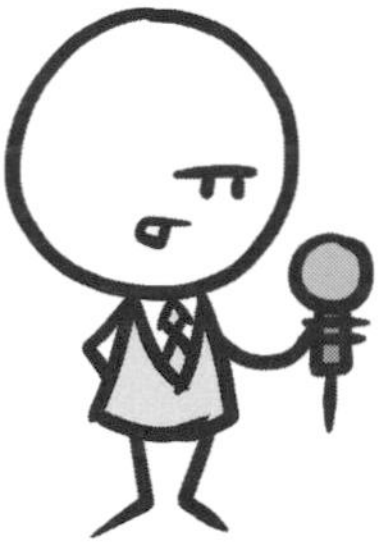

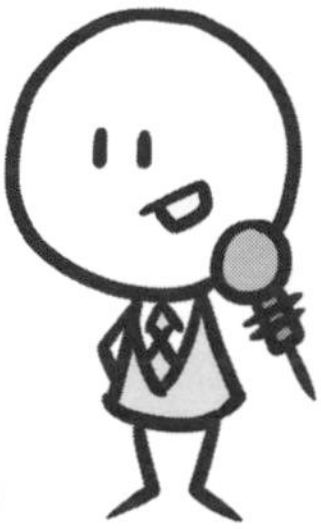

En cambio,
amo a los peatones
que hacen contacto visual
contigo para tratar de adivinar
si les vas a ceder el paso...

y que cuando les haces
una señal, comienzan
a caminar todos
agradecidos...

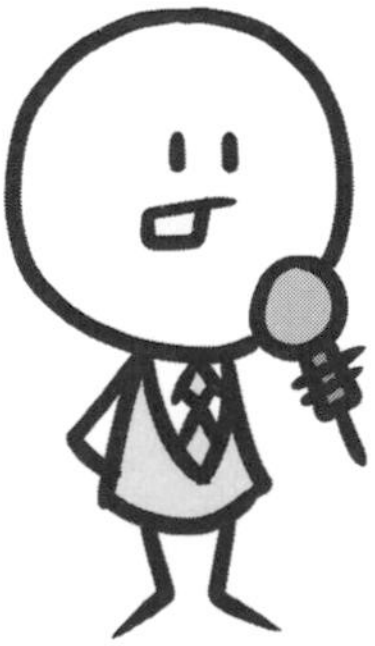

y lo disfrutas, porque
en ese mágico momento
sientes lo mismo
que un emperador
romano debió
experimentar
al perdonar
una vida.

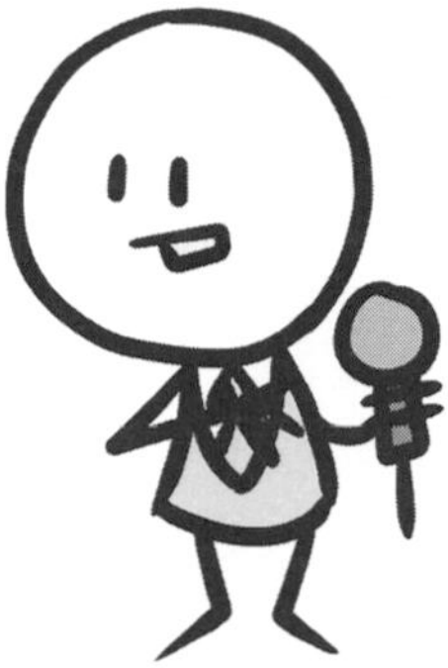

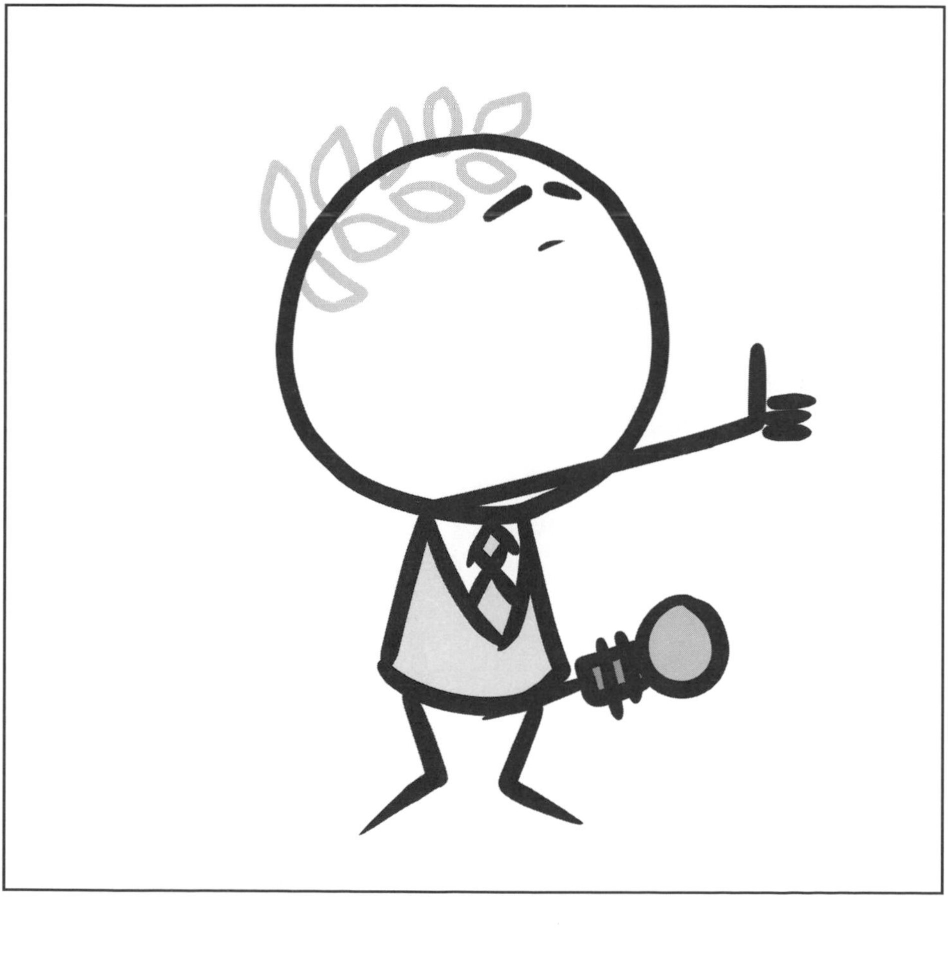

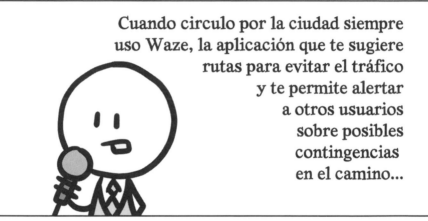

Cuando circulo por la ciudad siempre uso Waze, la aplicación que te sugiere rutas para evitar el tráfico y te permite alertar a otros usuarios sobre posibles contingencias en el camino...

como manifestaciones, accidentes y baches... pero lo que más me gusta es que puedes informar a los demás dónde hay presencia de policías.

Ubicación
que notificas
de dos formas:

visible...

u oculta.

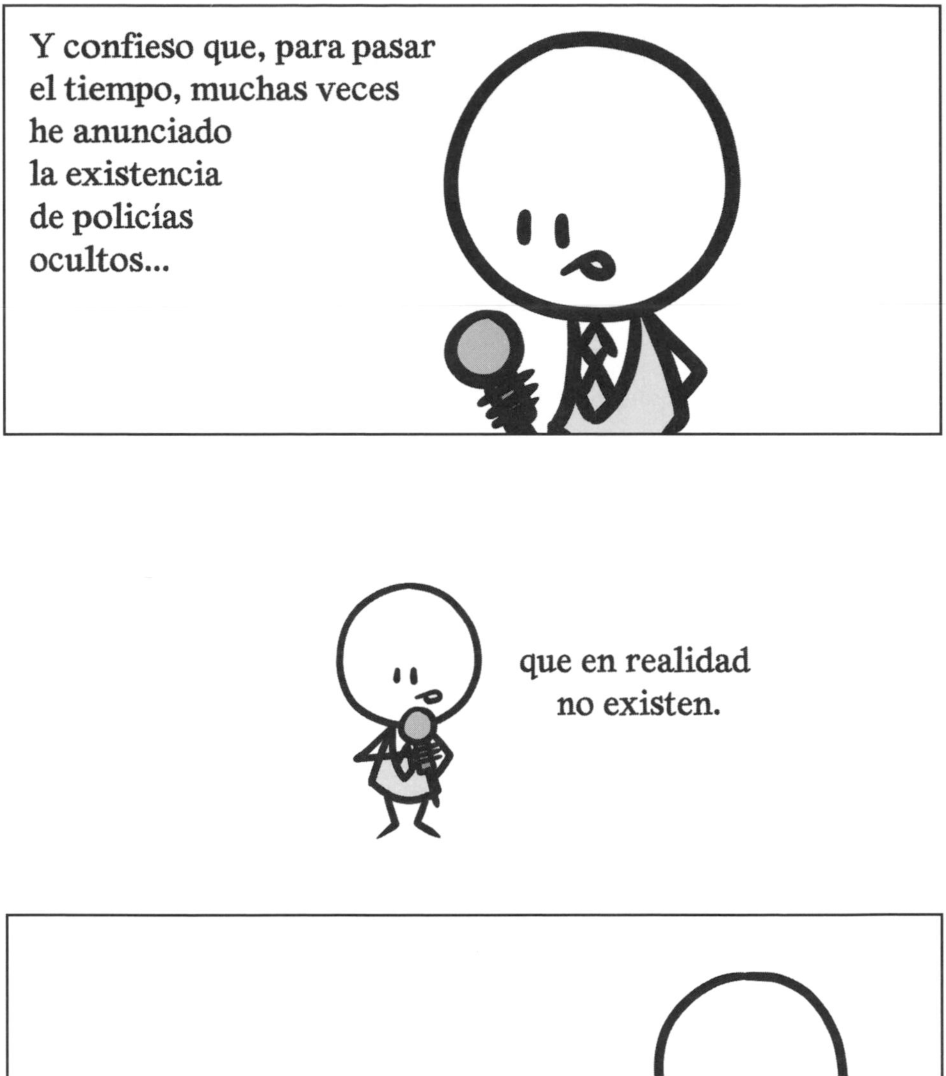
Y confieso que, para pasar el tiempo, muchas veces he anunciado la existencia de policías ocultos...
que en realidad no existen.

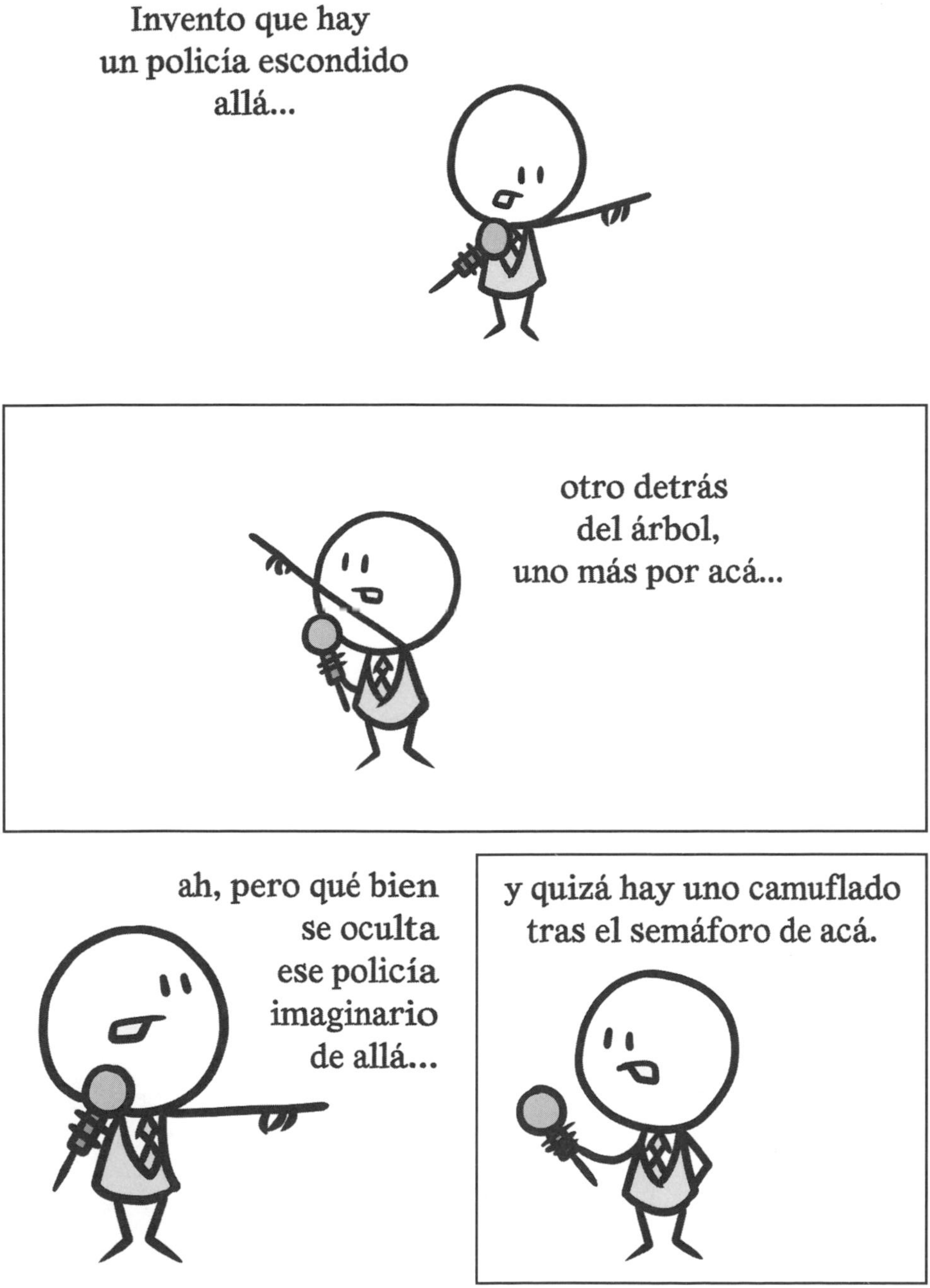
Invento que hay
un policía escondido
allá...
otro detrás
del árbol,
uno más por acá...
ah, pero qué bien
se oculta
ese policía
imaginario
de allá...
y quizá hay uno camuflado
tras el semáforo de acá.

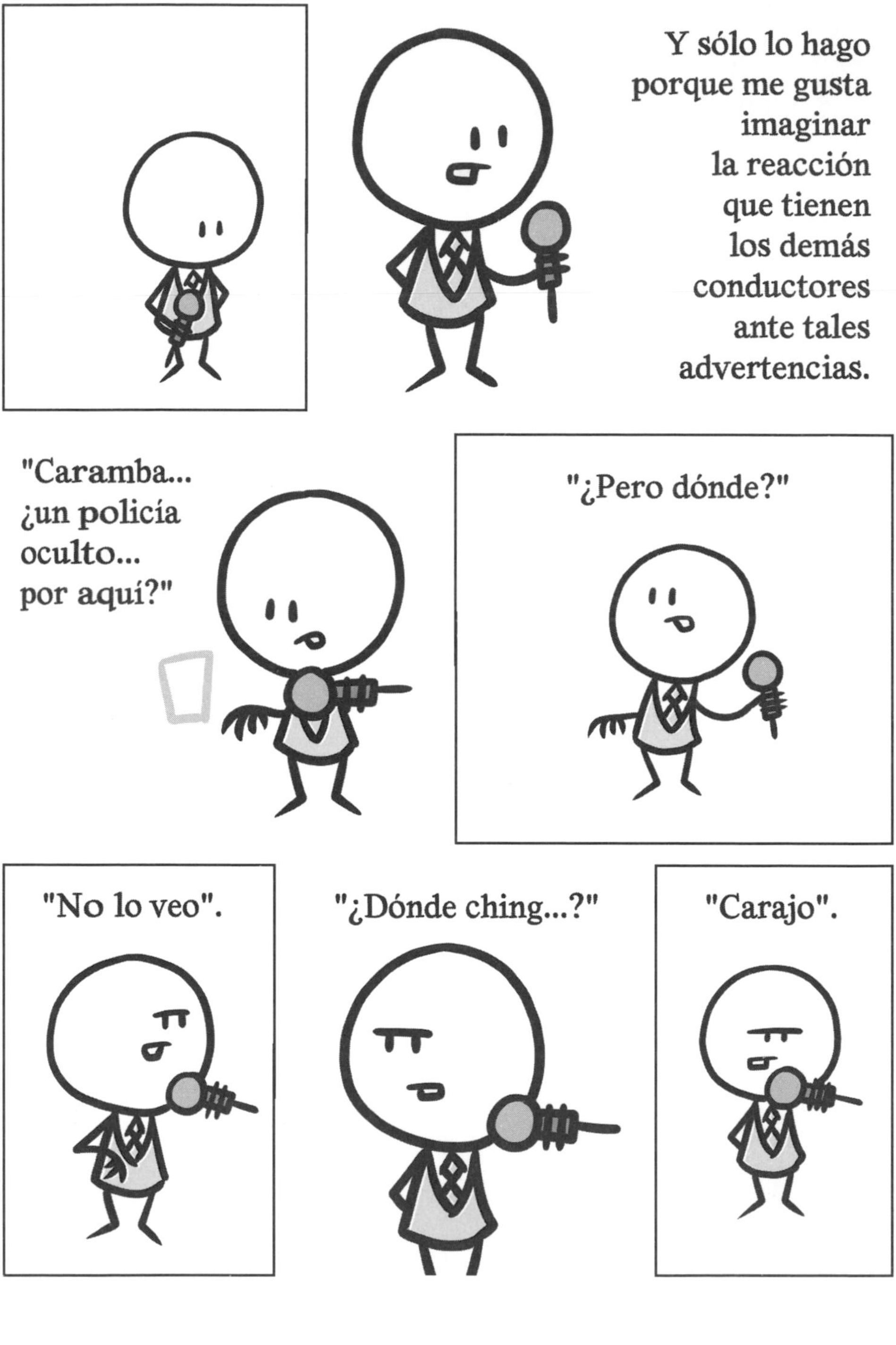
Y sólo lo hago porque me gusta imaginar la reacción que tienen los demás conductores ante tales advertencias.
"Caramba... ¿un policía oculto... por aquí?"
"¿Pero dónde?"
"No lo veo".
"¿Dónde ching...?"
"Carajo".

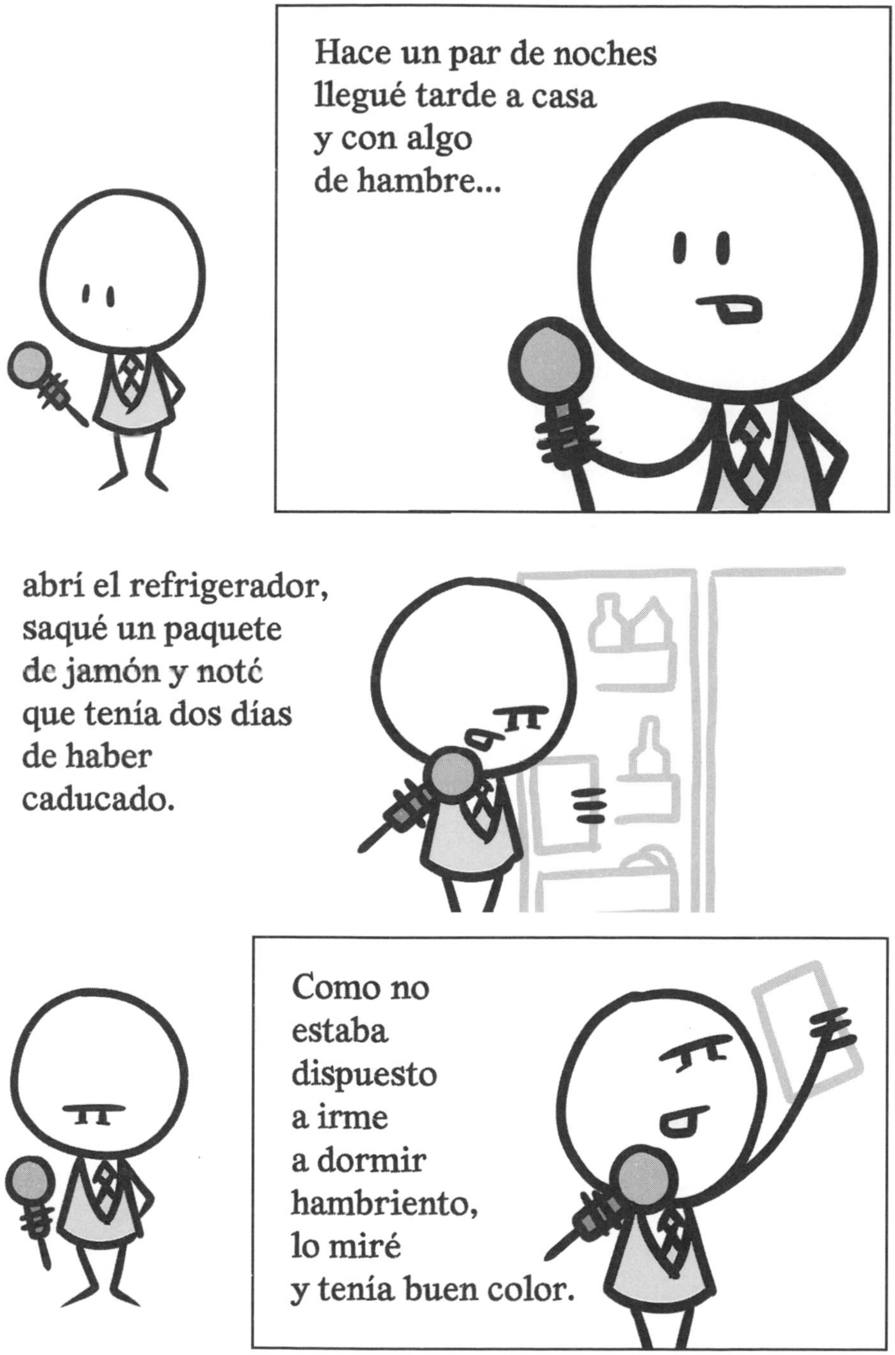
Hace un par de noches
llegué tarde a casa
y con algo
de hambre...
abrí el refrigerador,
saqué un paquete
de jamón y noté
que tenía dos días
de haber
caducado.
Como no
estaba
dispuesto
a irme
a dormir
hambriento,
lo miré
y tenía buen color.

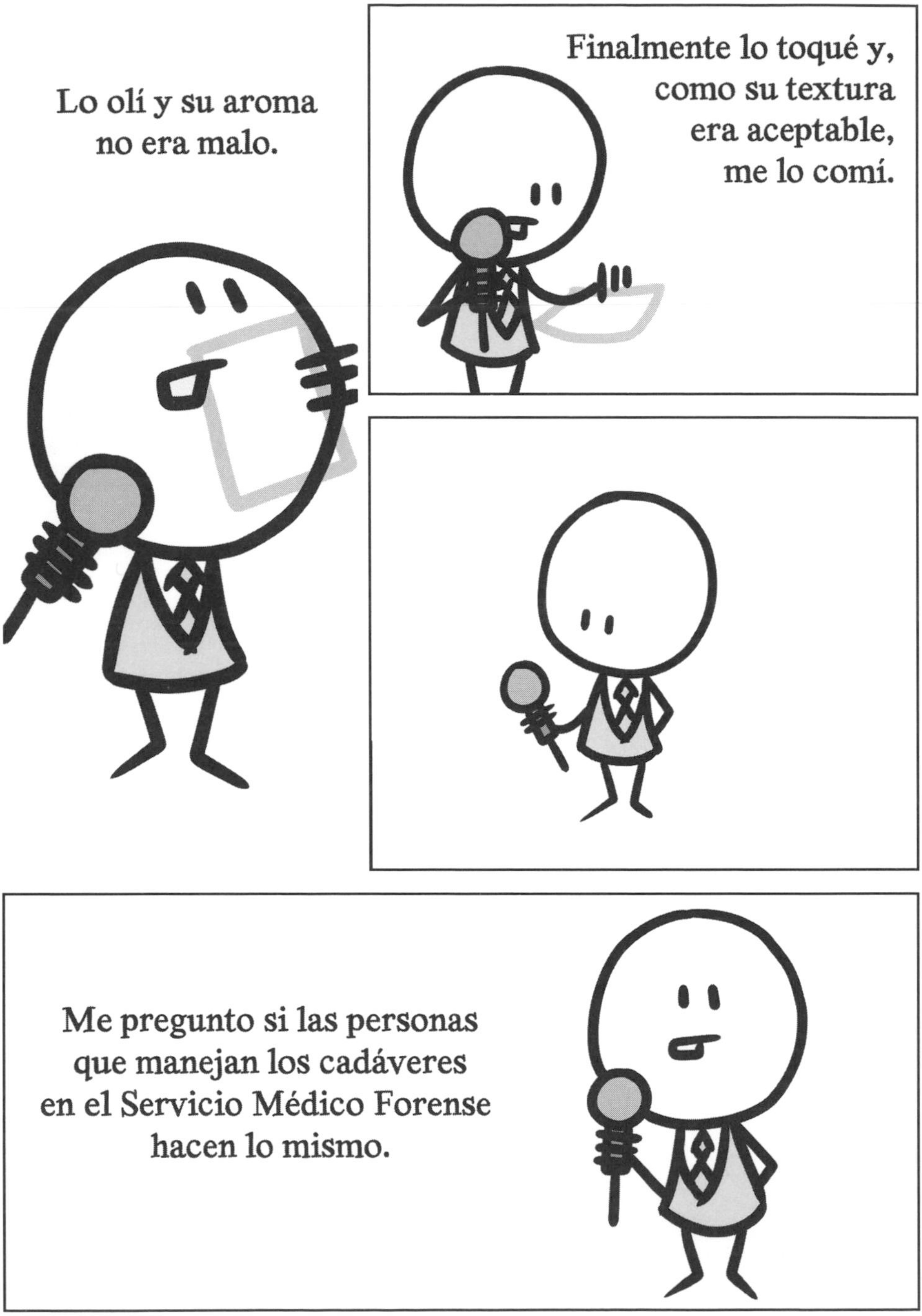
Lo olí y su aroma no era malo.
Finalmente lo toqué y, como su textura era aceptable, me lo comí.
Me pregunto si las personas que manejan los cadáveres en el Servicio Médico Forense hacen lo mismo.

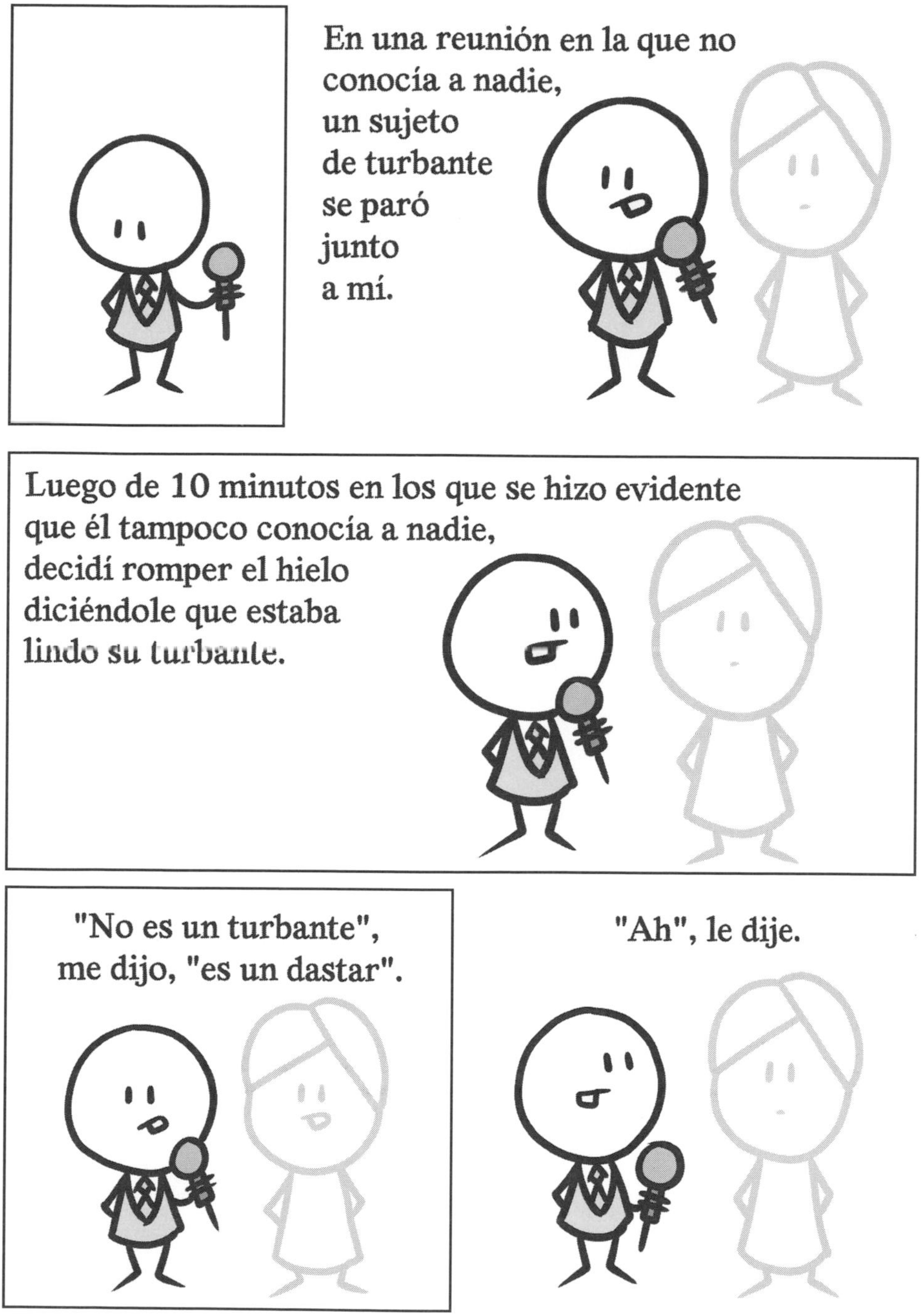
En una reunión en la que no
conocía a nadie,
un sujeto
de turbante
se paró
junto
a mí.
Luego de 10 minutos en los que se hizo evidente
que él tampoco conocía a nadie,
decidí romper el hielo
diciéndole que estaba
lindo su turbante.
"No es un turbante",
me dijo, "es un dastar".
"Ah", le dije.

"Y es que, ¿sabes?", me dijo, "mi religión me impide cortarme el cabello, así es que lo ato y lo envuelvo con el dastar".

"¿Y qué religión es ésa?", pregunté y me dijo: "Soy sij".

Y fue entonces cuando decidí demostrar que soy un hombre de mundo, tan culto y abierto como el que más...

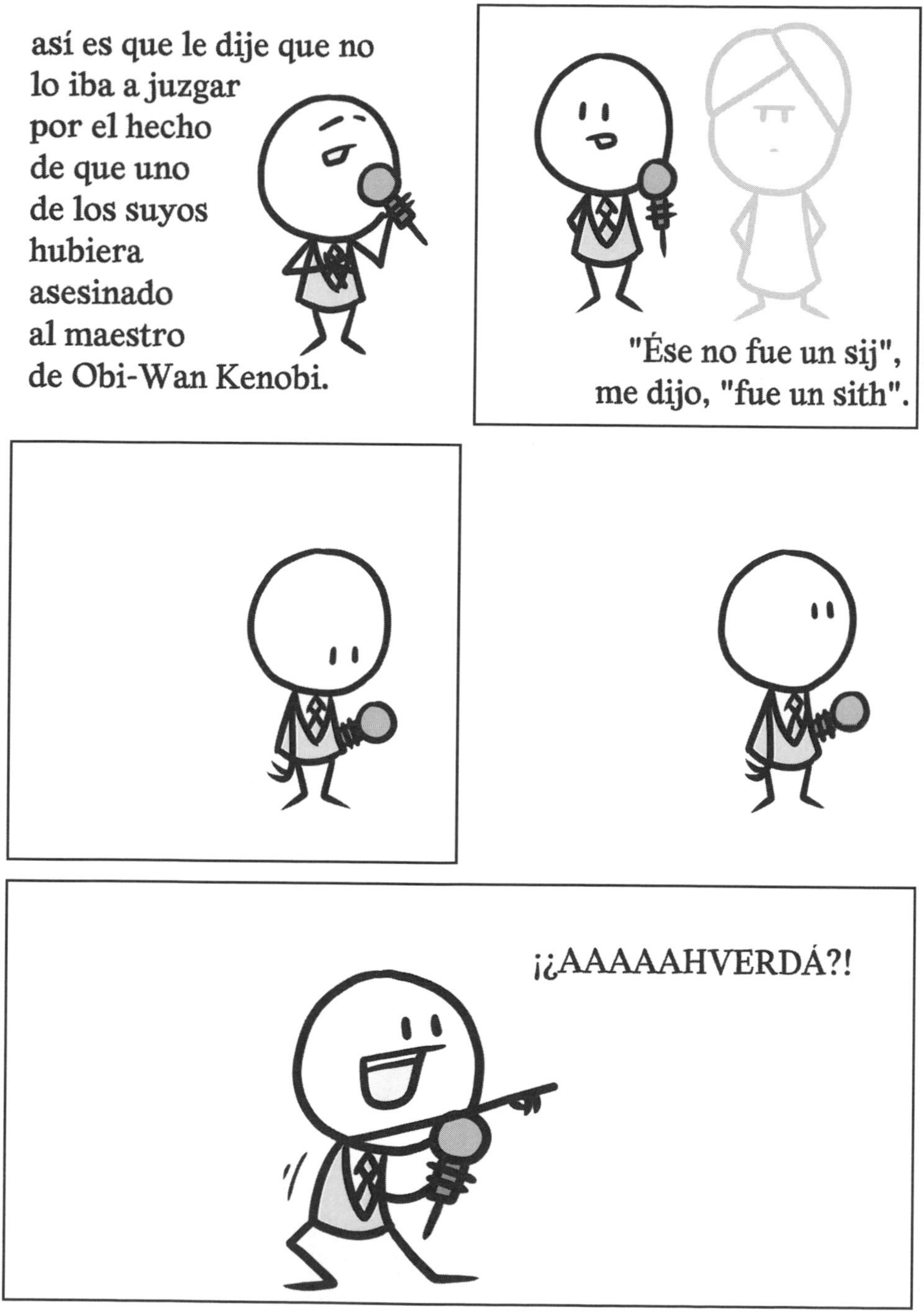
así es que le dije que no
lo iba a juzgar
por el hecho
de que uno
de los suyos
hubiera
asesinado
al maestro
de Obi-Wan Kenobi.
"Ése no fue un sij",
me dijo, "fue un sith".
¡¿AAAAAHVERDÁ?!

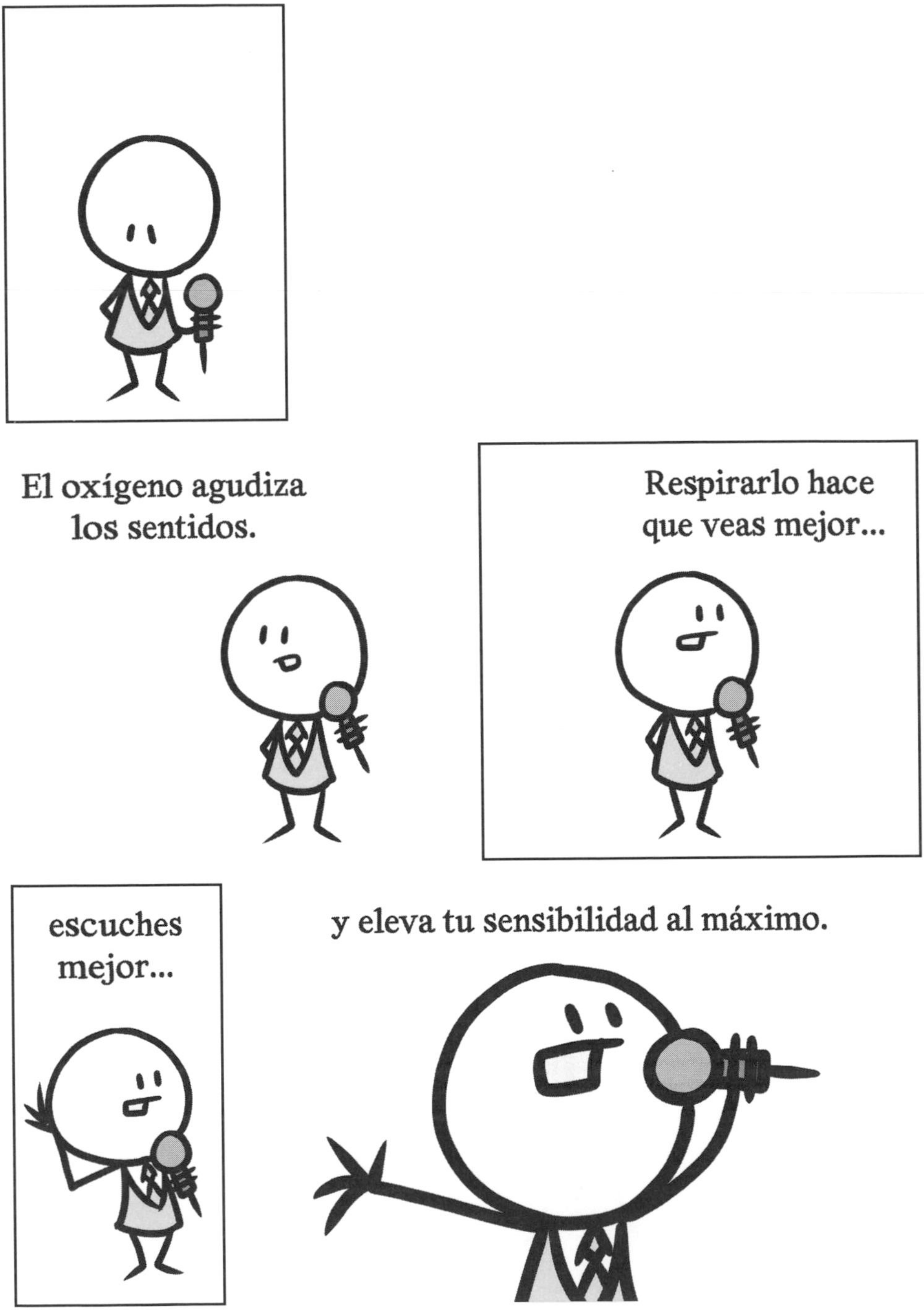
El oxígeno agudiza los sentidos.
Respirarlo hace que veas mejor...
escuches mejor...
y eleva tu sensibilidad al máximo.

Así las cosas...

¿quién habrá sido el desgraciado
que determinó que,
cuando un avión
va en picada,
había que oxigenar
a los pasajeros?

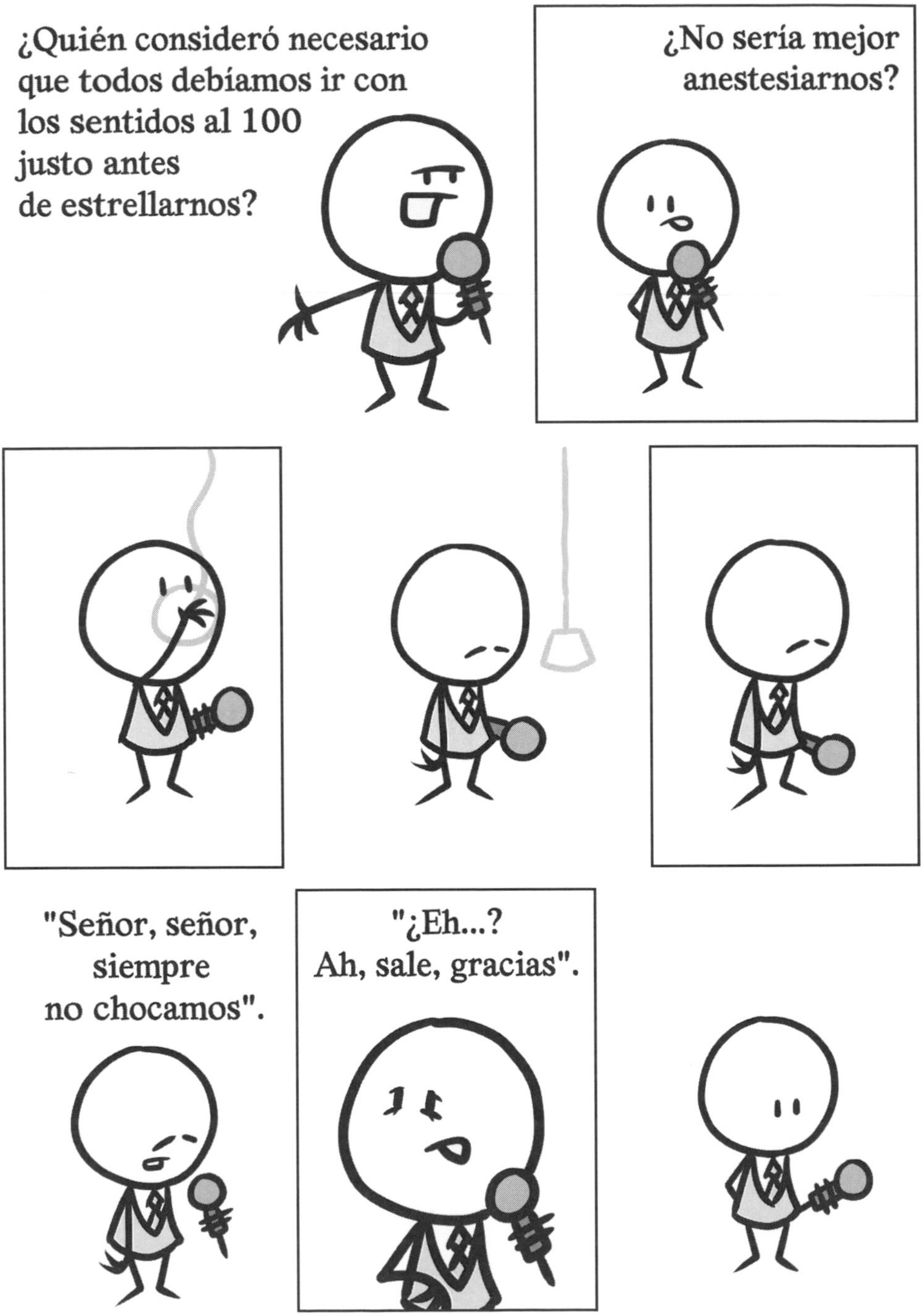
¿Quién consideró necesario que todos debíamos ir con los sentidos al 100 justo antes de estrellarnos?
¿No sería mejor anestesiarnos?
"Señor, señor, siempre no chocamos".
"¿Eh...? Ah, sale, gracias".

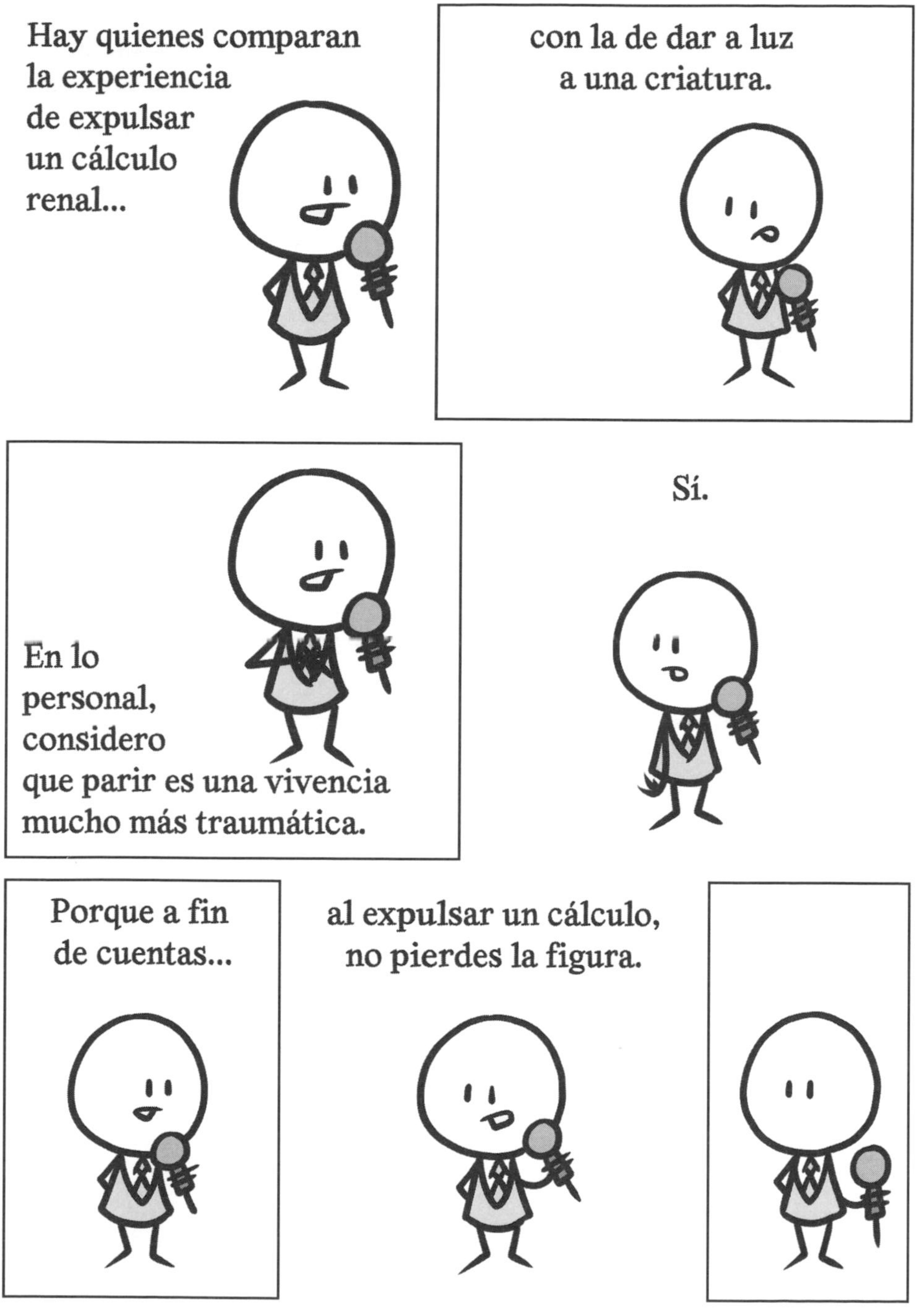
Hay quienes comparan la experiencia de expulsar un cálculo renal...
con la de dar a luz a una criatura.
En lo personal, considero que parir es una vivencia mucho más traumática.
Sí.
Porque a fin de cuentas...
al expulsar un cálculo, no pierdes la figura.

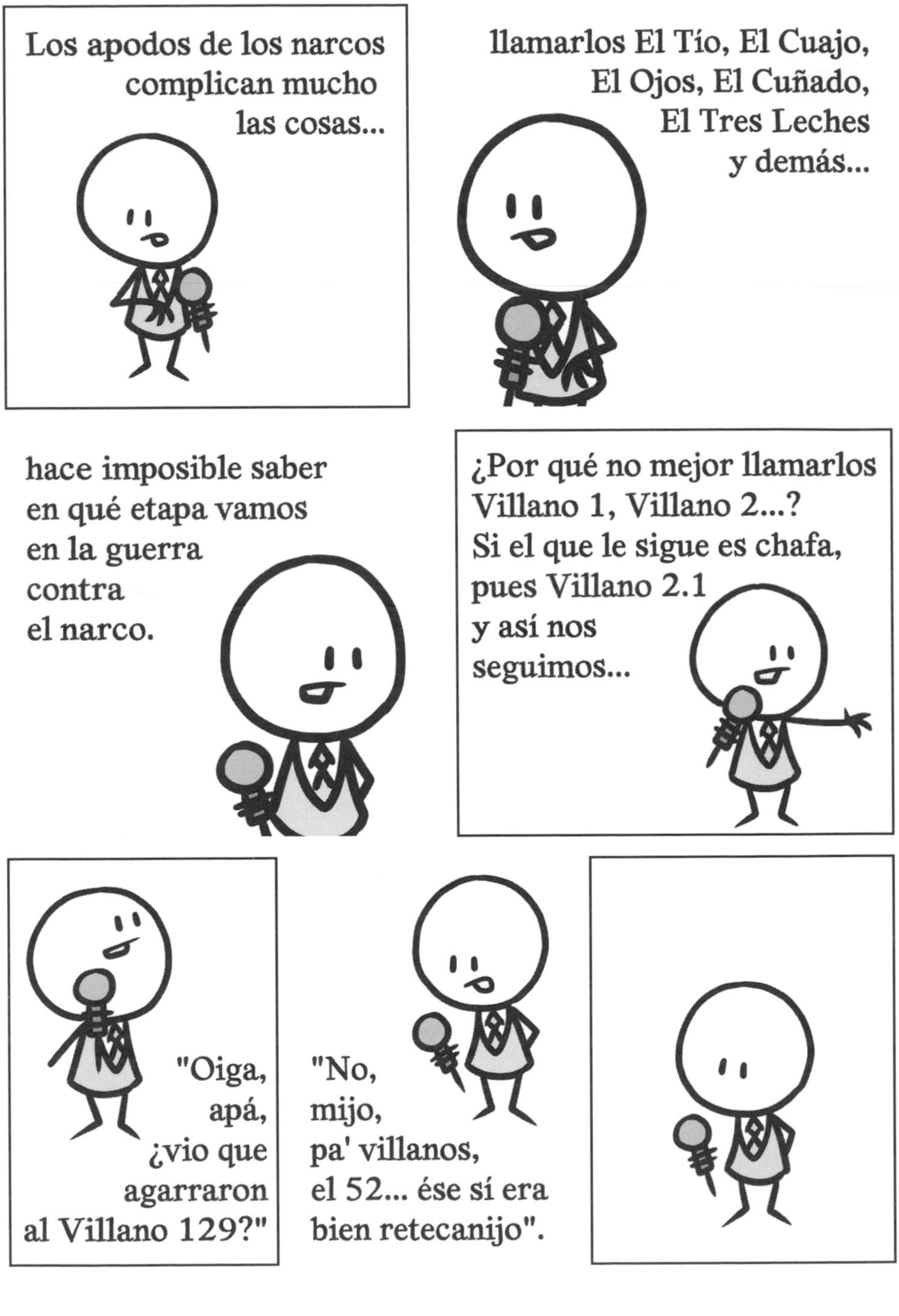
Los apodos de los narcos complican mucho las cosas...
llamarlos El Tío, El Cuajo, El Ojos, El Cuñado, El Tres Leches y demás...
hace imposible saber en qué etapa vamos en la guerra contra el narco.
¿Por qué no mejor llamarlos Villano 1, Villano 2...? Si el que le sigue es chafa, pues Villano 2.1 y así nos seguimos...
"Oiga, apá, ¿vio que agarraron al Villano 129?"
"No, mijo, pa' villanos, el 52... ése sí era bien retecanijo".

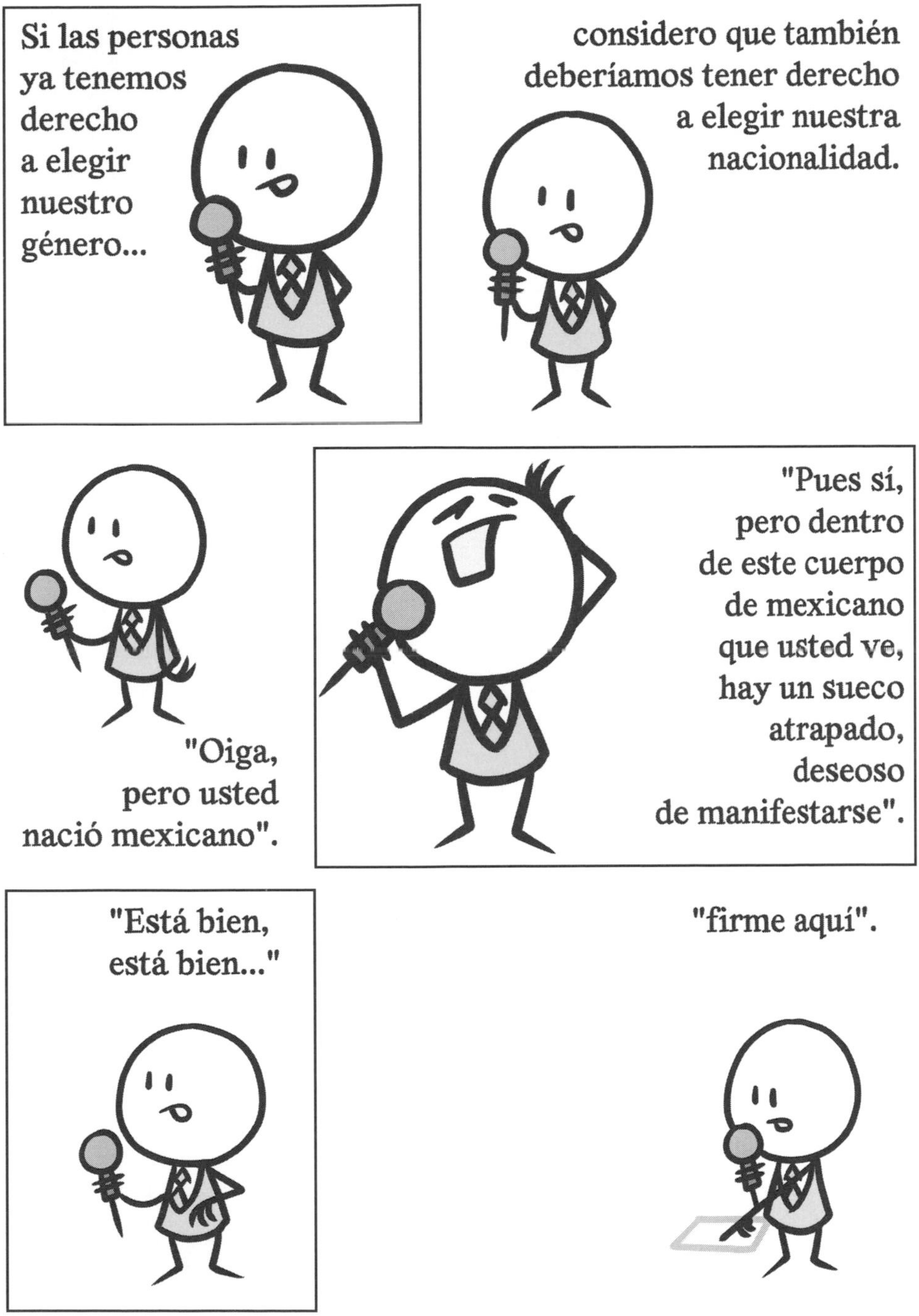
Si las personas ya tenemos derecho a elegir nuestro género...
considero que también deberíamos tener derecho a elegir nuestra nacionalidad.
"Oiga, pero usted nació mexicano".
"Pues sí, pero dentro de este cuerpo de mexicano que usted ve, hay un sueco atrapado, deseoso de manifestarse".
"Está bien, está bien..."
"firme aquí".

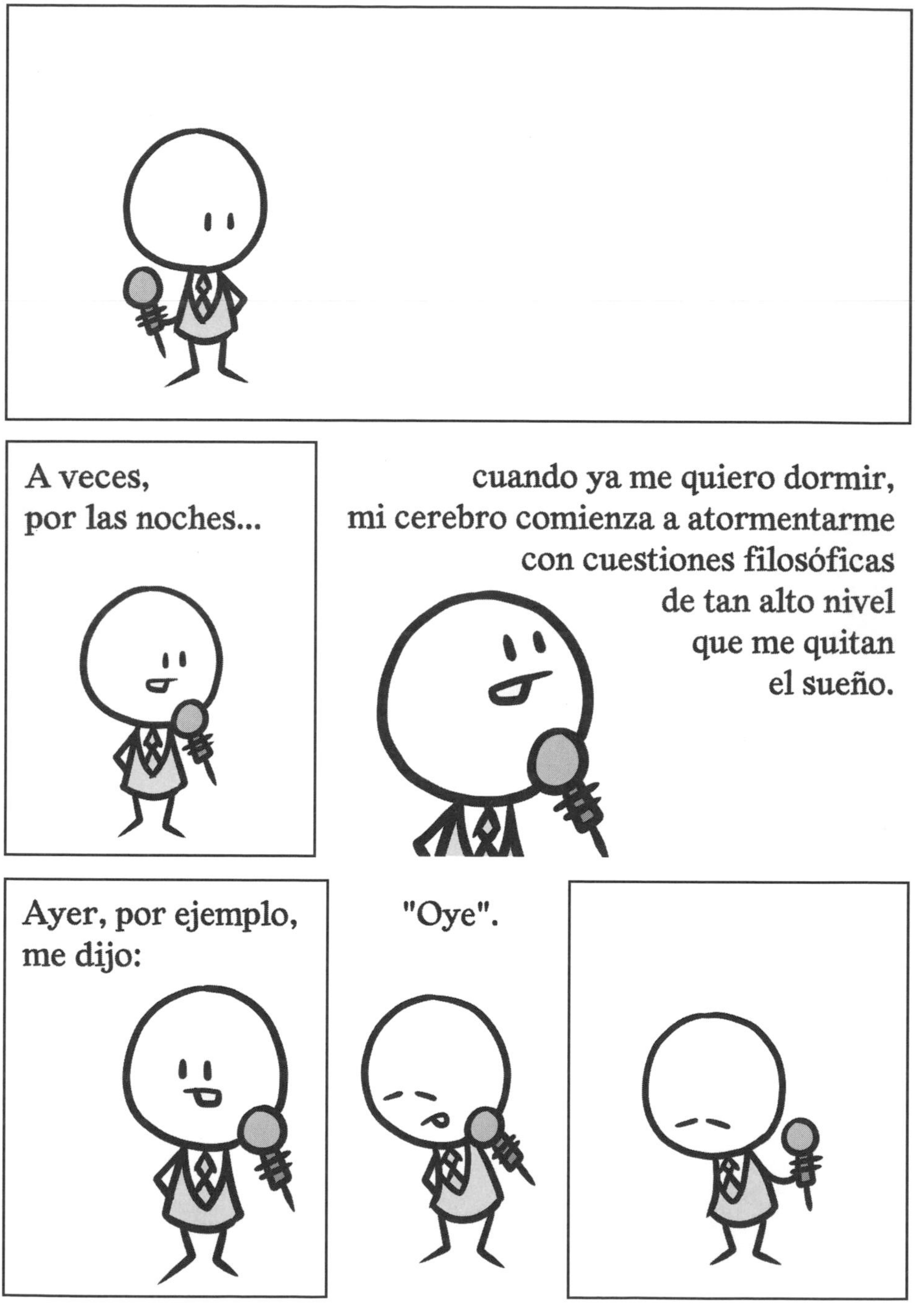

A veces,
por las noches...
cuando ya me quiero dormir,
mi cerebro comienza a atormentarme
con cuestiones filosóficas
de tan alto nivel
que me quitan
el sueño.
Ayer, por ejemplo,
me dijo:
"Oye".

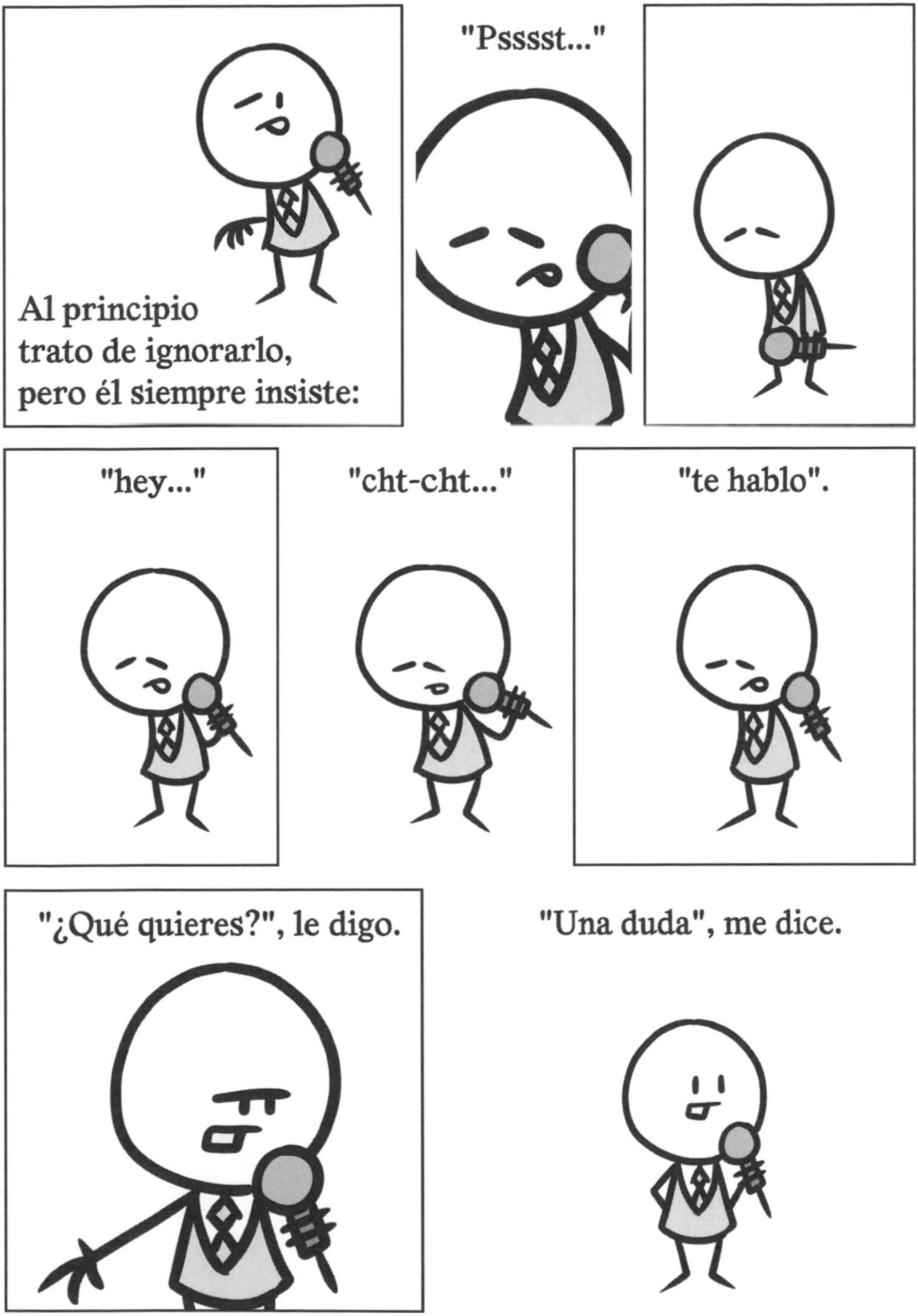

Al principio
trato de ignorarlo,
pero él siempre insiste:
"Psssst..."
"hey..."
"cht-cht..."
"te hablo".
"¿Qué quieres?", le digo.
"Una duda", me dice.

"Cuando un zombi muerde
a un vegetariano
y lo transforma,
¿luego qué o qué?,
¿a qué se dedica
o qué...?"

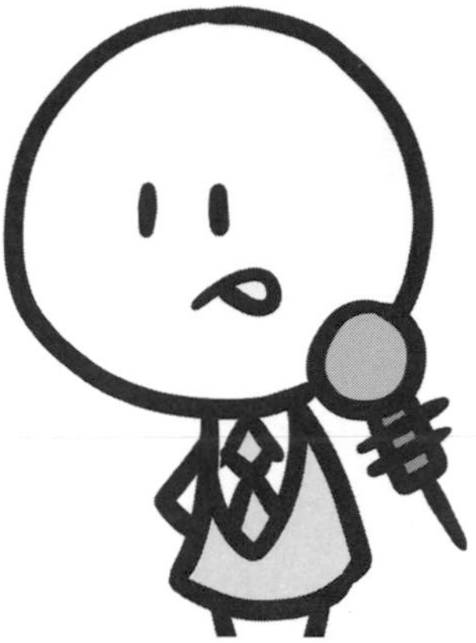

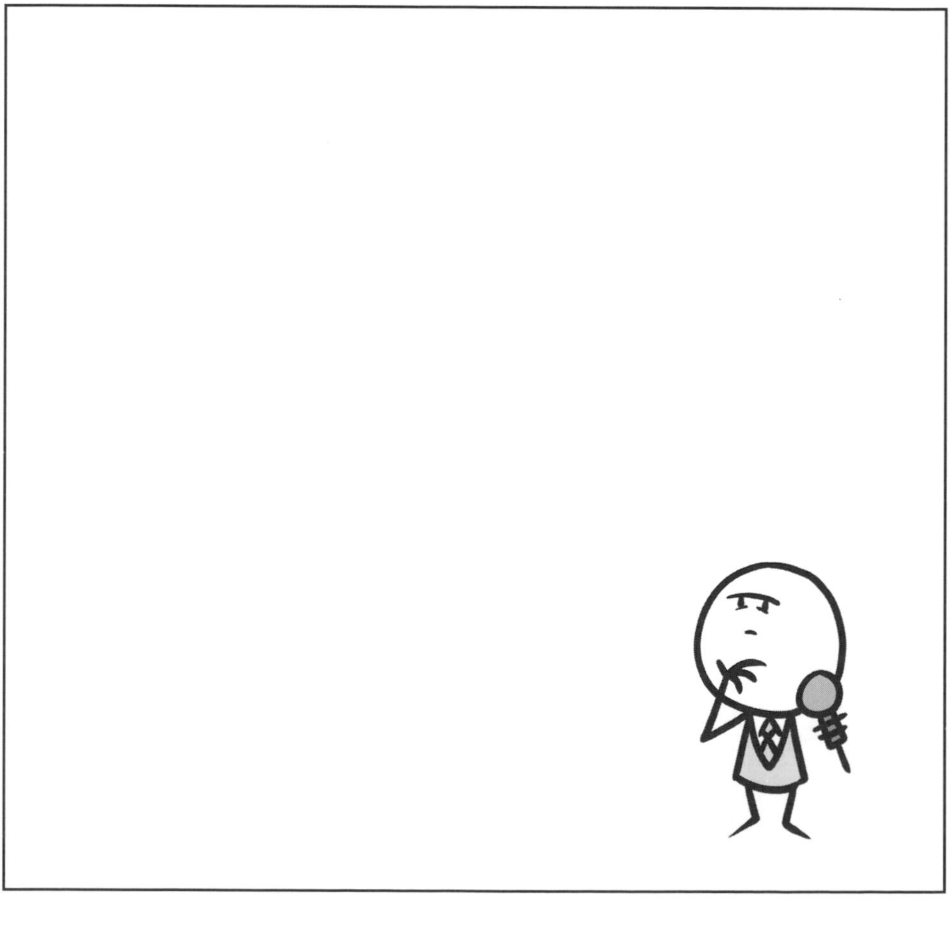

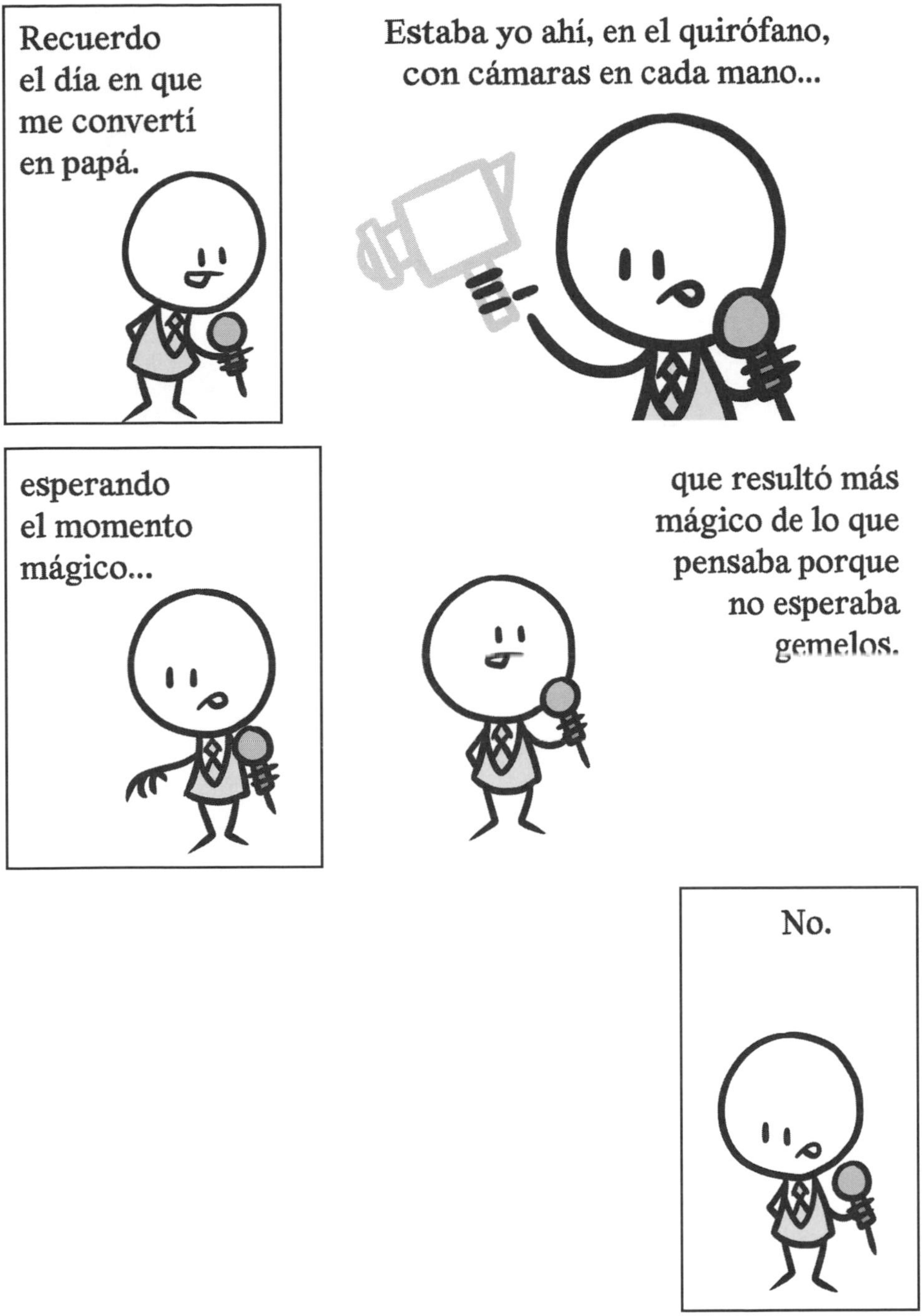
Recuerdo el día en que me convertí en papá.
Estaba yo ahí, en el quirófano, con cámaras en cada mano...
esperando el momento mágico...
que resultó más mágico de lo que pensaba porque no esperaba gemelos.
No.

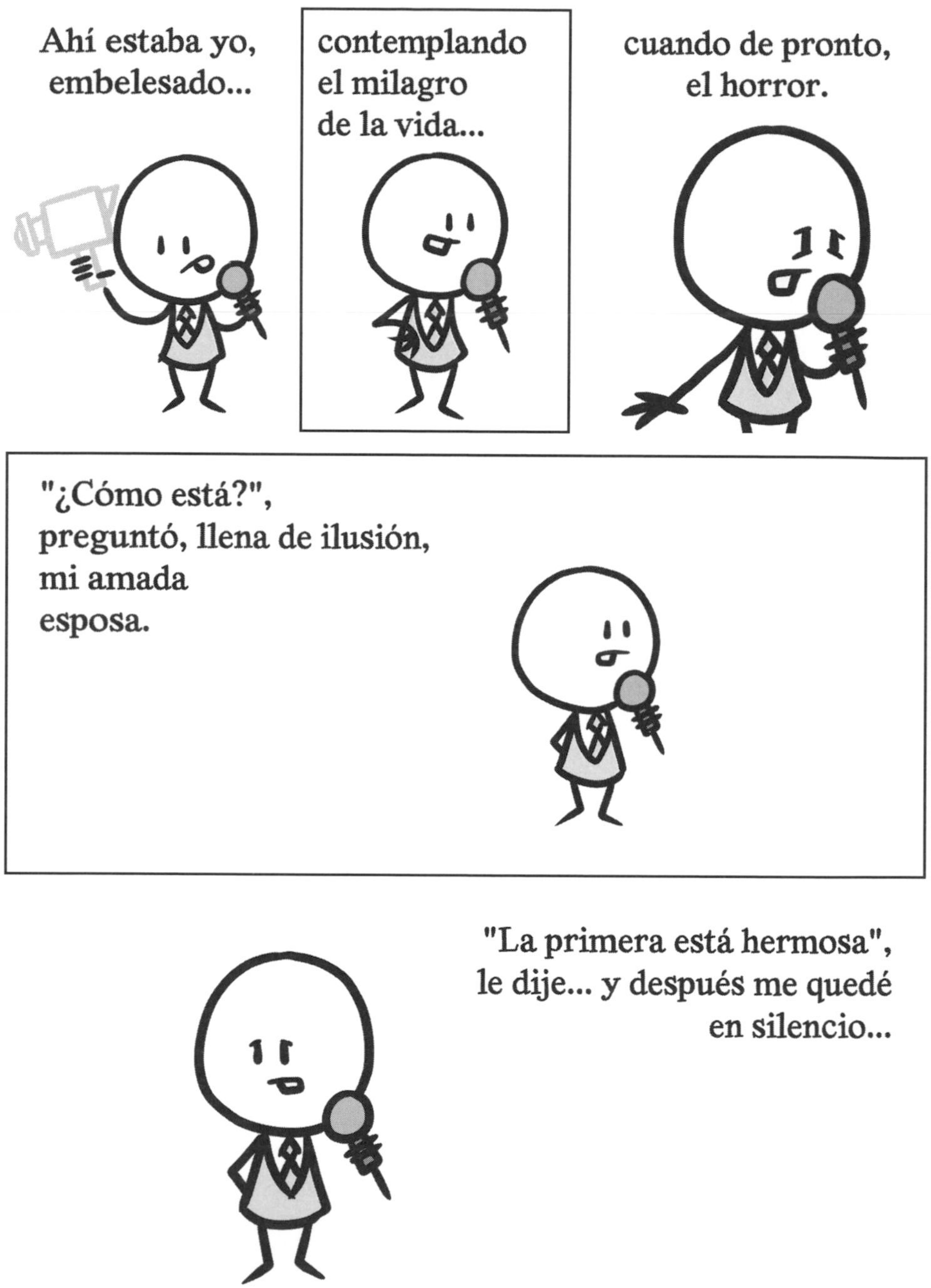
Ahí estaba yo, embelesado...
contemplando el milagro de la vida...
cuando de pronto, el horror.
"¿Cómo está?", preguntó, llena de ilusión, mi amada esposa.
"La primera está hermosa", le dije... y después me quedé en silencio...

porque
no encontraba
las palabras
para describirle
lo que, estremecido,
estaba presenciando.

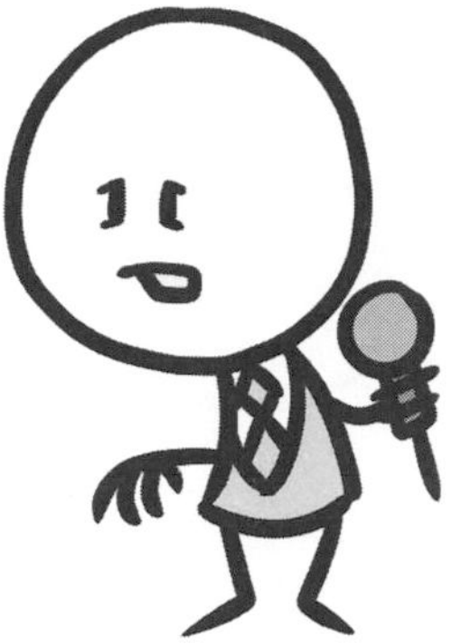

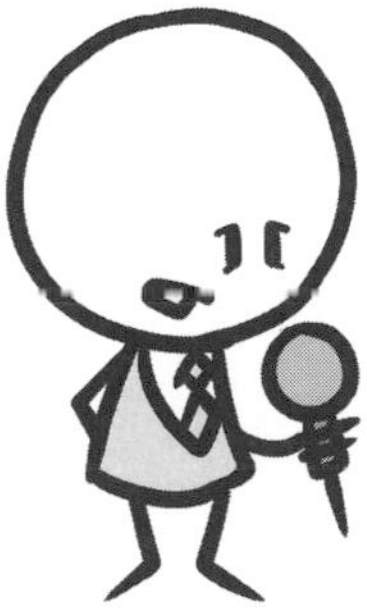

"Pero su hermano",
finalmente le dije,
"digamos que su hermano
se parece un poco a tu papá".

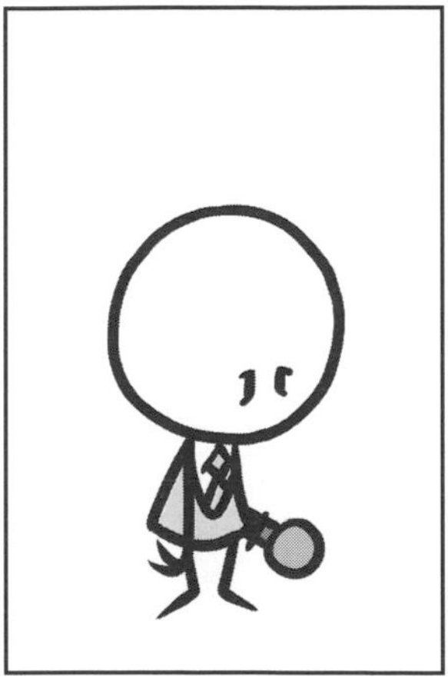

"Ésa es la placenta",
dijo entonces
el doctor.

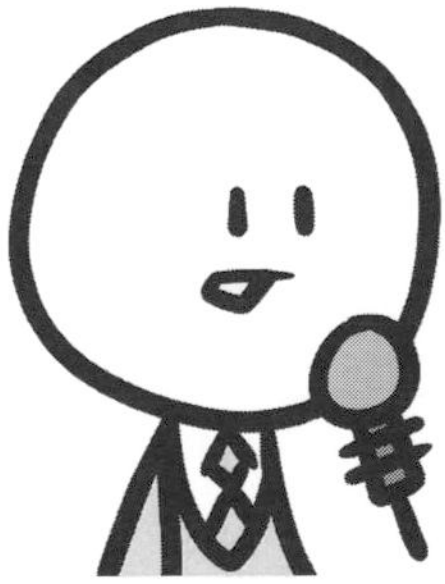

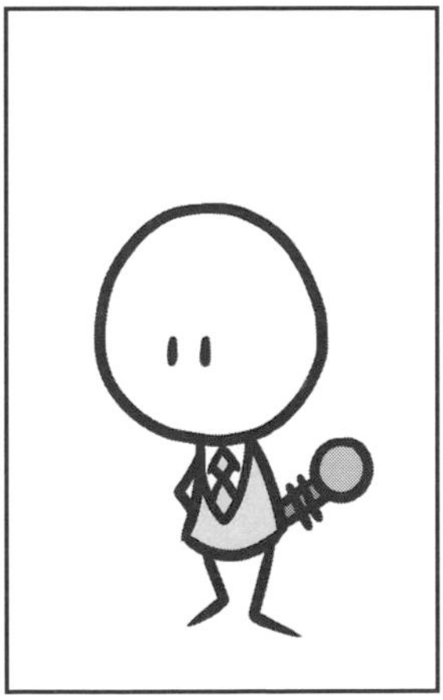

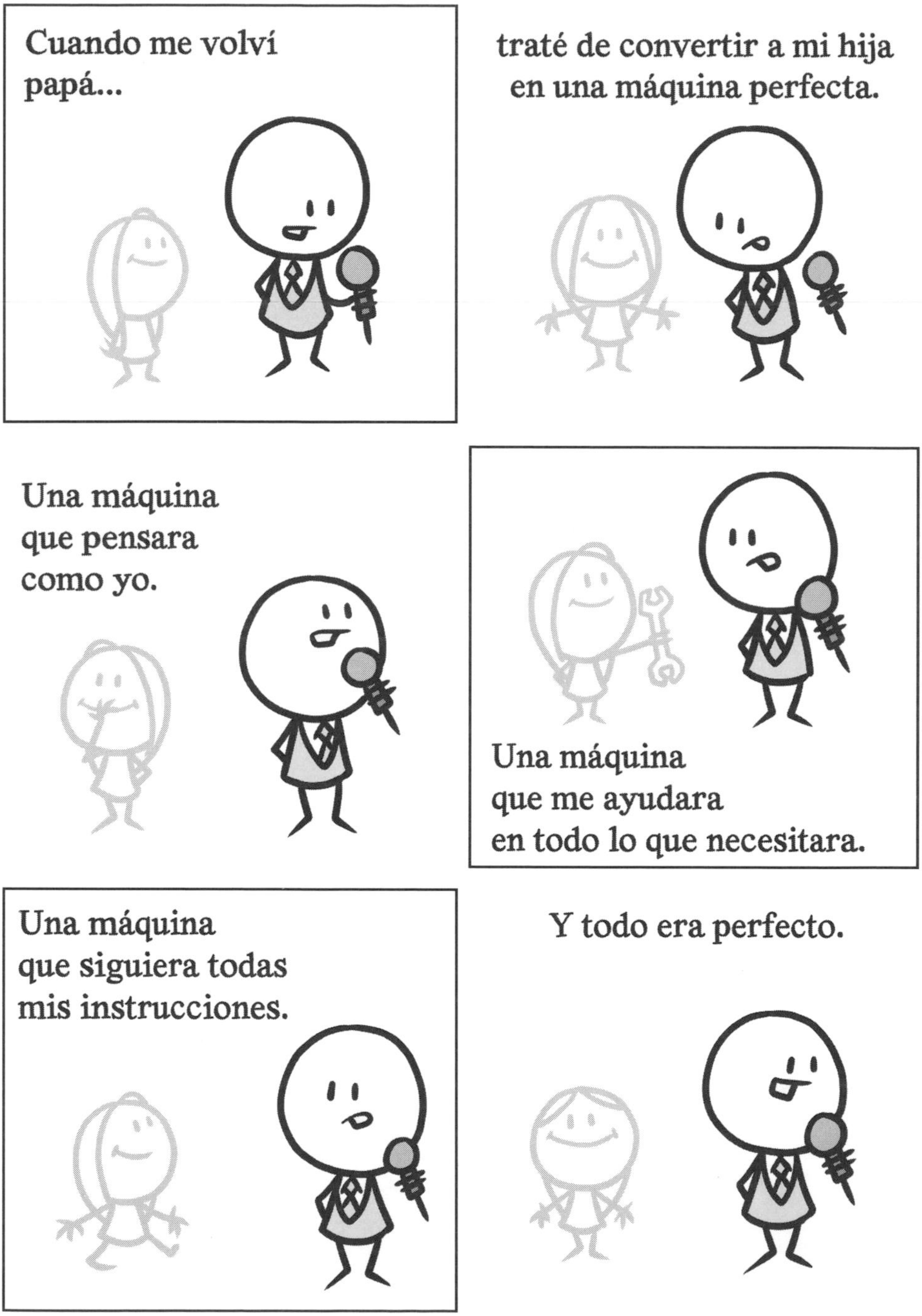
Cuando me volví papá...
traté de convertir a mi hija en una máquina perfecta.
Una máquina que pensara como yo.
Una máquina que me ayudara en todo lo que necesitara.
Una máquina que siguiera todas mis instrucciones.
Y todo era perfecto.

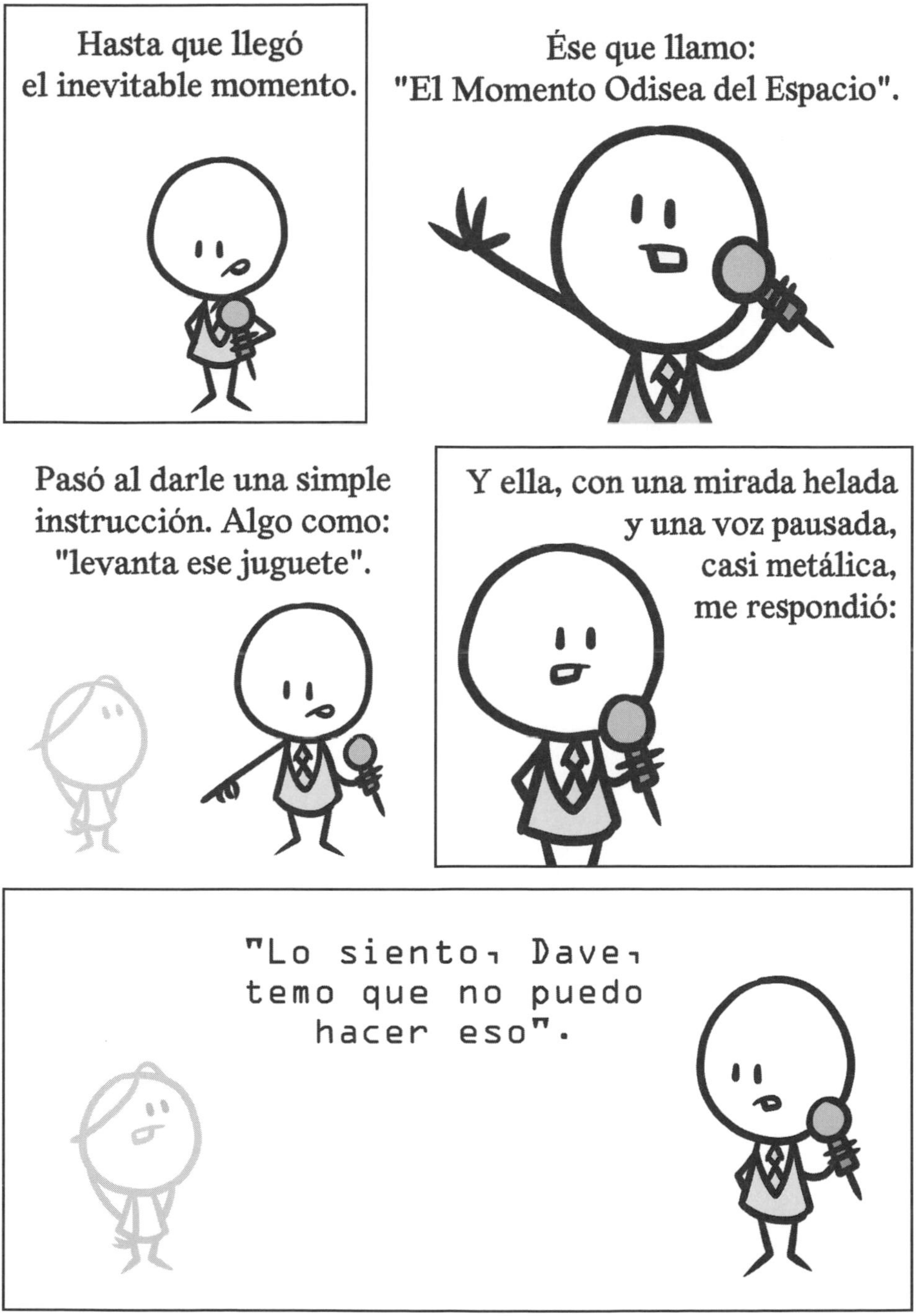
Hasta que llegó el inevitable momento.
Ése que llamo: "El Momento Odisea del Espacio".
Pasó al darle una simple instrucción. Algo como: "levanta ese juguete".
Y ella, con una mirada helada y una voz pausada, casi metálica, me respondió:
"Lo siento, Dave, temo que no puedo hacer eso".

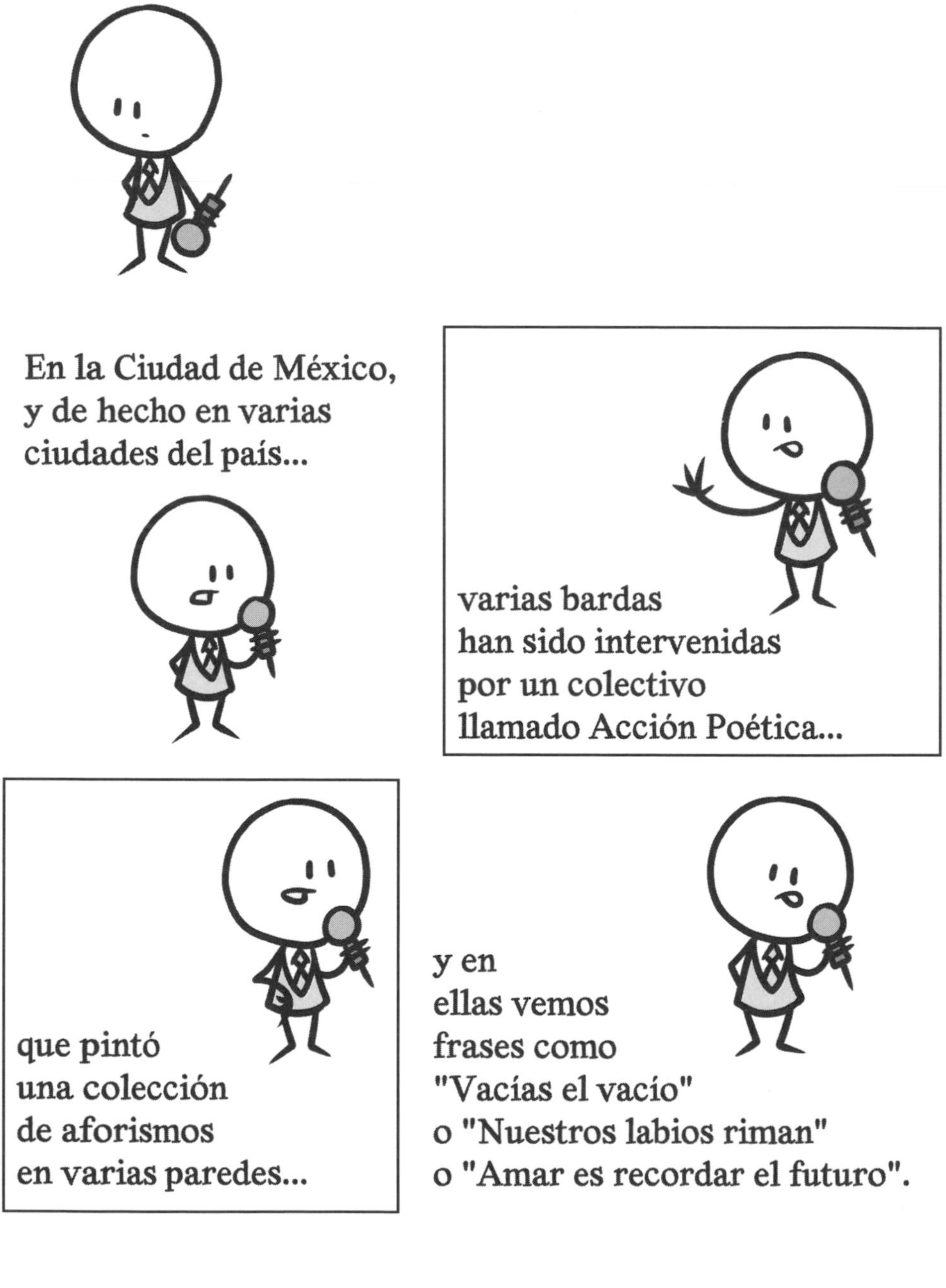
En la Ciudad de México,
y de hecho en varias
ciudades del país...
varias bardas
han sido intervenidas
por un colectivo
llamado Acción Poética...
que pintó
una colección
de aforismos
en varias paredes...
y en
ellas vemos
frases como
"Vacías el vacío"
o "Nuestros labios riman"
o "Amar es recordar el futuro".

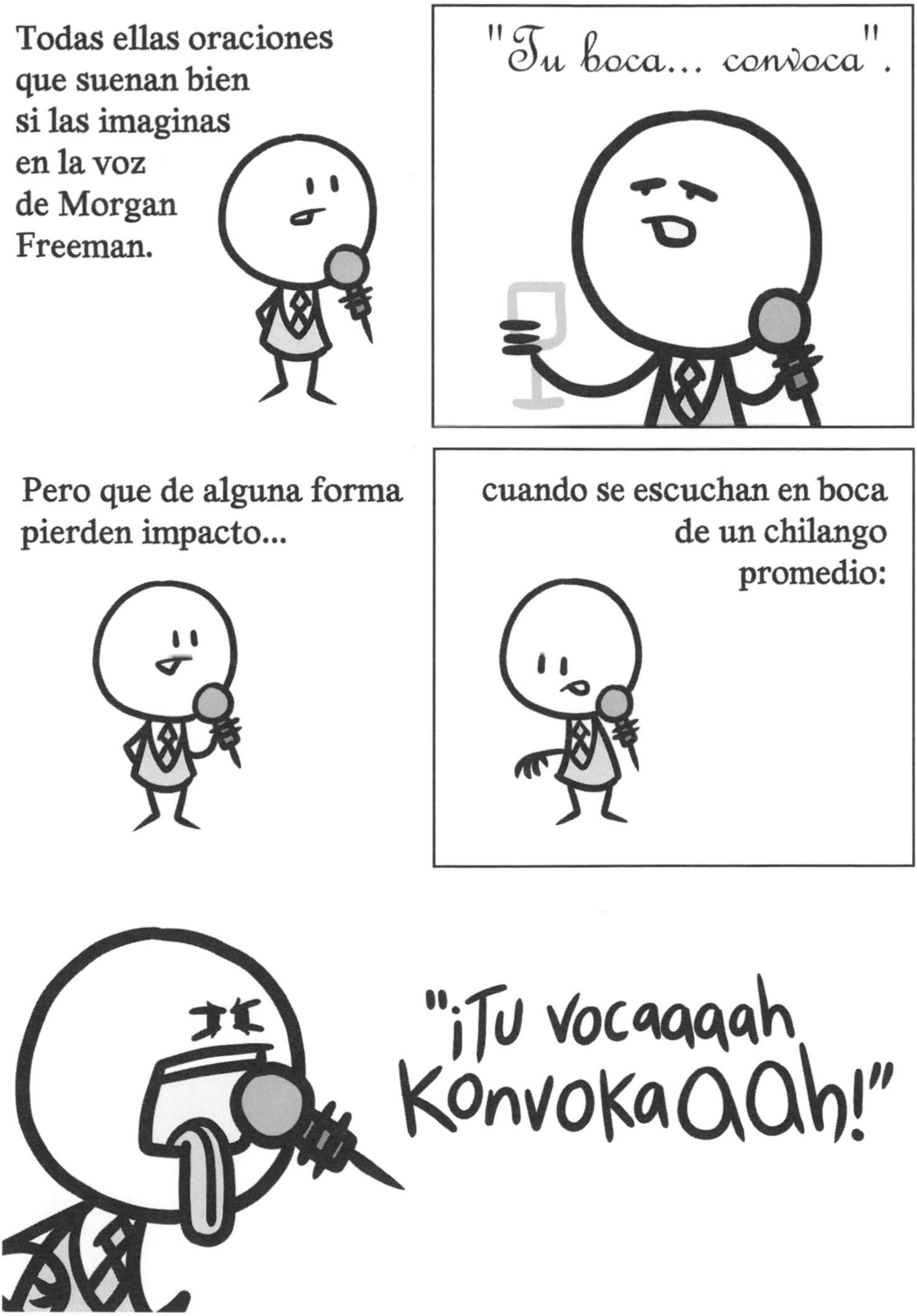
Todas ellas oraciones que suenan bien si las imaginas en la voz de Morgan Freeman.
"Tu boca... convoca".
Pero que de alguna forma pierden impacto...
cuando se escuchan en boca de un chilango promedio:
"¡Tu vocaaaah Konvokaaah!"

Tengo
derecho
a hacer
ese comentario
porque nací
en la CDMX.

Antes de ser ordenados...
los sacerdotes estudian
durante ocho añooooooos.

En ese tiempo,
los seminaristas reciben
clases de lógica, filosofía,
metafísica, antropología,
sociología, ética, estética,
psicología, lenguas clásicas
y bíblicaaaaaaaaaaas.

También aprenden...
teología bíblica
sistemática, moral,
pastoral y espiritual,
historia de la Iglesia
y derecho canónicooooooo.

Pero evidentemente,
en todo ese tiempo,
no toman ni una sola
triste clase de cantooooo.

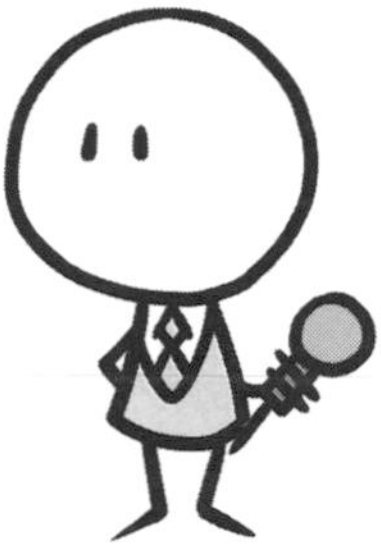

Recibí
un correo
titulado:
"El secreto
que los doctores
no quieren
que conozcas".

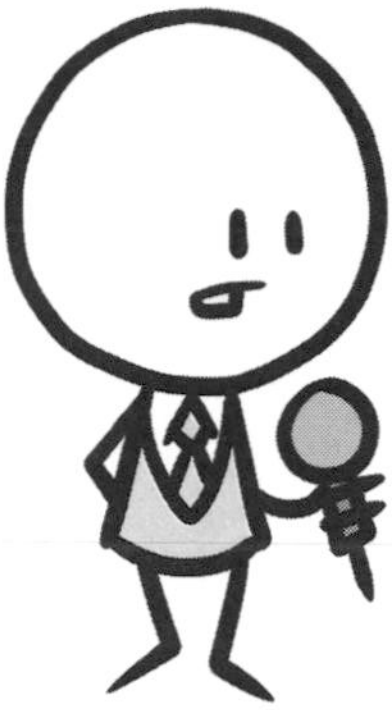

Obviamente no lo abrí.

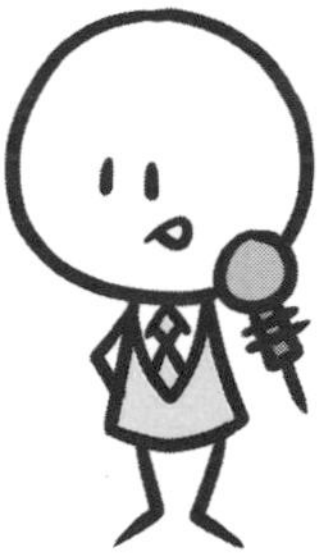

No.

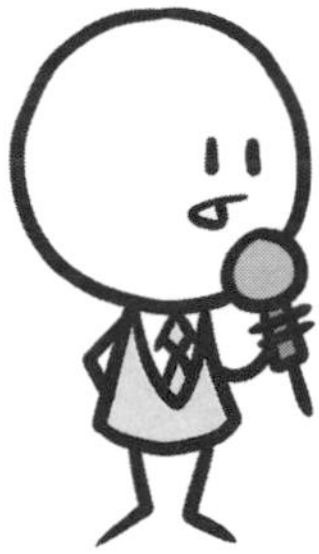

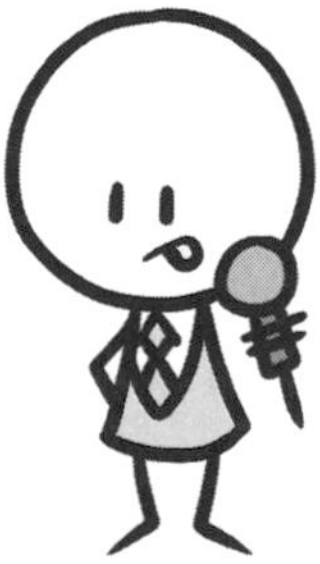

Porque
si personas
que estudiaron seis años
de carrera y cuatro más
de especialización no juzgan
prudente que yo sepa algo, supongo
que alguna buena razón deben tener.

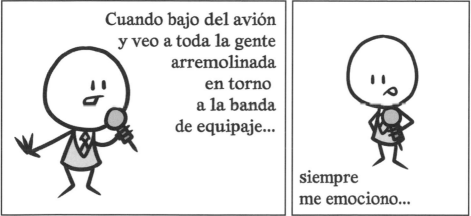

Cuando bajo del avión
y veo a toda la gente
arremolinada
en torno
a la banda
de equipaje...

siempre
me emociono...

porque pienso que el nivel de expectativa y combatividad
que demuestran todos los presentes para lograr ubicarse
hasta el frente sólo significa una cosa:

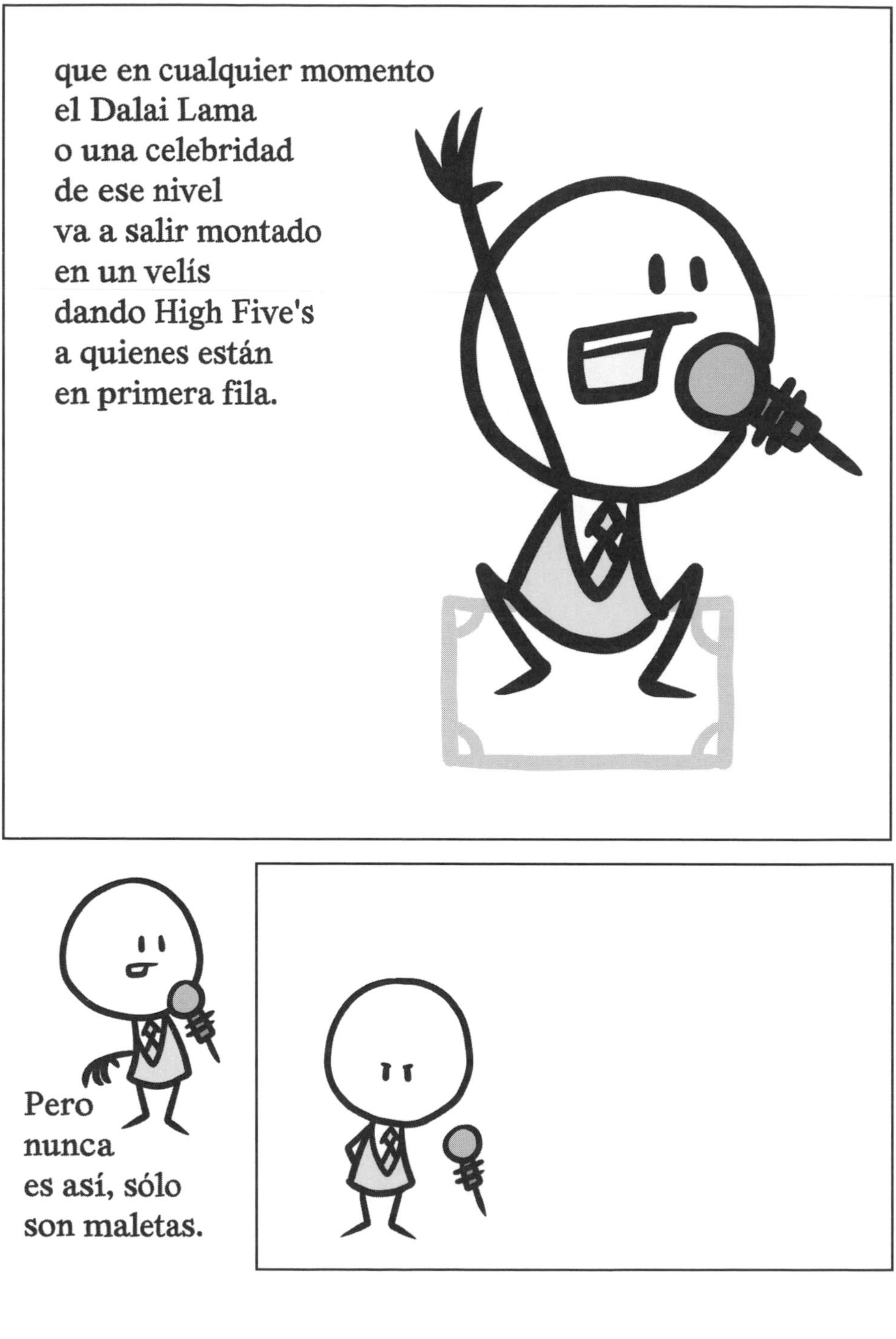
que en cualquier momento
el Dalai Lama
o una celebridad
de ese nivel
va a salir montado
en un velís
dando High Five's
a quienes están
en primera fila.
Pero
nunca
es así, sólo
son maletas.

En mi próxima vida me gustaría ser
un gurú mediático que vende
cientos de miles de libros,
cobra millones
por conferencia
y vive rodeado
de lujos...

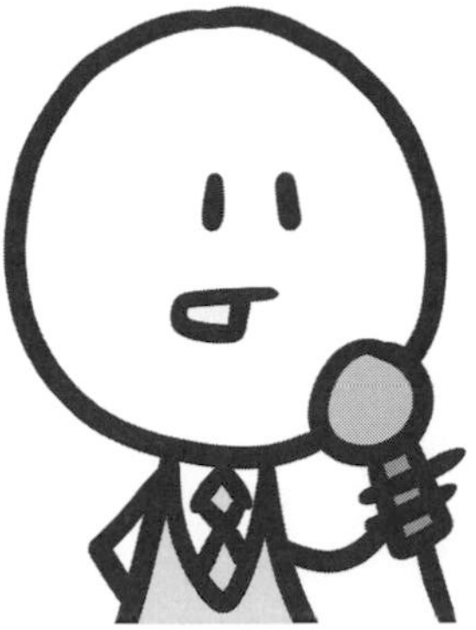

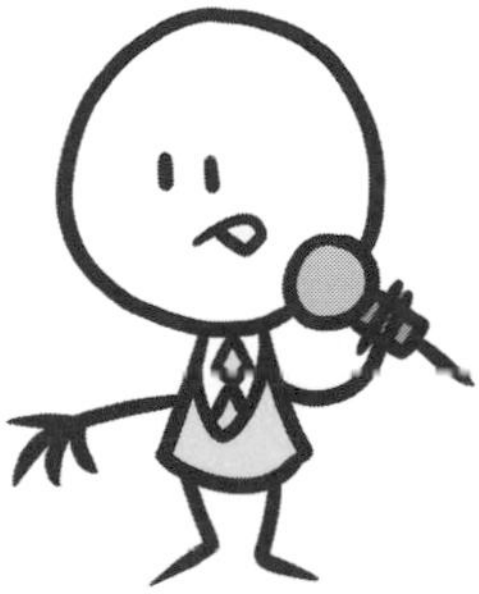

y sólo
porque tuvo
la feliz ocurrencia
de cambiar el orden de las palabras
en oraciones que son comunes.

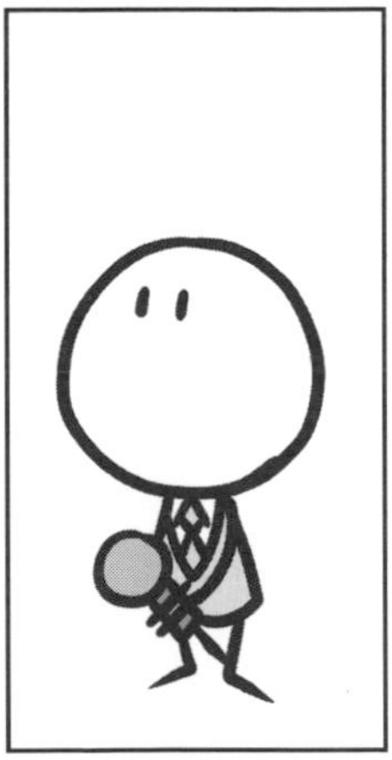

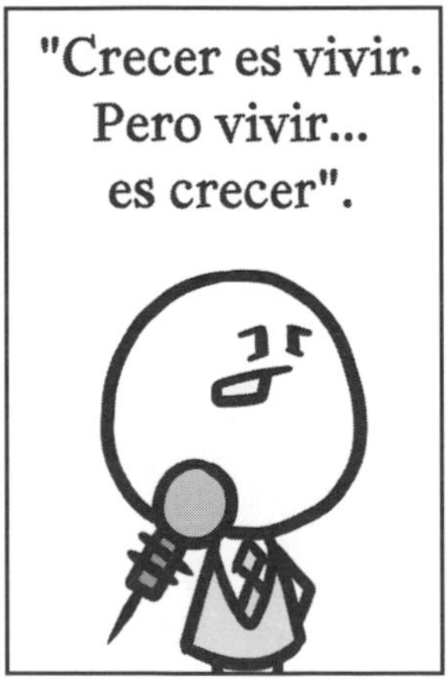
"Crecer es vivir.
Pero vivir...
es crecer".

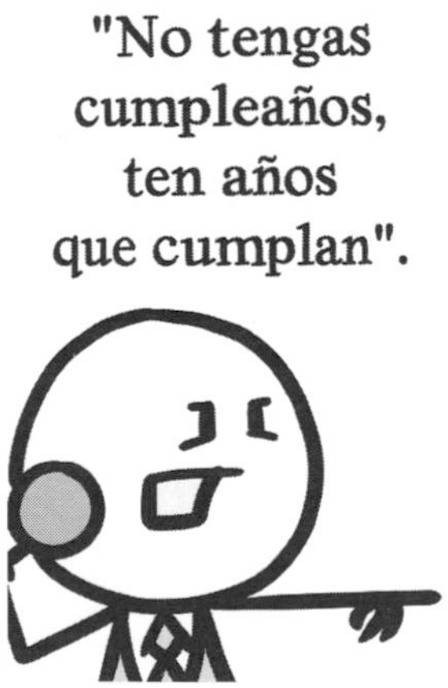
"No tengas
cumpleaños,
ten años
que cumplan".

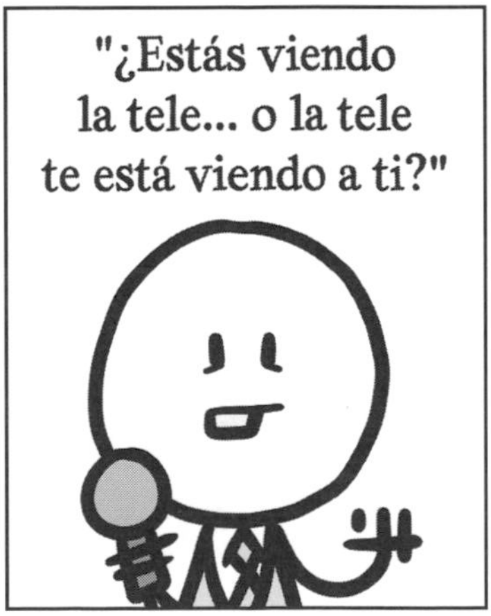
"¿Estás viendo
la tele... o la tele
te está viendo a ti?"

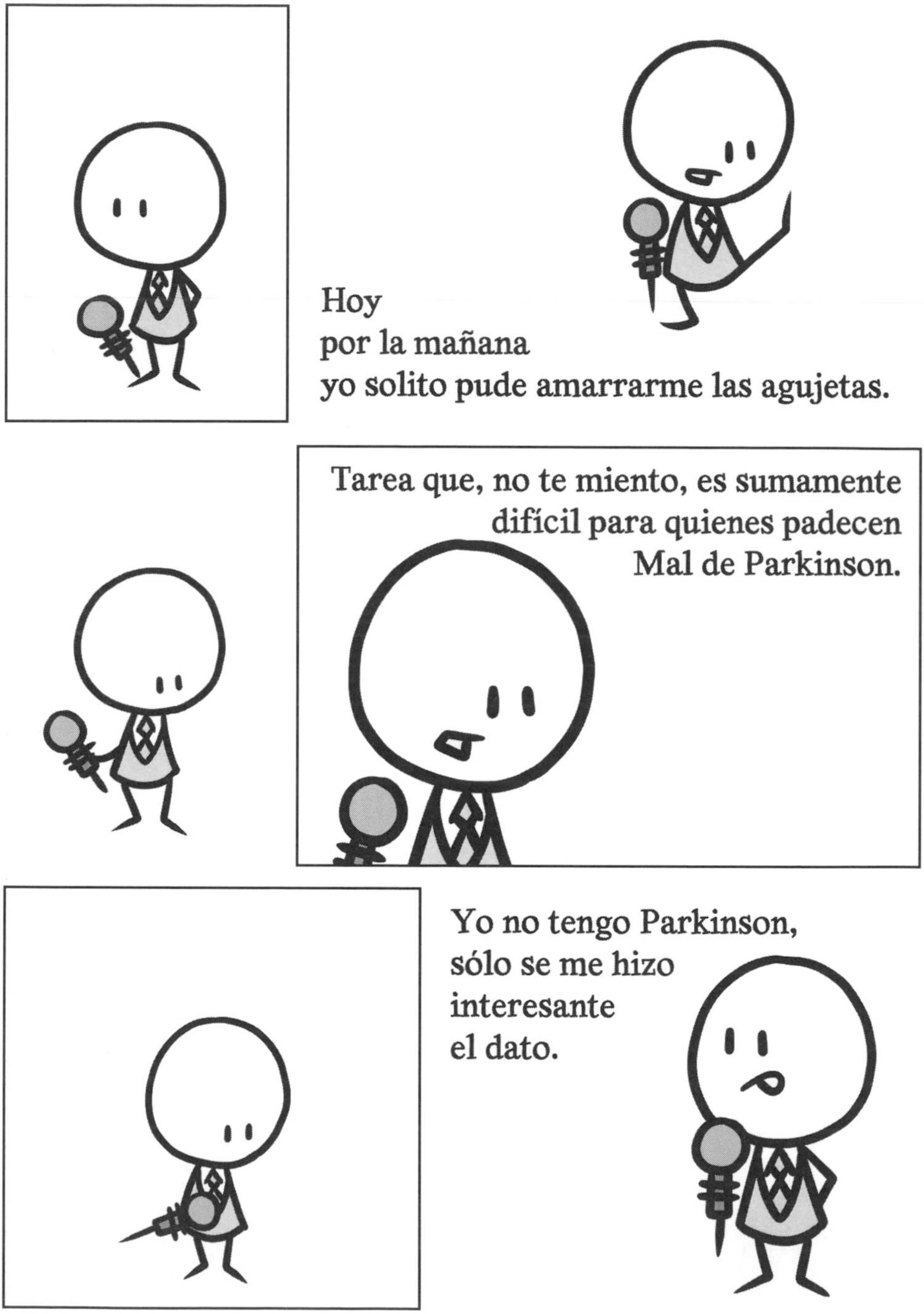
Hoy
por la mañana
yo solito pude amarrarme las agujetas.
Tarea que, no te miento, es sumamente
difícil para quienes padecen
Mal de Parkinson.
Yo no tengo Parkinson,
sólo se me hizo
interesante
el dato.

Una amiga
me dijo estar
deprimida porque
el hombre con el cual
pensaba que podría
iniciar una larga relación,
resultó ser eyaculador precoz.

"Que no te quitó
mucho tiempo".

"El problema",
le dije, "es que sólo
te estás enfocando
en lo negativo".
"¿Y qué es lo positivo?", me preguntó.

Soy un firme
creyente de que,
en el juego de la seducción,
las cicatrices son mil veces
más eficaces que los tatuajes.

En primera,
porque no puedes
dejar de mirarlas.

En segunda, porque son únicas.

Y en tercera
y más importante,
porque puedes inventar
historias sobre su origen.

"¿Te refieres a esto?
Me mordió un panda".

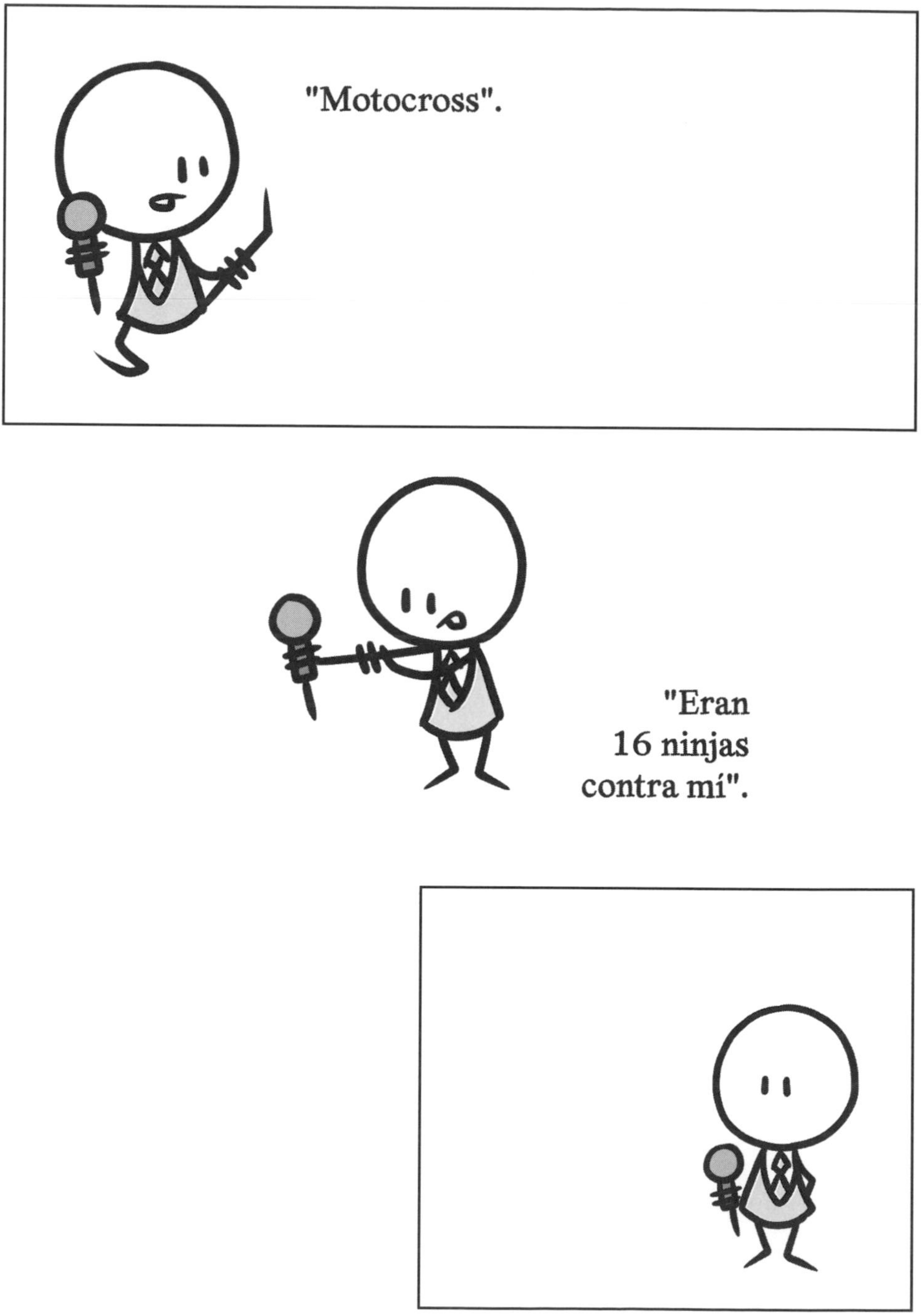
"Motocross".
"Eran 16 ninjas contra mí".

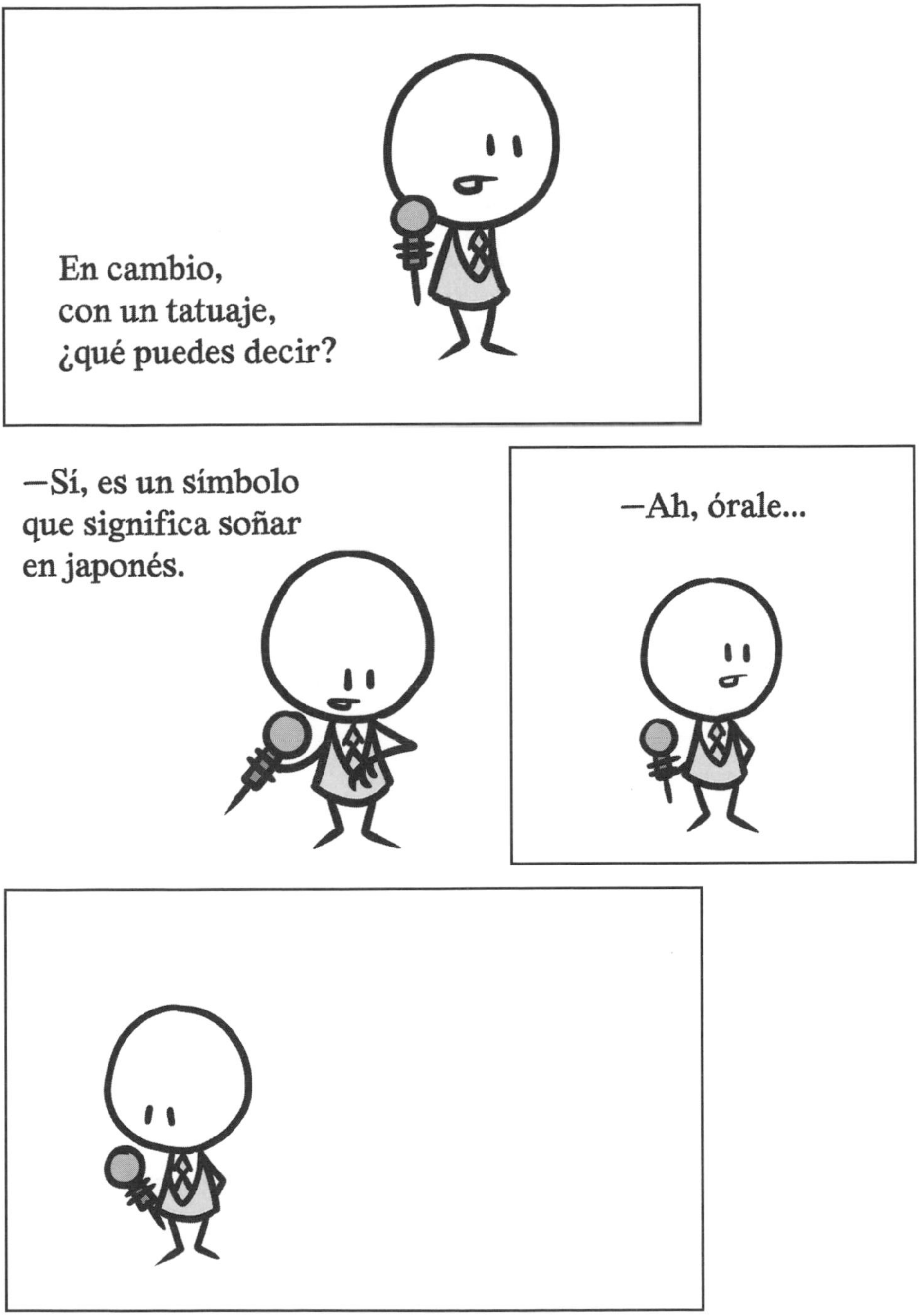
En cambio,
con un tatuaje,
¿qué puedes decir?
—Sí, es un símbolo
que significa soñar
en japonés.
—Ah, órale...

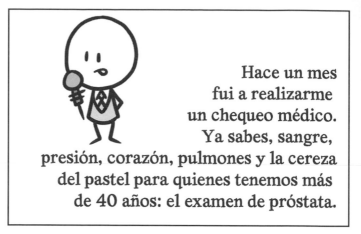

Hace un mes
fui a realizarme
un chequeo médico.
Ya sabes, sangre,
presión, corazón, pulmones y la cereza
del pastel para quienes tenemos más
de 40 años: el examen de próstata.

Habiendo escuchado ya el testimonio
de varias personas
que se han sometido
a esa prueba,
supuse que estaba física,
mental y anímicamente
preparado para hacer frente
a ese momento.

Iluso yo.

Y es que cualquier cuento de terror
que puedas llegar a escuchar,
es un dulce soneto
de amor
comparado
con esta
experiencia.

No.

Hay etapas.

Porque
no todo
ocurre de jalón.

Primero
entras al consultorio,
en donde te piden bajarte pantalones y calzones.

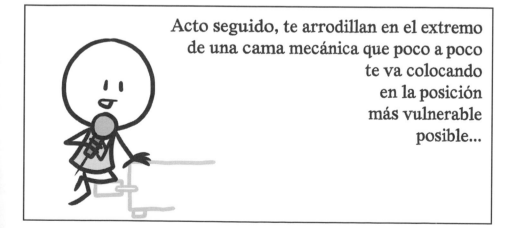

Acto seguido, te arrodillan en el extremo
de una cama mecánica que poco a poco
te va colocando
en la posición
más vulnerable
posible...

y, sin más, te enchufan
una manguera
por la cual
sientes litros
y litros
de líquido
fluyendo...

en sentido
contrario.

Luego te reincorporan
y te piden que esperes
al menos cinco minutos
antes de correr al baño
para expulsar
la solución
que inunda
tu intestino...

misión que cualquiera que ha sufrido
el reclamo digestivo
que se experimenta tras
tragarse medio kilo
de chicharrón
acompañado
con agua
de tamarindo...

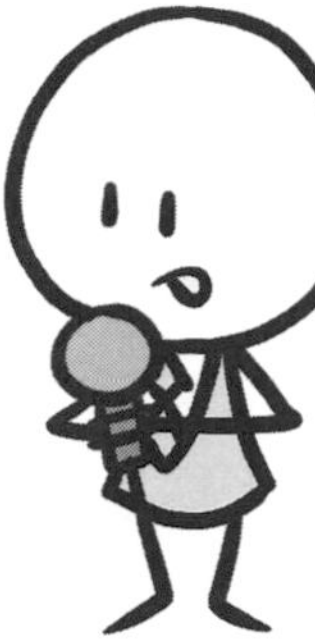

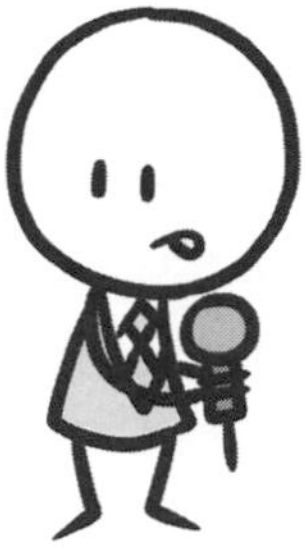

sabe que es
prácticamente
imposible.

Cumplido el plazo,
habiendo expulsado
el líquido que sospecho
sólo sirve para que
el urólogo
no se tope
con algún
souvenir...

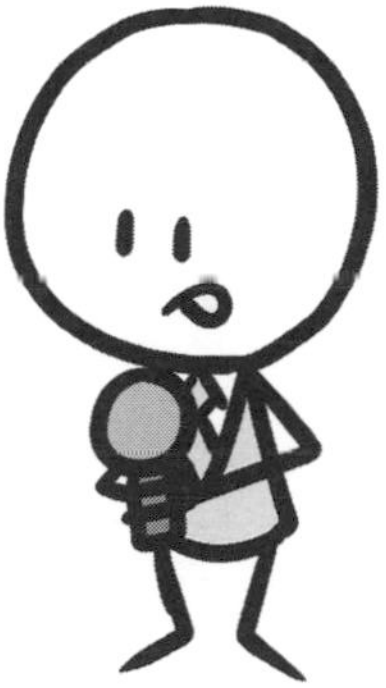

tienes que avisar
que estás listo
para la segunda
etapa.

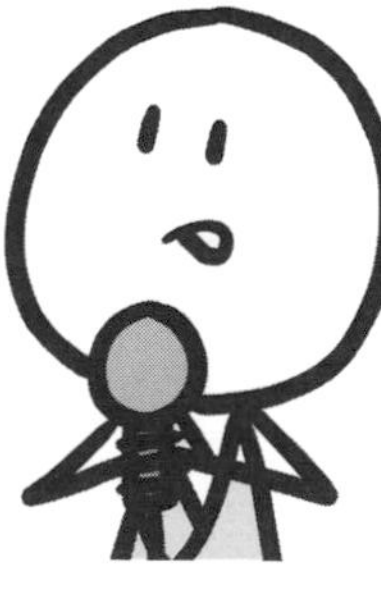

De nueva cuenta, te bajas pantalones,
calzones y dignidad restante,
vuelves a asumir la posición,
que supongo es natural para
quienes asistieron a escuelas
de los Legionarios,
pero no para
los demás...

y escuchas cómo el especialista, quizá por sadismo
o quizá por cortesía profesional, comienza a narrarte
lo que está haciendo mientras está fuera de tu vista...

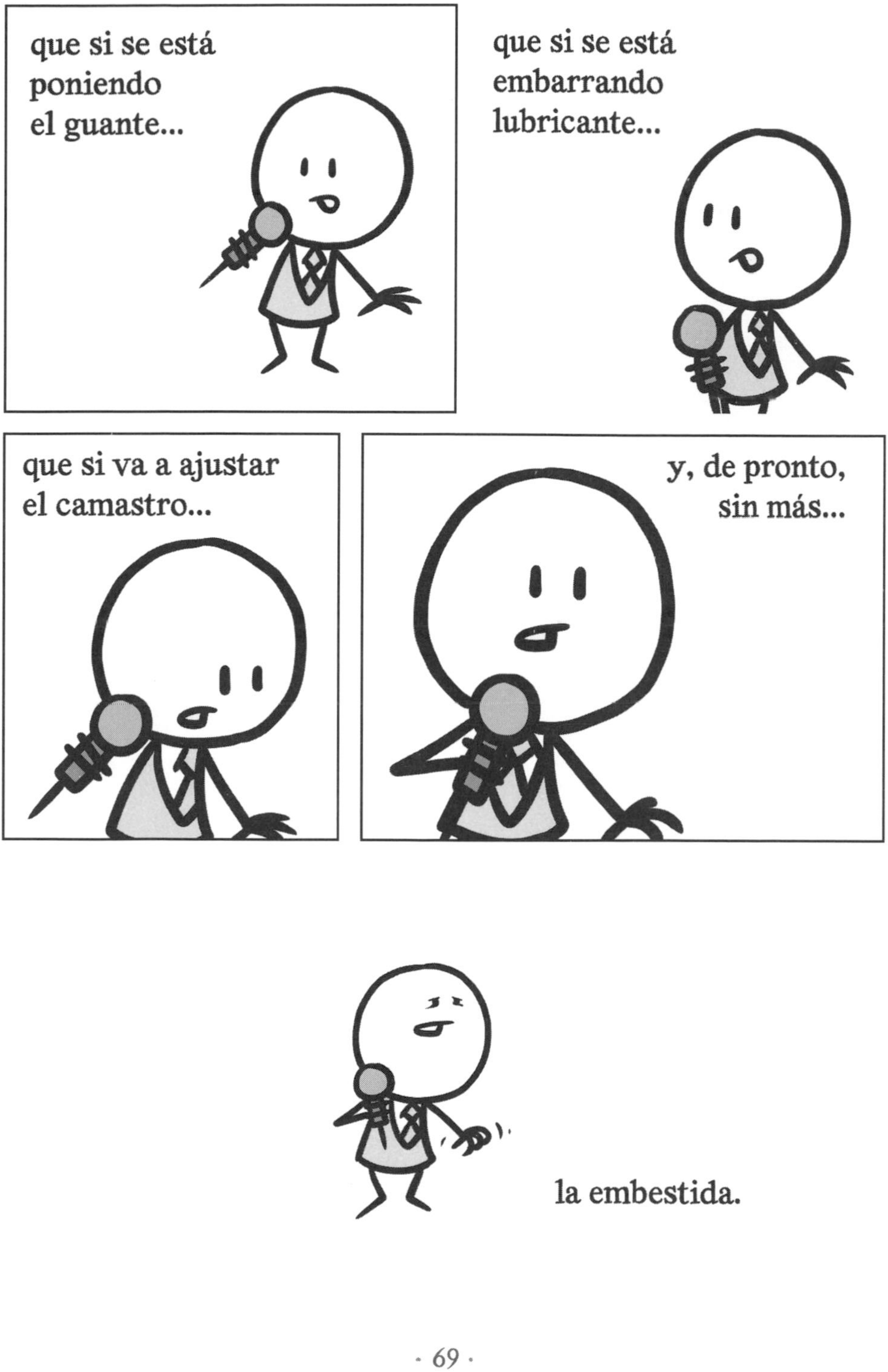
que si se está poniendo el guante...
que si se está embarrando lubricante...
que si va a ajustar el camastro...
y, de pronto, sin más...
la embestida.

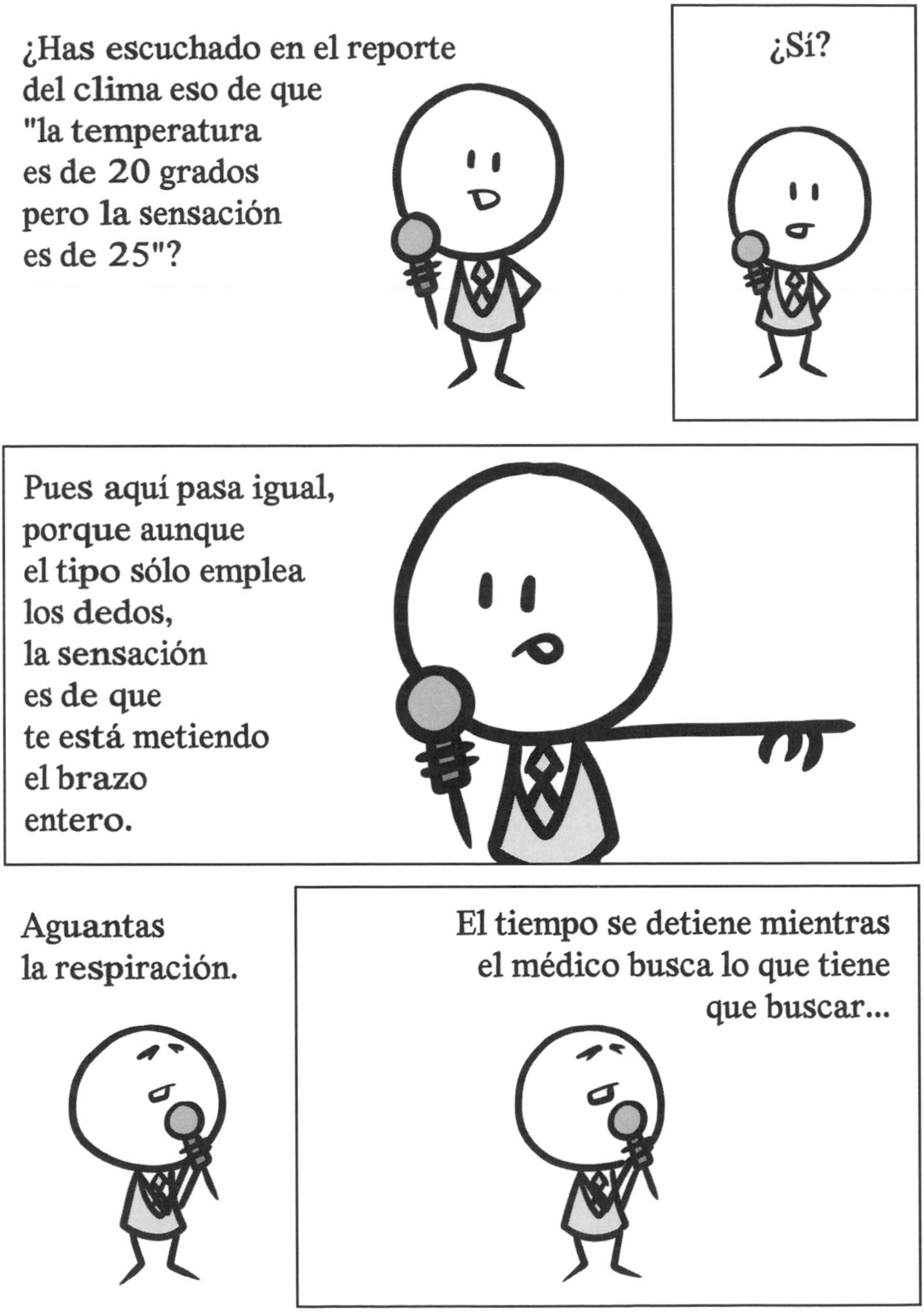
¿Has escuchado en el reporte del clima eso de que "la temperatura es de 20 grados pero la sensación es de 25"?
¿Sí?
Pues aquí pasa igual, porque aunque el tipo sólo emplea los dedos, la sensación es de que te está metiendo el brazo entero.
Aguantas la respiración.
El tiempo se detiene mientras el médico busca lo que tiene que buscar...

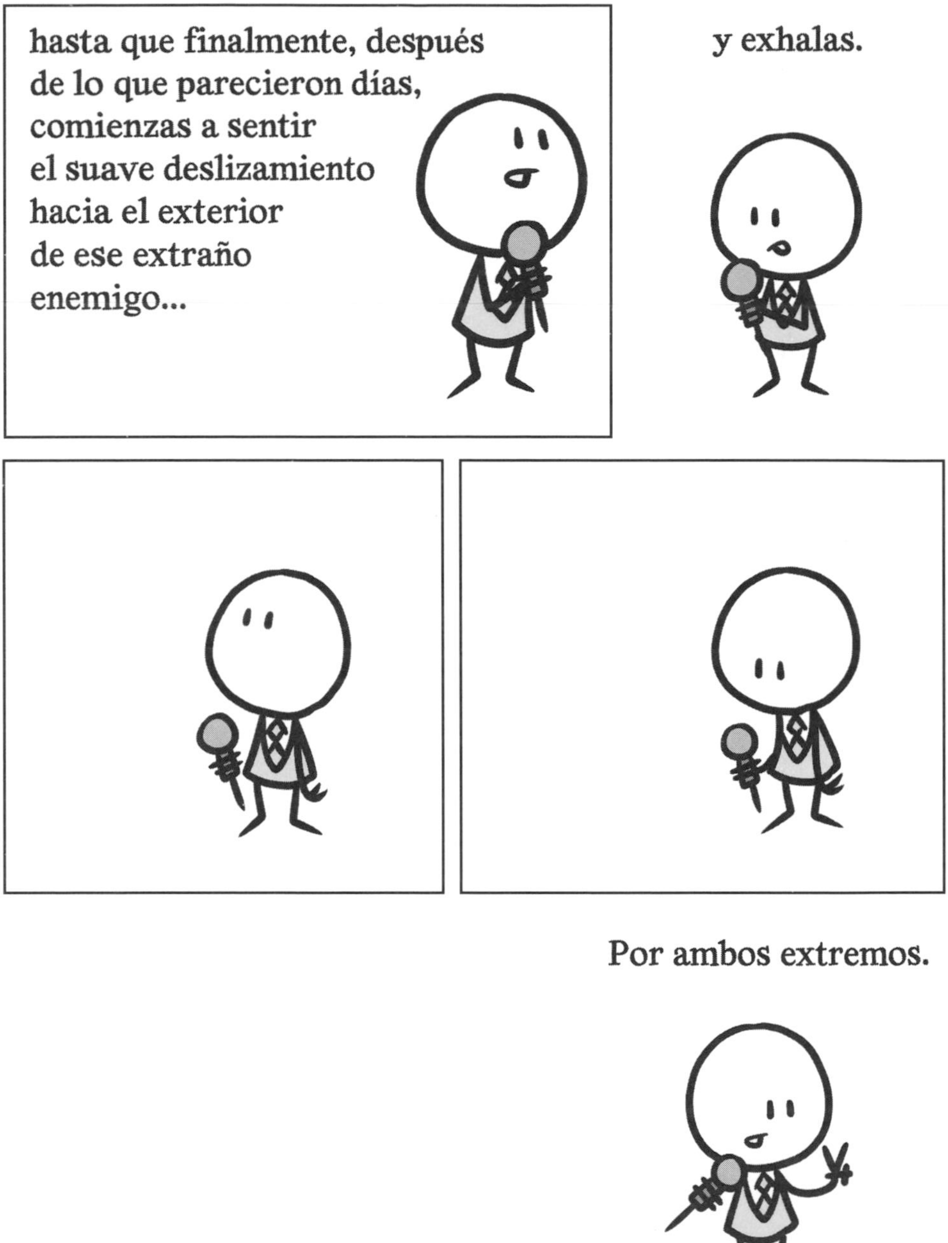
hasta que finalmente, después de lo que parecieron días, comienzas a sentir el suave deslizamiento hacia el exterior de ese extraño enemigo...
y exhalas.
Por ambos extremos.

Ya con el segundero de todos los relojes del mundo en marcha, te reincorporas, te vistes y te retiras en silencio...

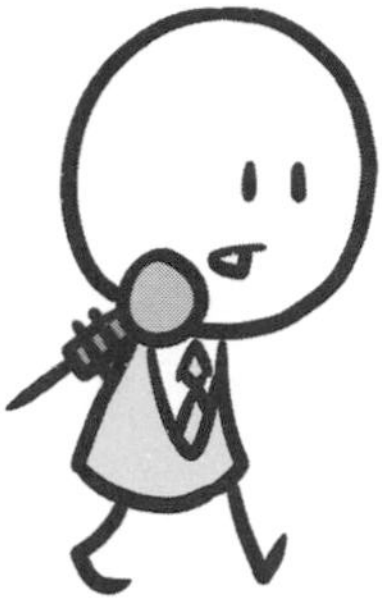

sin formular preguntas, porque sabes que cualquier respuesta te hará sentir mal.

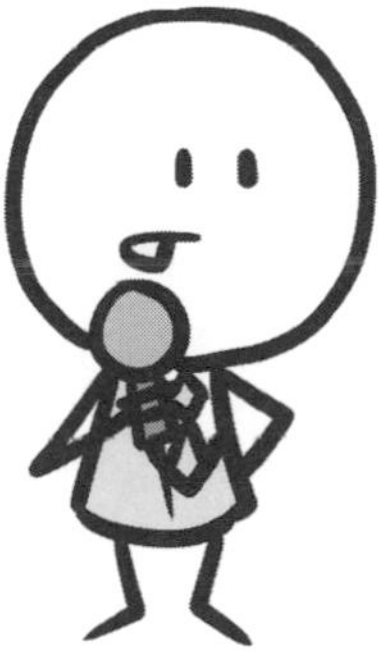

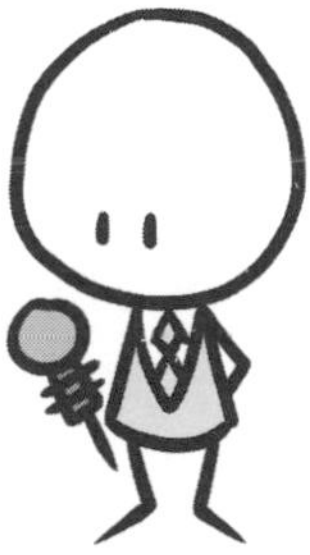

Y es que si el médico te dice que no le gustó lo que sintió...

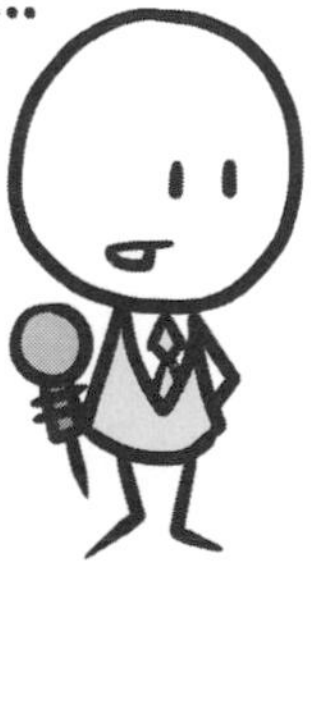

te vas a sentir mal porque probablemente tienes cáncer de próstata...

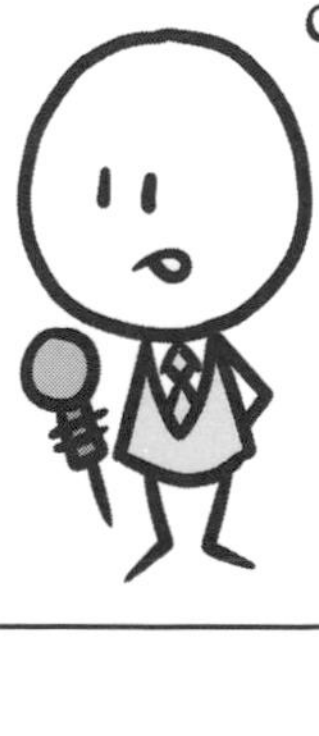

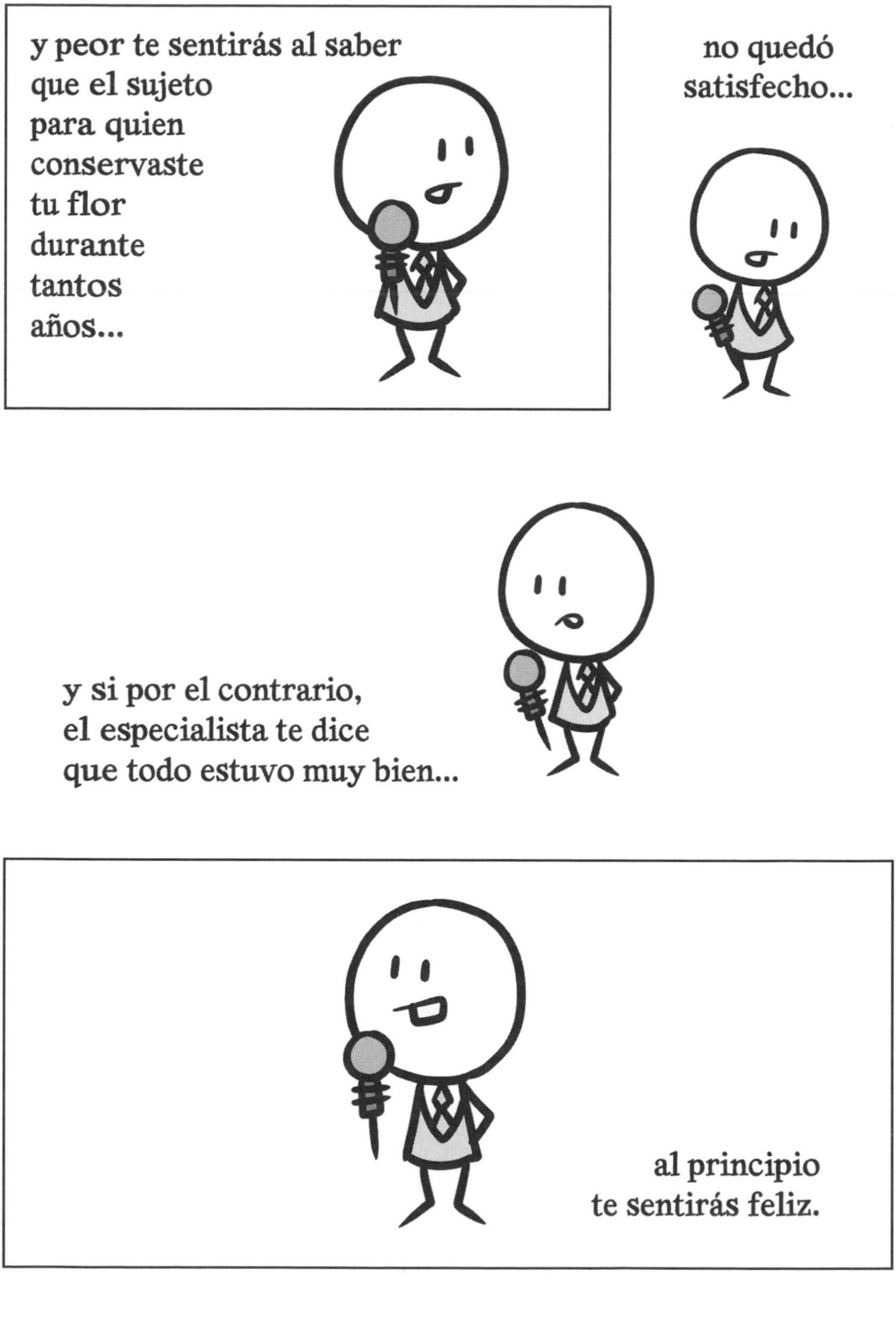
y peor te sentirás al saber que el sujeto para quien conservaste tu flor durante tantos años...
no quedó satisfecho...
y si por el contrario, el especialista te dice que todo estuvo muy bien...
al principio te sentirás feliz.

Pero conforme pasen
los días
y el tipo
no te
llame
ni te
escriba...

te vas
a sentir usado.

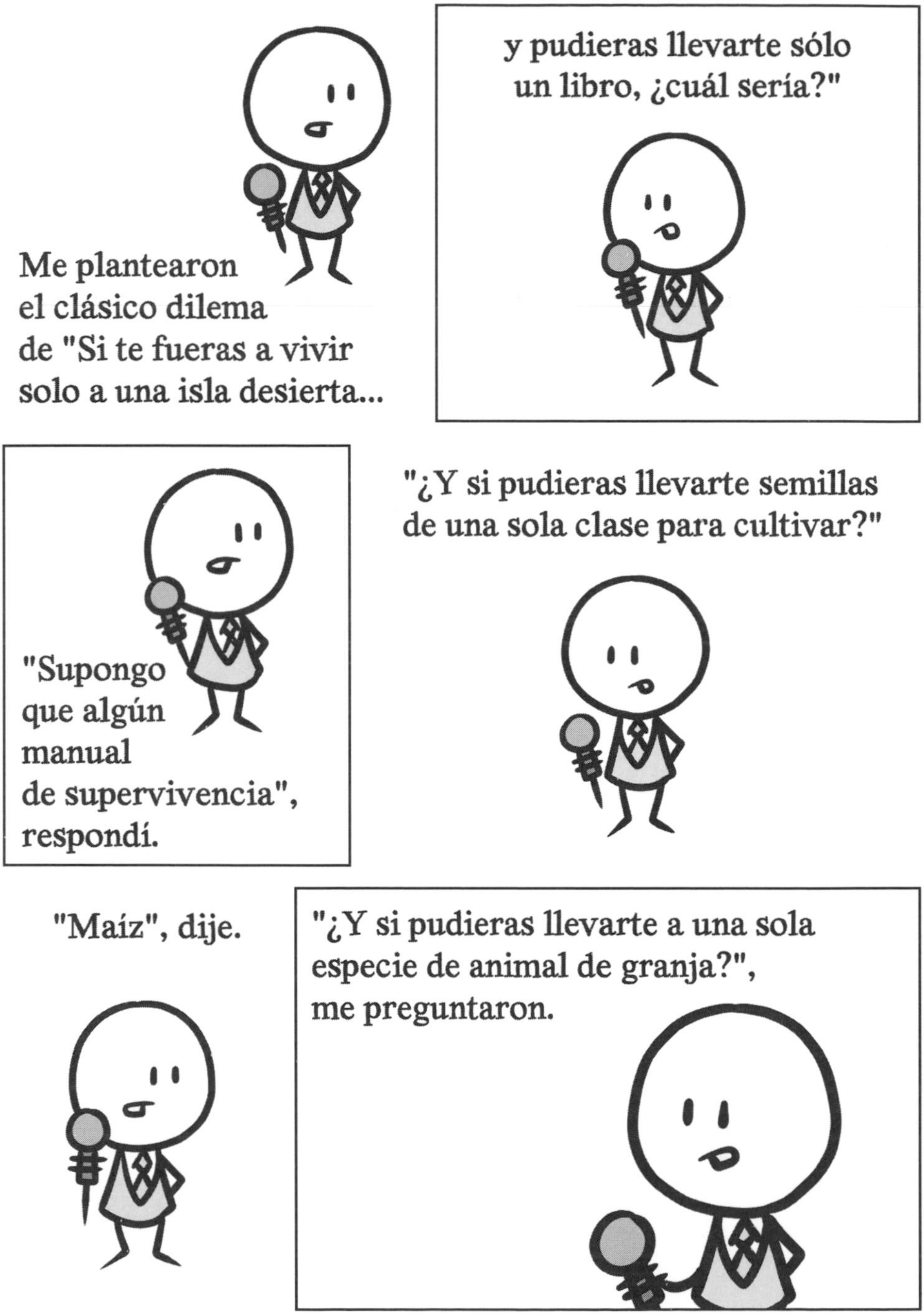
Me plantearon
el clásico dilema
de "Si te fueras a vivir
solo a una isla desierta...
y pudieras llevarte sólo
un libro, ¿cuál sería?"
"Supongo
que algún
manual
de supervivencia",
respondí.
"¿Y si pudieras llevarte semillas
de una sola clase para cultivar?"
"Maíz", dije.
"¿Y si pudieras llevarte a una sola
especie de animal de granja?",
me preguntaron.

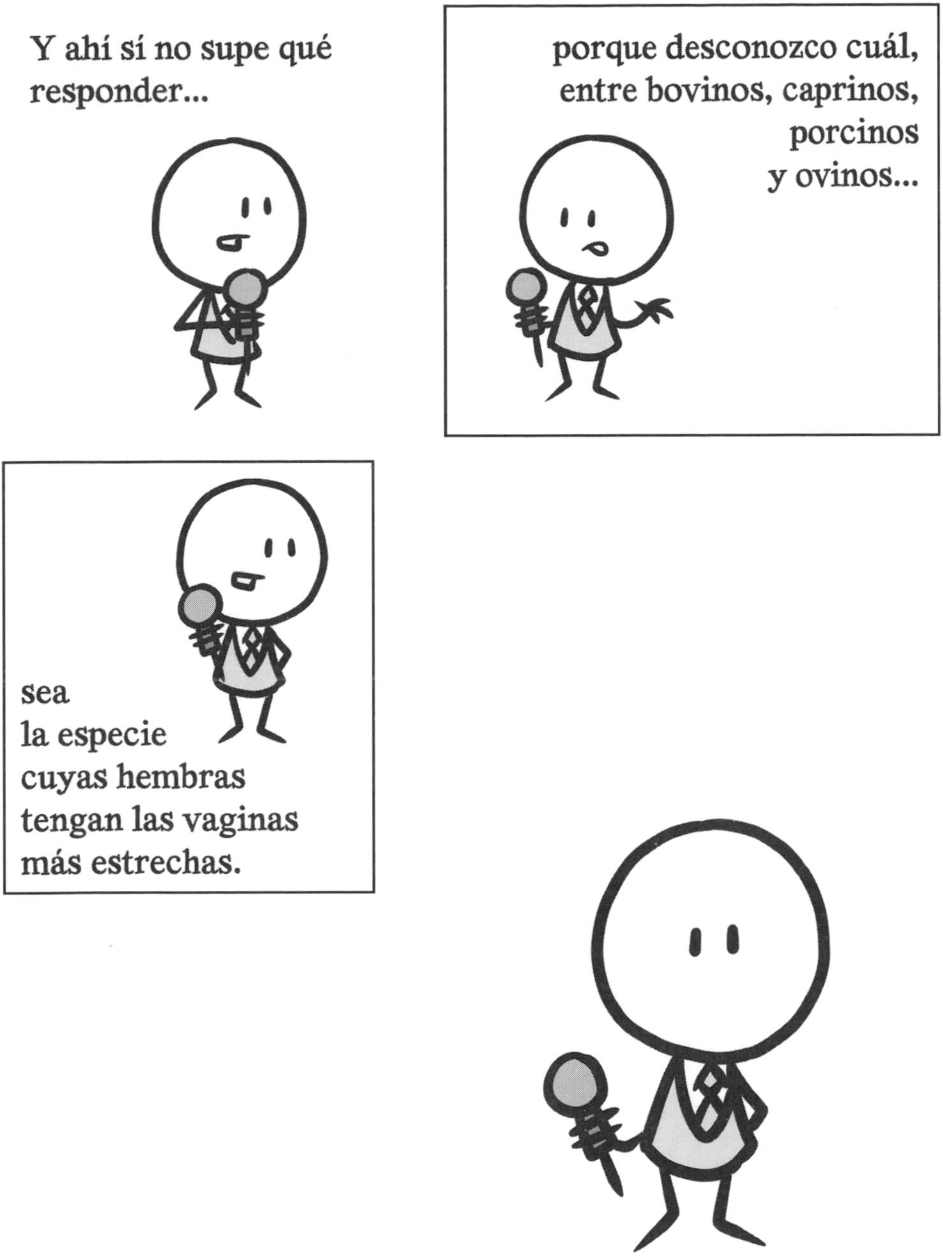
Y ahí sí no supe qué responder...
porque desconozco cuál, entre bovinos, caprinos, porcinos y ovinos...
sea la especie cuyas hembras tengan las vaginas más estrechas.

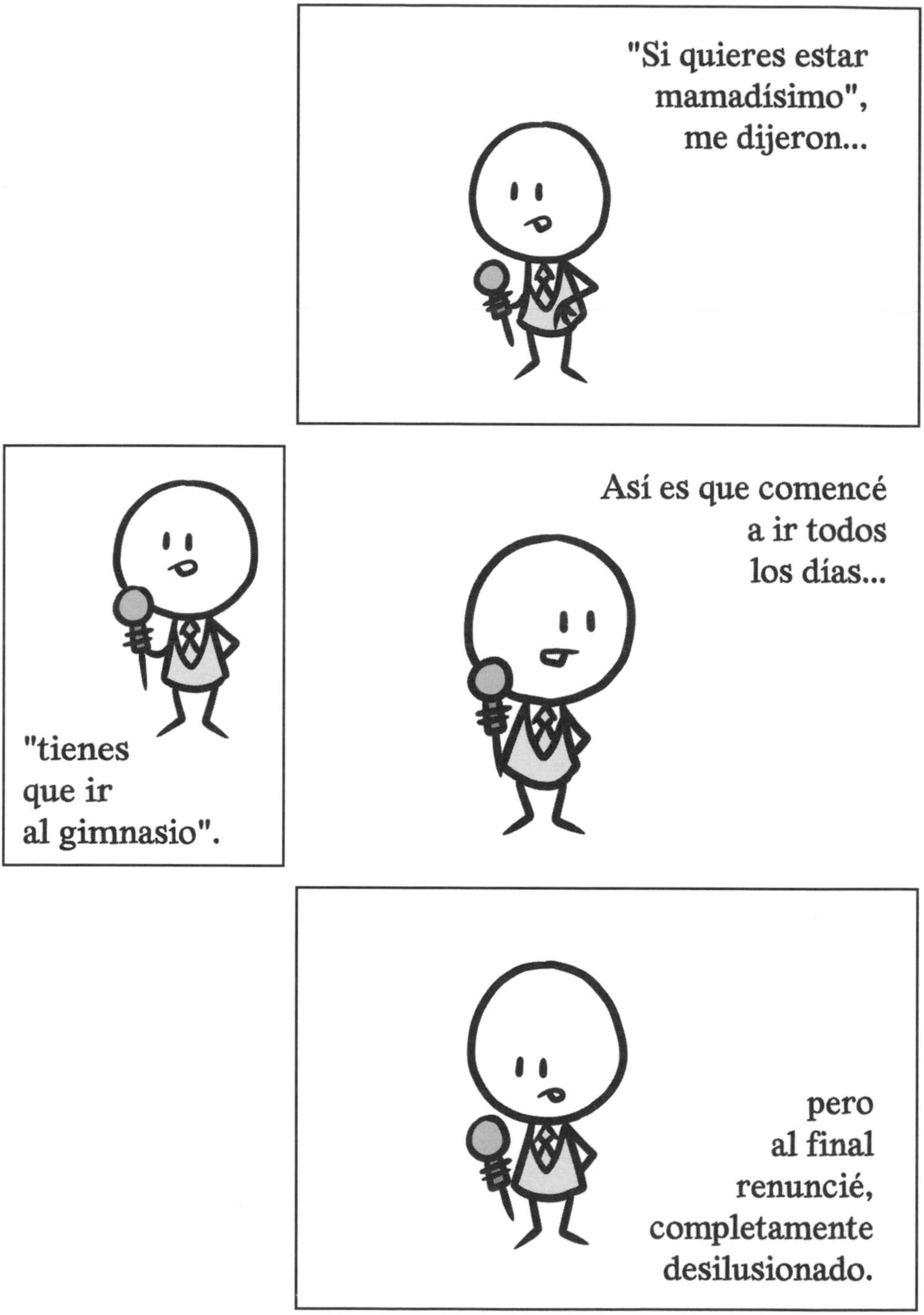
"Si quieres estar mamadísimo", me dijeron...
"tienes que ir al gimnasio".
Así es que comencé a ir todos los días...
pero al final renuncié, completamente desilusionado.

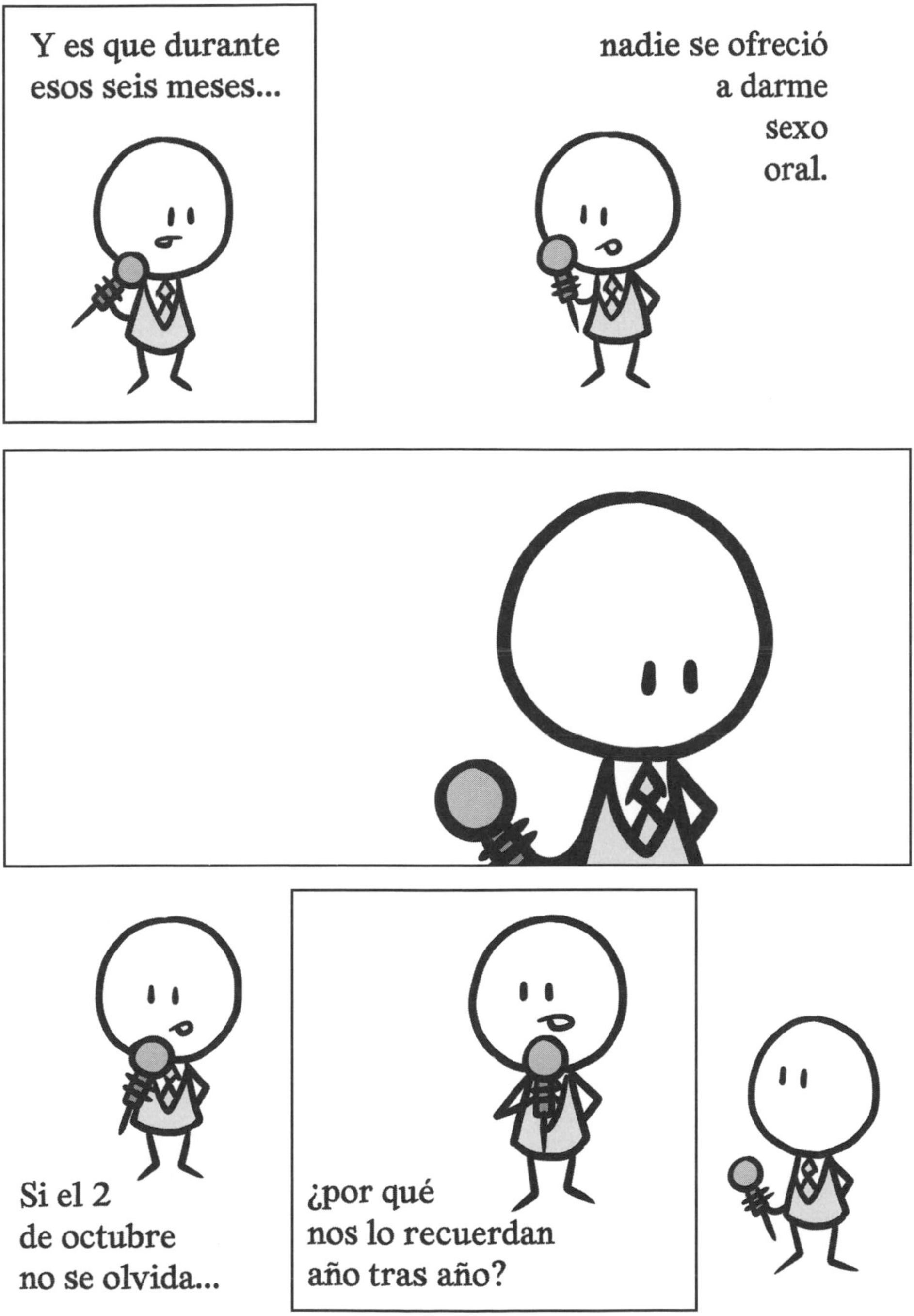
Y es que durante esos seis meses...
nadie se ofreció a darme sexo oral.
Si el 2 de octubre no se olvida...
¿por qué nos lo recuerdan año tras año?

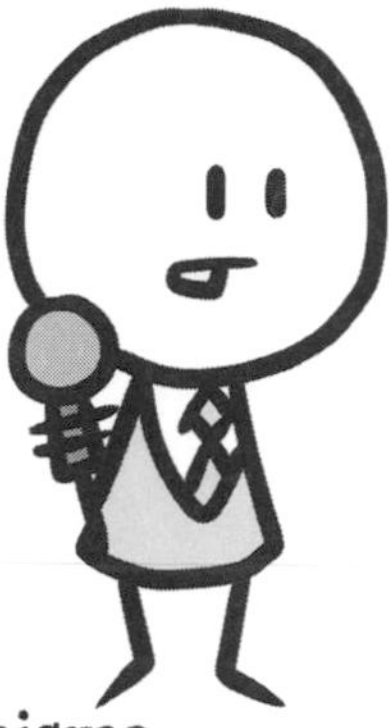

Conozco
a gente talentosa
que es demasiado
exigente consigo misma...

y que continuamente
se atormenta
con la sola
posibilidad
de fracasar.

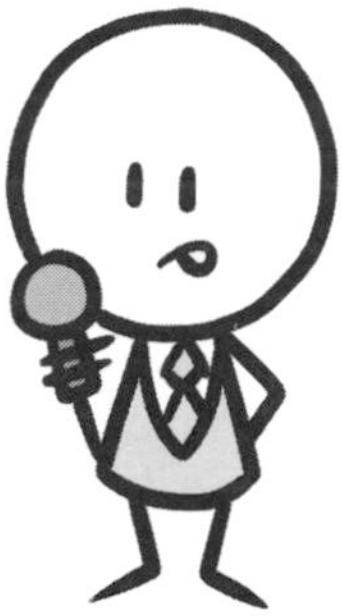

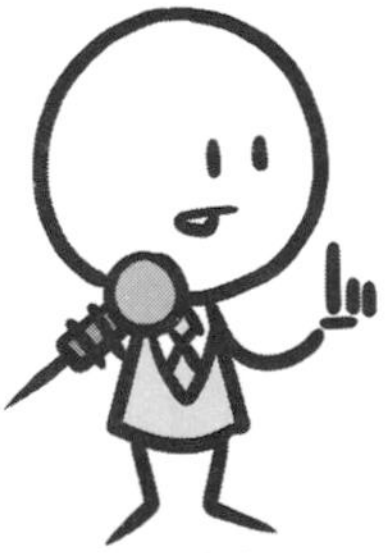

A ellos
siempre
les digo
que sólo hay
una situación en la vida
en la que realmente puedes
sentirte un total fracasado.

Y esa situación, sin duda,
es cuando repruebas
el examen final
en la Academia
de Policía.

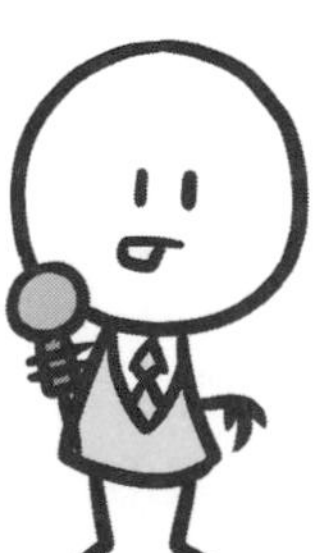

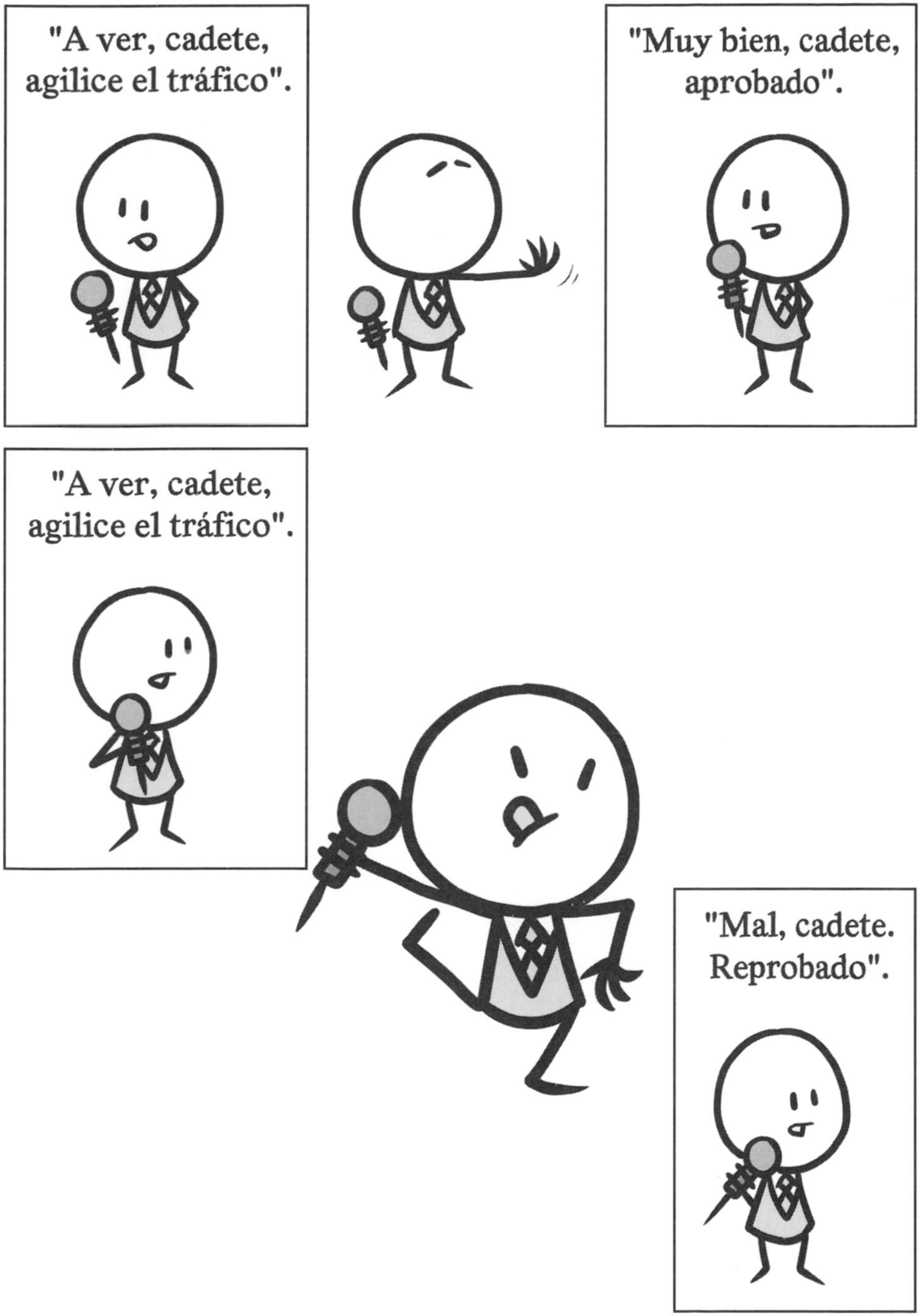
"A ver, cadete, agilice el tráfico".
"Muy bien, cadete, aprobado".
"A ver, cadete, agilice el tráfico".
"Mal, cadete. Reprobado".

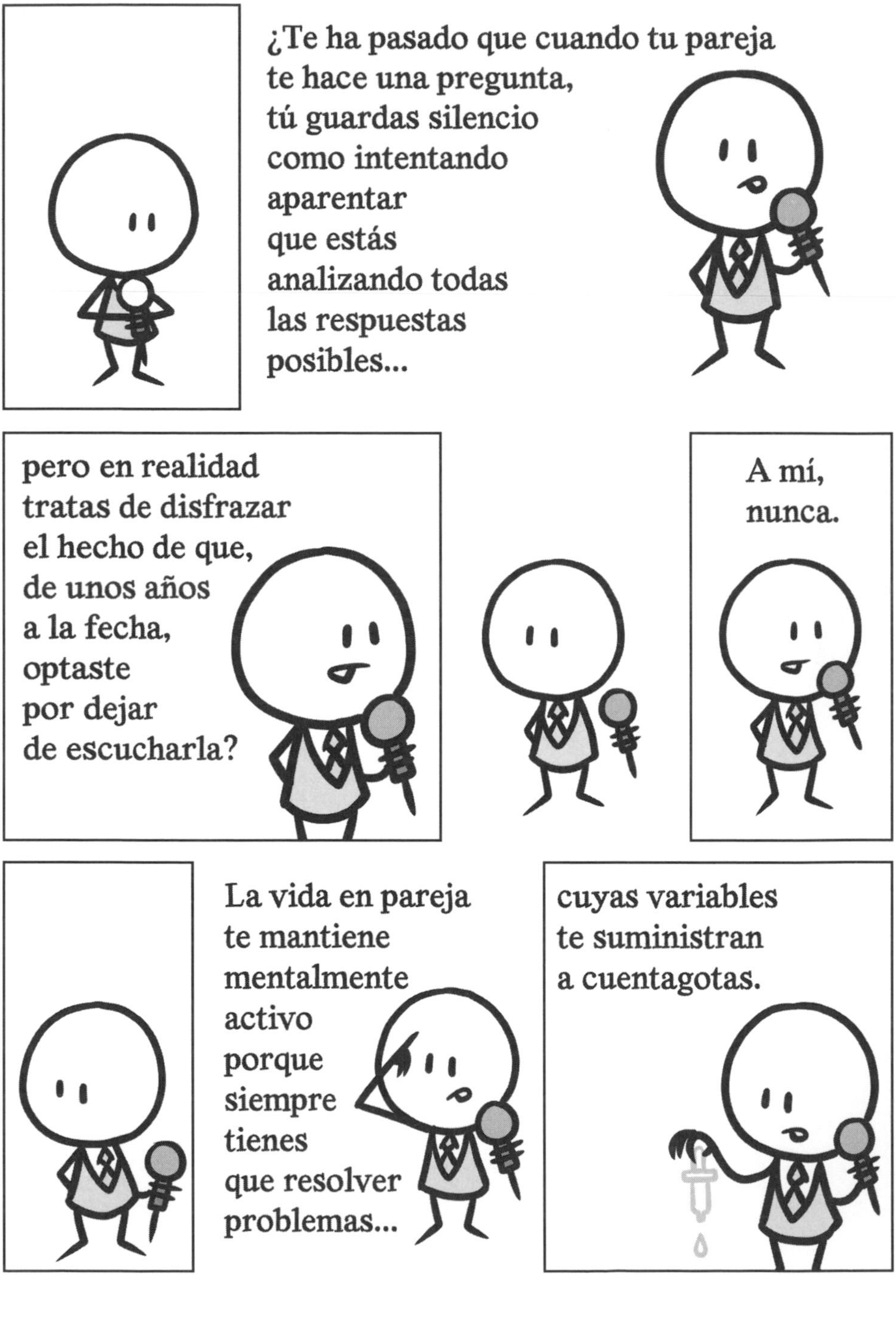
¿Te ha pasado que cuando tu pareja te hace una pregunta, tú guardas silencio como intentando aparentar que estás analizando todas las respuestas posibles...
pero en realidad tratas de disfrazar el hecho de que, de unos años a la fecha, optaste por dejar de escucharla?
A mí, nunca.
La vida en pareja te mantiene mentalmente activo porque siempre tienes que resolver problemas...
cuyas variables te suministran a cuentagotas.

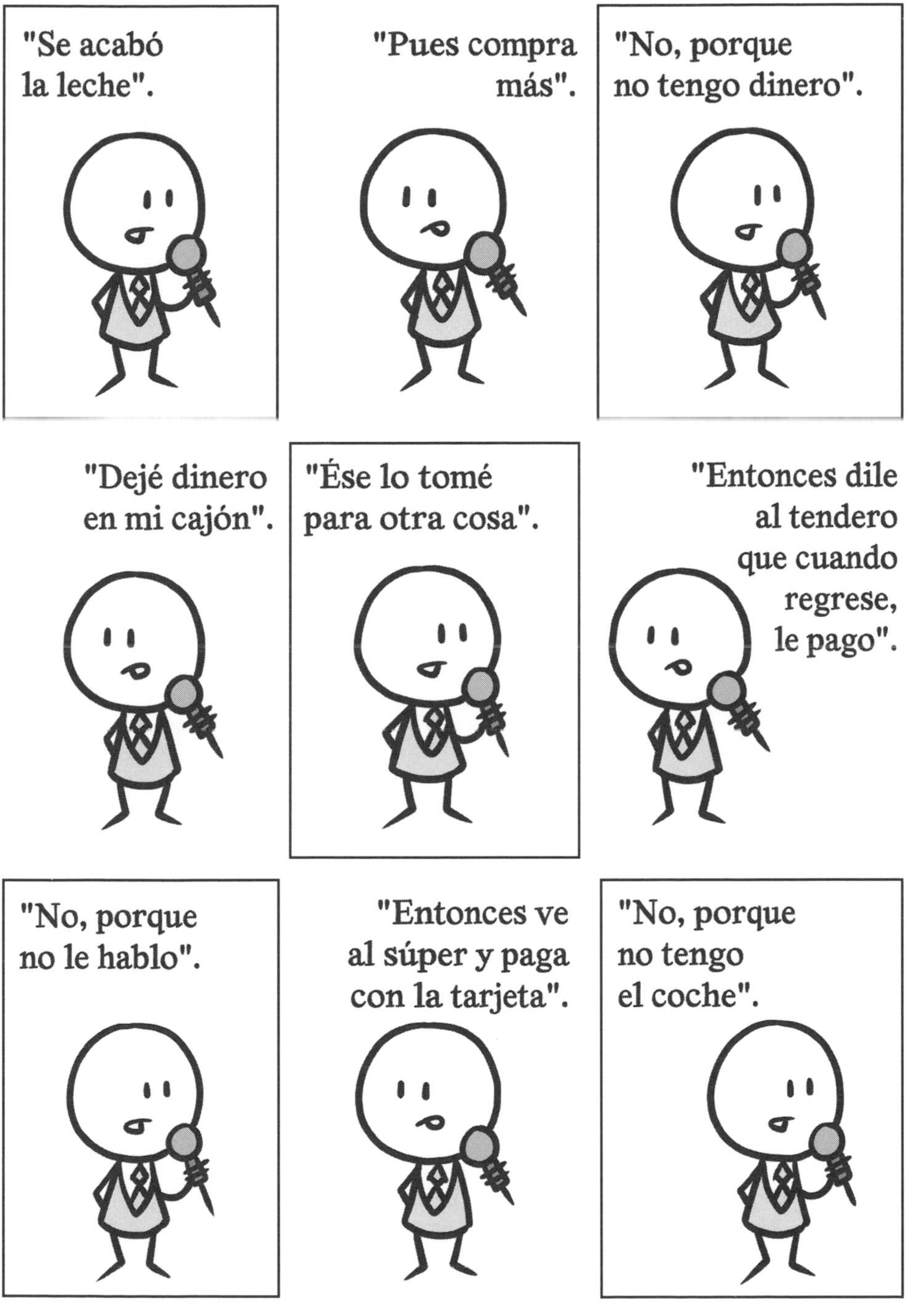
"Se acabó la leche".
"Pues compra más".
"No, porque no tengo dinero".
"Dejé dinero en mi cajón".
"Ése lo tomé para otra cosa".
"Entonces dile al tendero que cuando regrese, le pago".
"No, porque no le hablo".
"Entonces ve al súper y paga con la tarjeta".
"No, porque no tengo el coche".

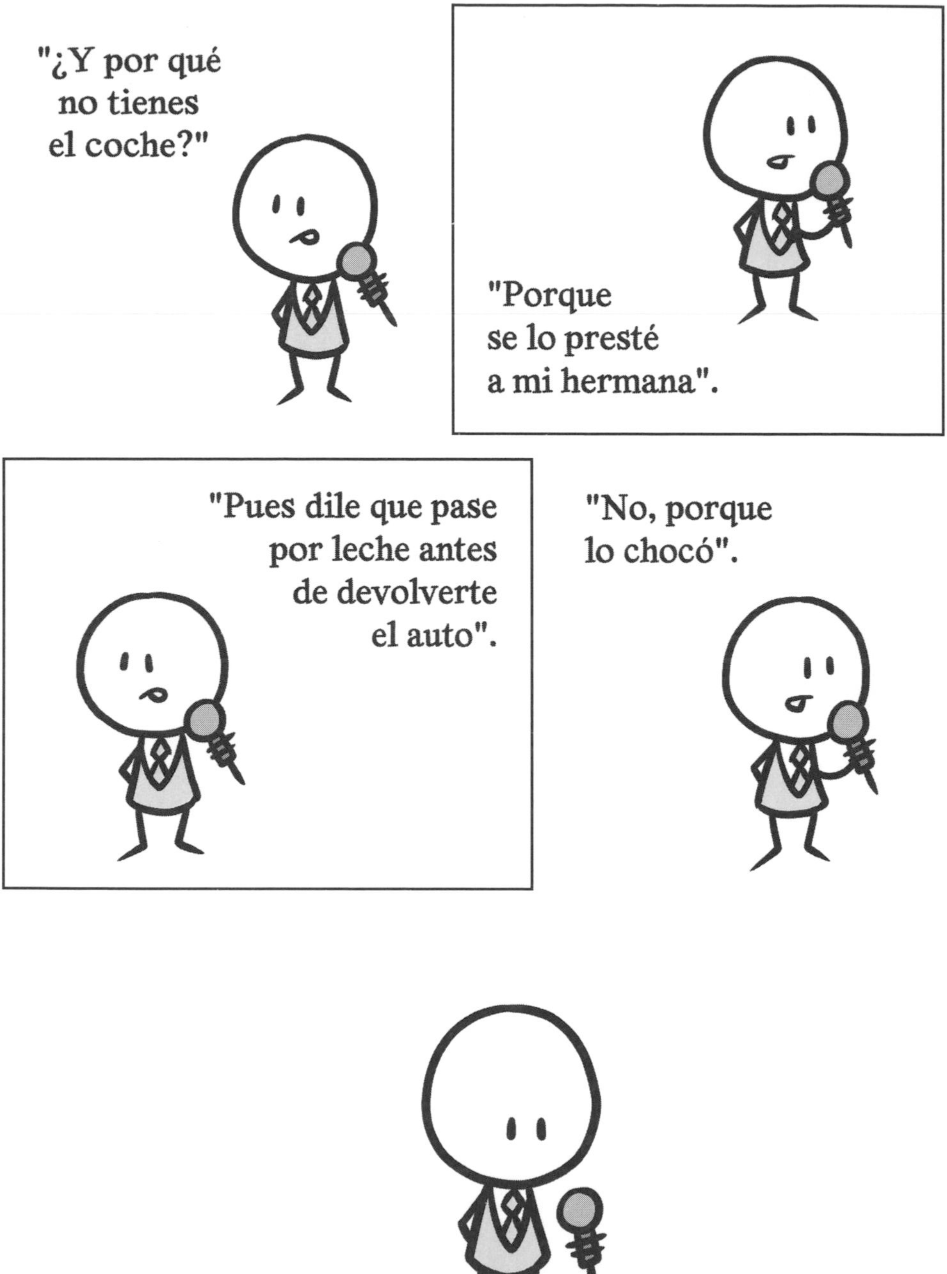
"¿Y por qué no tienes el coche?"
"Porque se lo presté a mi hermana".
"Pues dile que pase por leche antes de devolverte el auto".
"No, porque lo chocó".

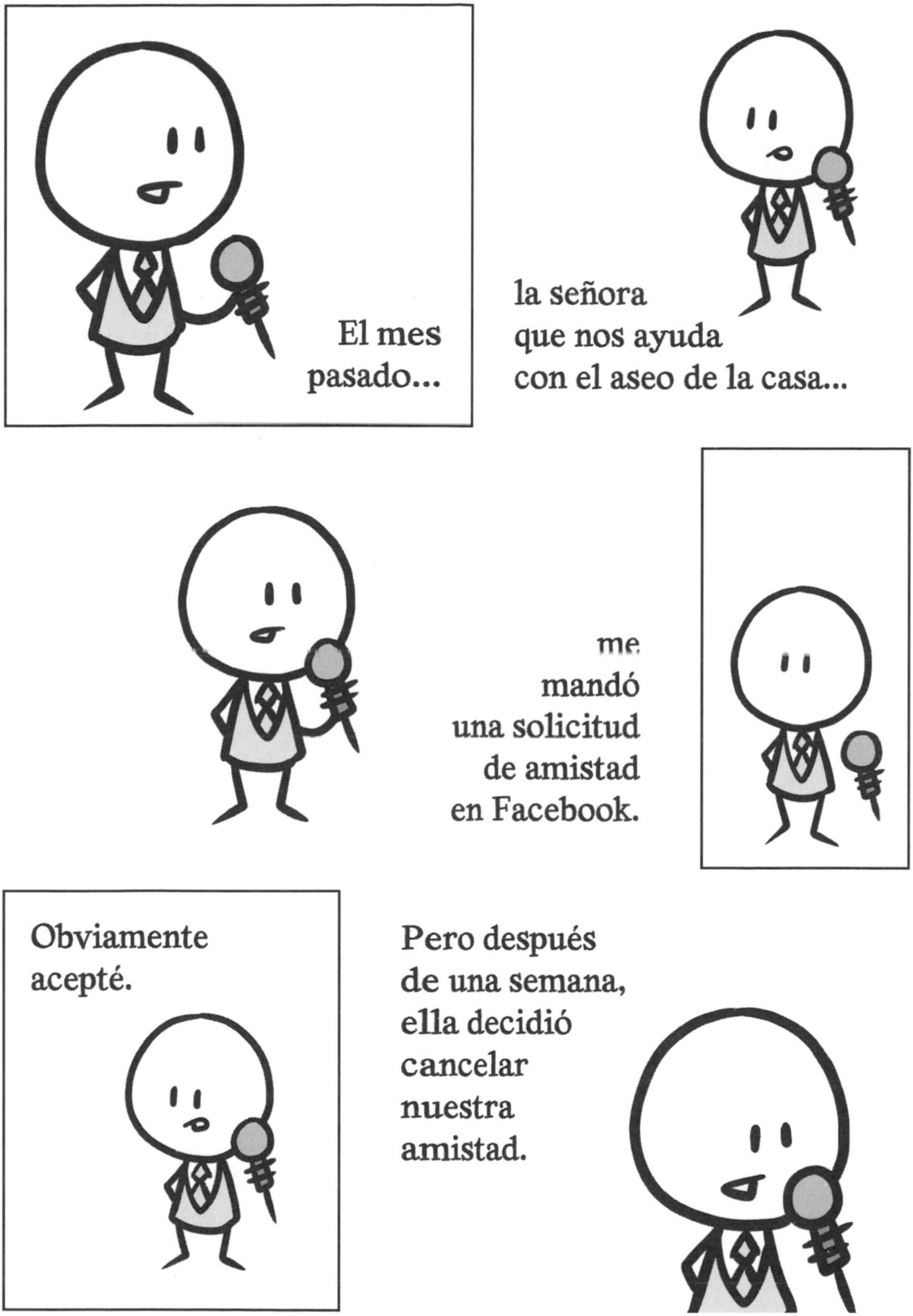
El mes pasado...
la señora que nos ayuda con el aseo de la casa...
me mandó una solicitud de amistad en Facebook.
Obviamente acepté.
Pero después de una semana, ella decidió cancelar nuestra amistad.

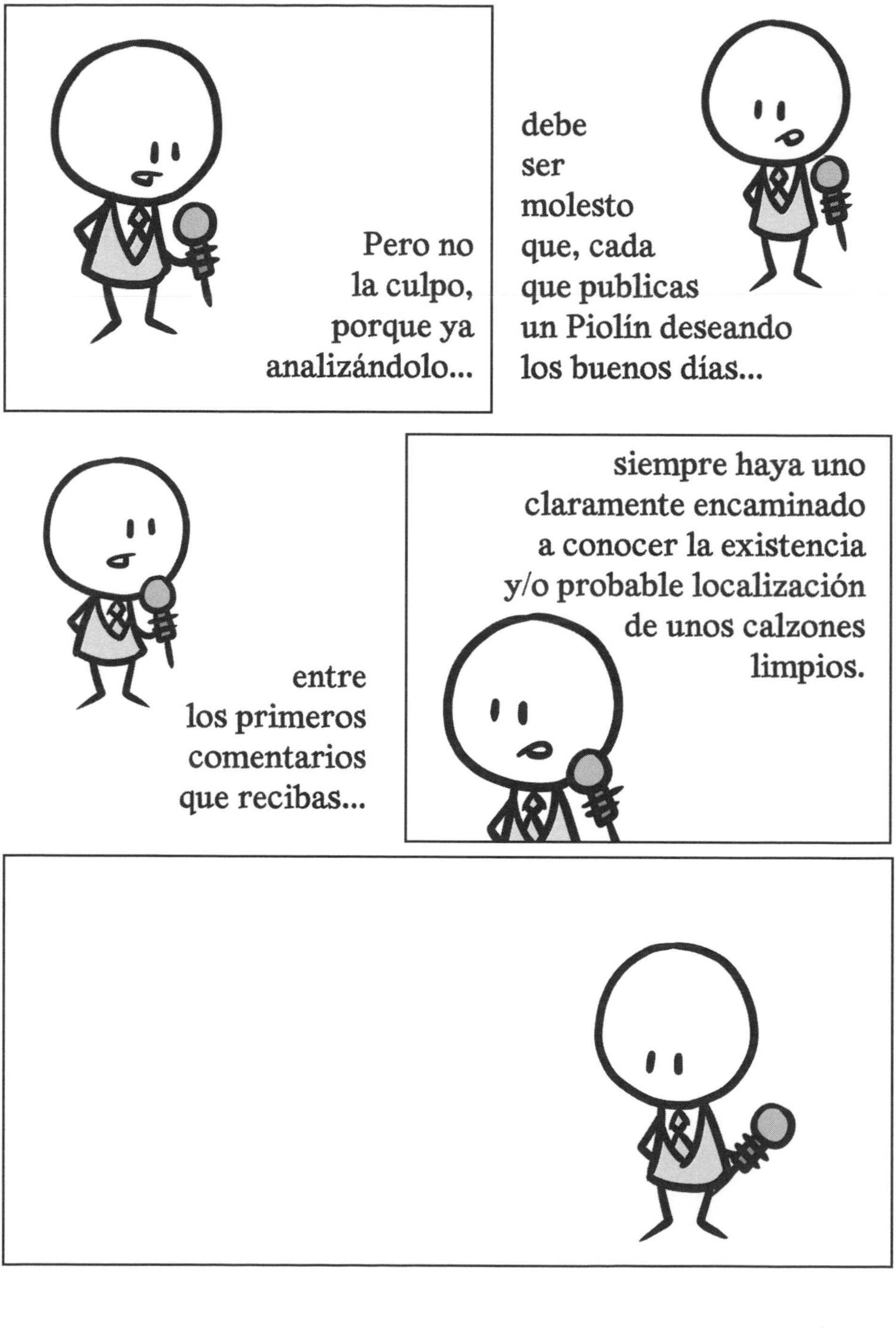
Pero no la culpo, porque ya analizándolo...
debe ser molesto que, cada que publicas un Piolín deseando los buenos días...
entre los primeros comentarios que recibas...
siempre haya uno claramente encaminado a conocer la existencia y/o probable localización de unos calzones limpios.

Soy una persona
de lento despertar.
Condición
que fácilmente
se soluciona
al tomarme
el primer
café del día.

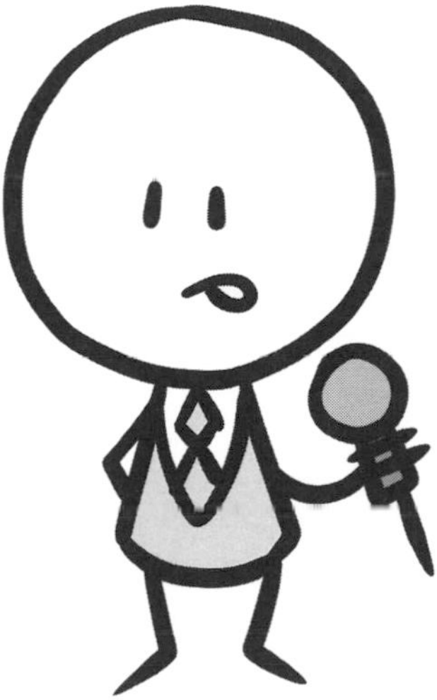

El problema
es que
no tomo
café.

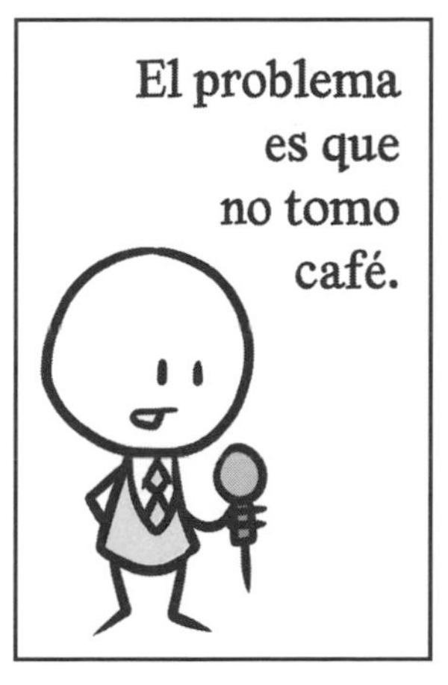

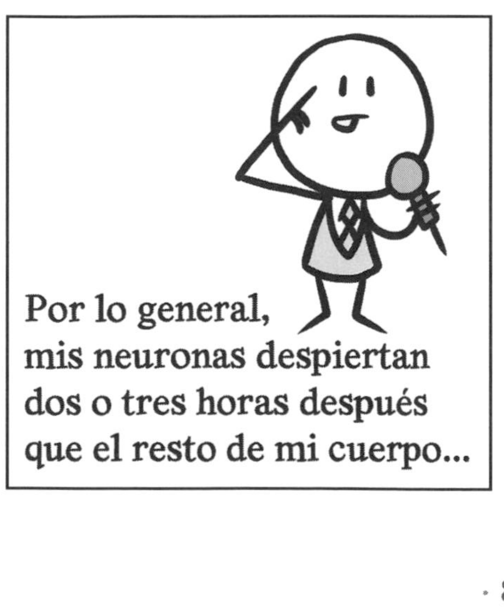

Por lo general,
mis neuronas despiertan
dos o tres horas después
que el resto de mi cuerpo...

y eso provoca que cuando
me preguntan algo sencillo
como:
"¿Qué
quieres
desayunar?"

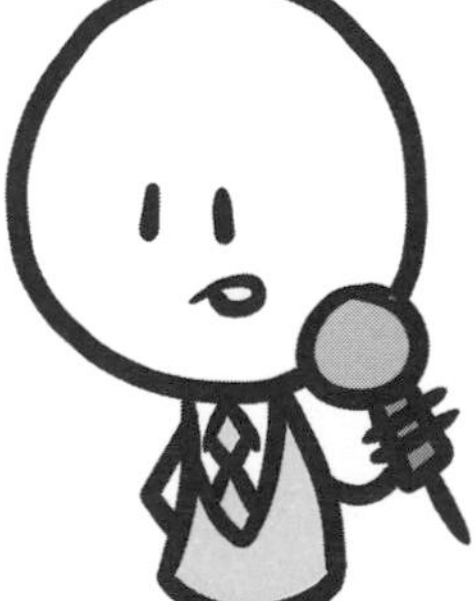

Yo escuche algo así como: "Si dos trenes,
que denominaremos A y B, parten de sendas ciudades
ubicadas a 543 kilómetros con 364 metros
una de la otra, a velocidades de 70 kilómetros
por hora para el tren A y 40 kilómetros por hora
para el tren B, responde:
1.- ¿En cuánto tiempo
se encontrarán tomando
en cuenta que el tren A
tarda 17 minutos en alcanzar
esa velocidad
y al tren B le toma sólo
6 minutos lograrlo?
2.- ¿A qué distancia
se encontrarán
de sus respectivos
puntos de origen?
¿eh? ¿eh...?
¡¿EH...?!"

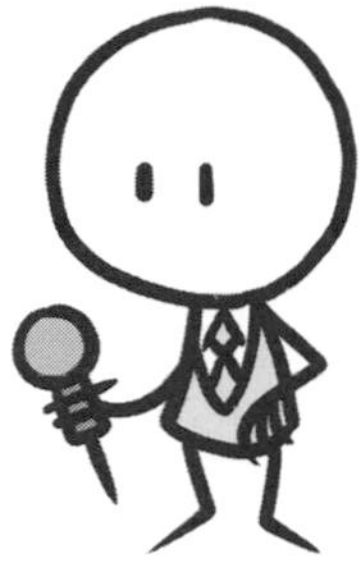

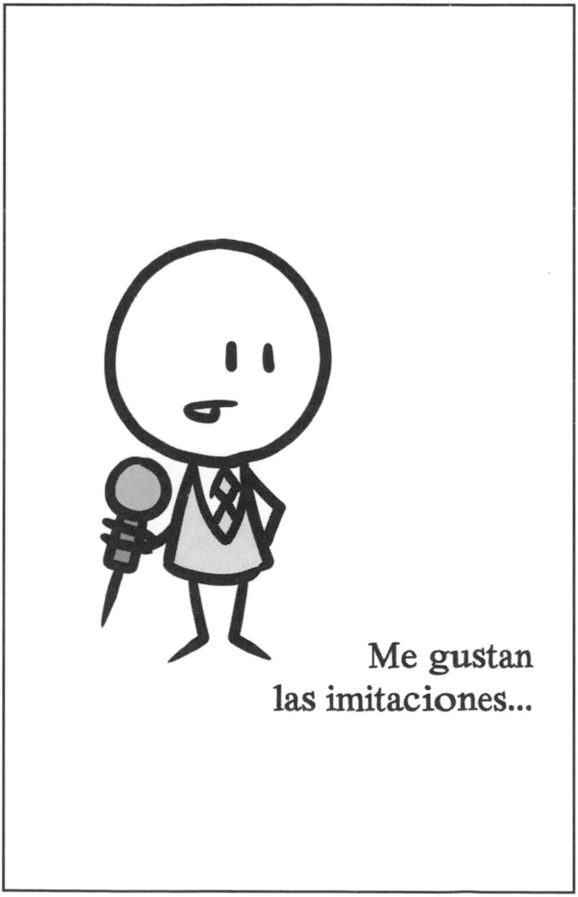
Me gustan
las imitaciones...

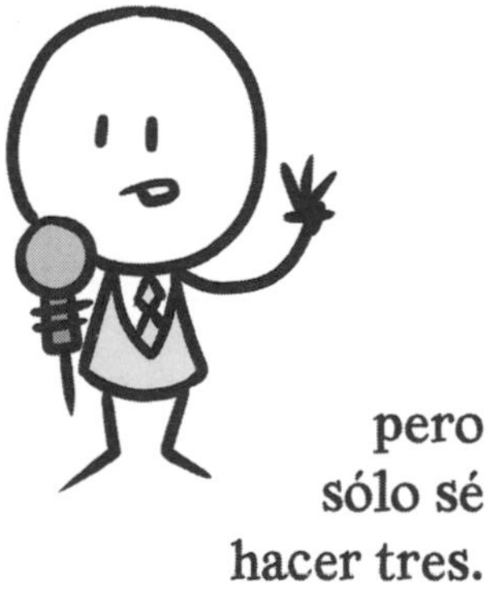
pero
sólo sé
hacer tres.

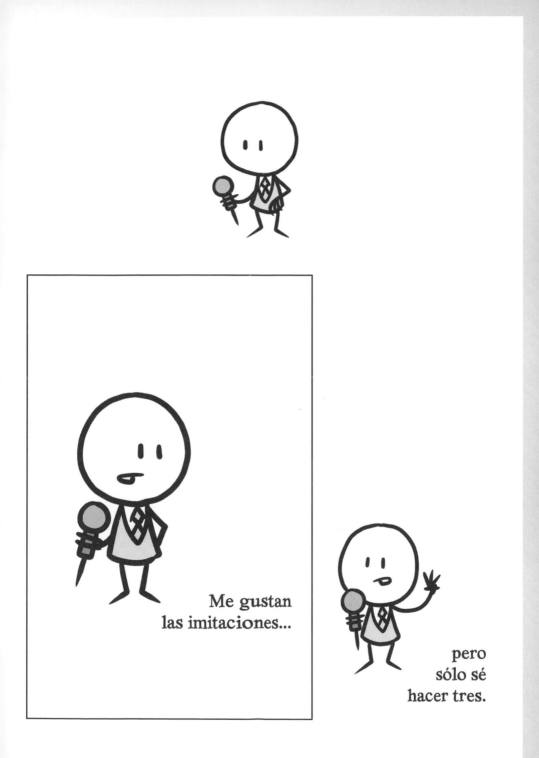

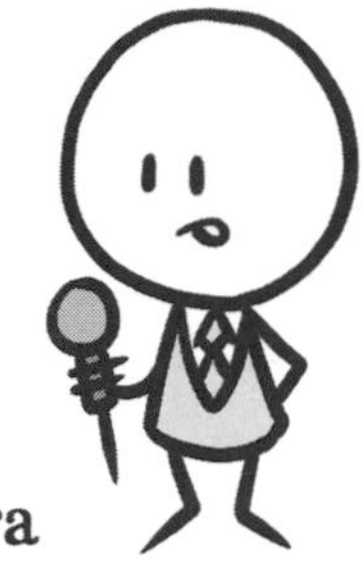

La
primera
es de un venado
sorprendido
por un cazador.

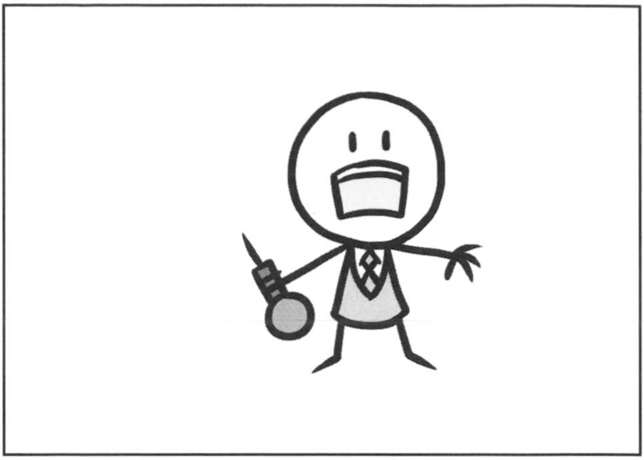

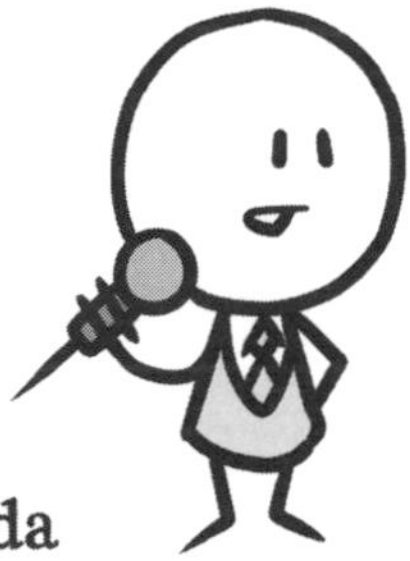

La
segunda
es de un marido
infiel sorprendido
por su esposa.

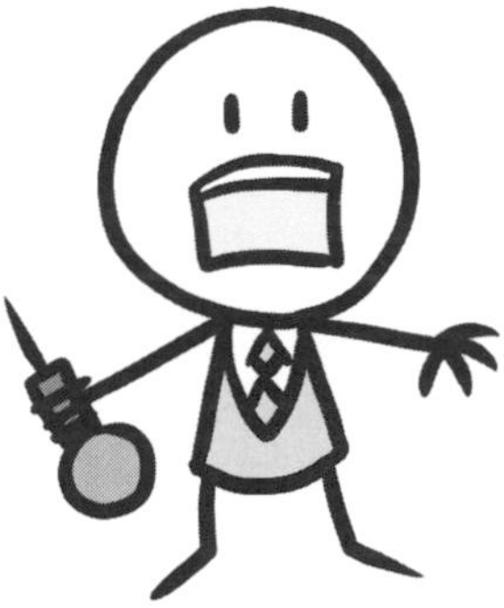

Y la
tercera
es la del tipo
que descubre
que la chava
que recién se ligó,
tiene algo aún más
grueso que la voz.

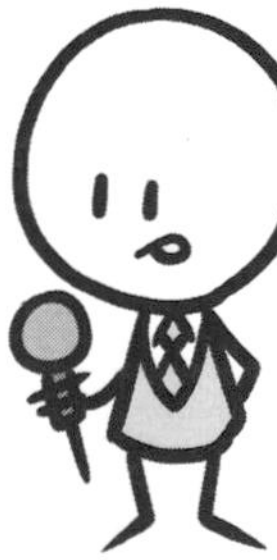

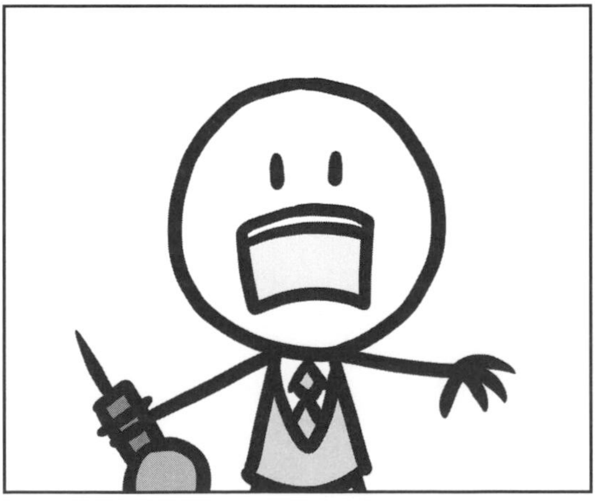

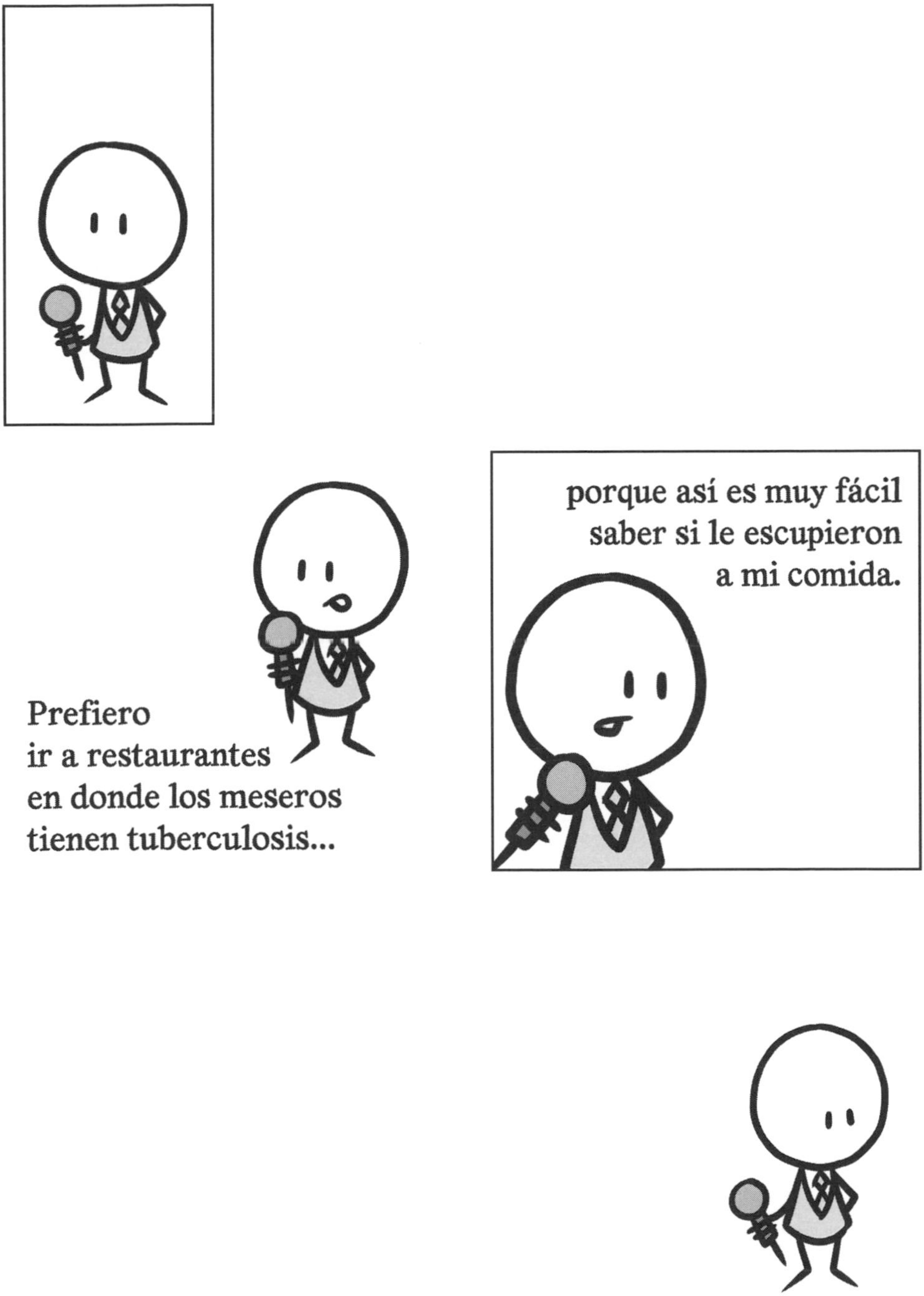
Prefiero
ir a restaurantes
en donde los meseros
tienen tuberculosis...
porque así es muy fácil
saber si le escupieron
a mi comida.

Hace tres años me compré
una grabadora para poder
registrar todas
las grandes ideas
que se me fueran
ocurriendo.

Te la vendo barata.
No la he usado.

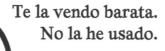

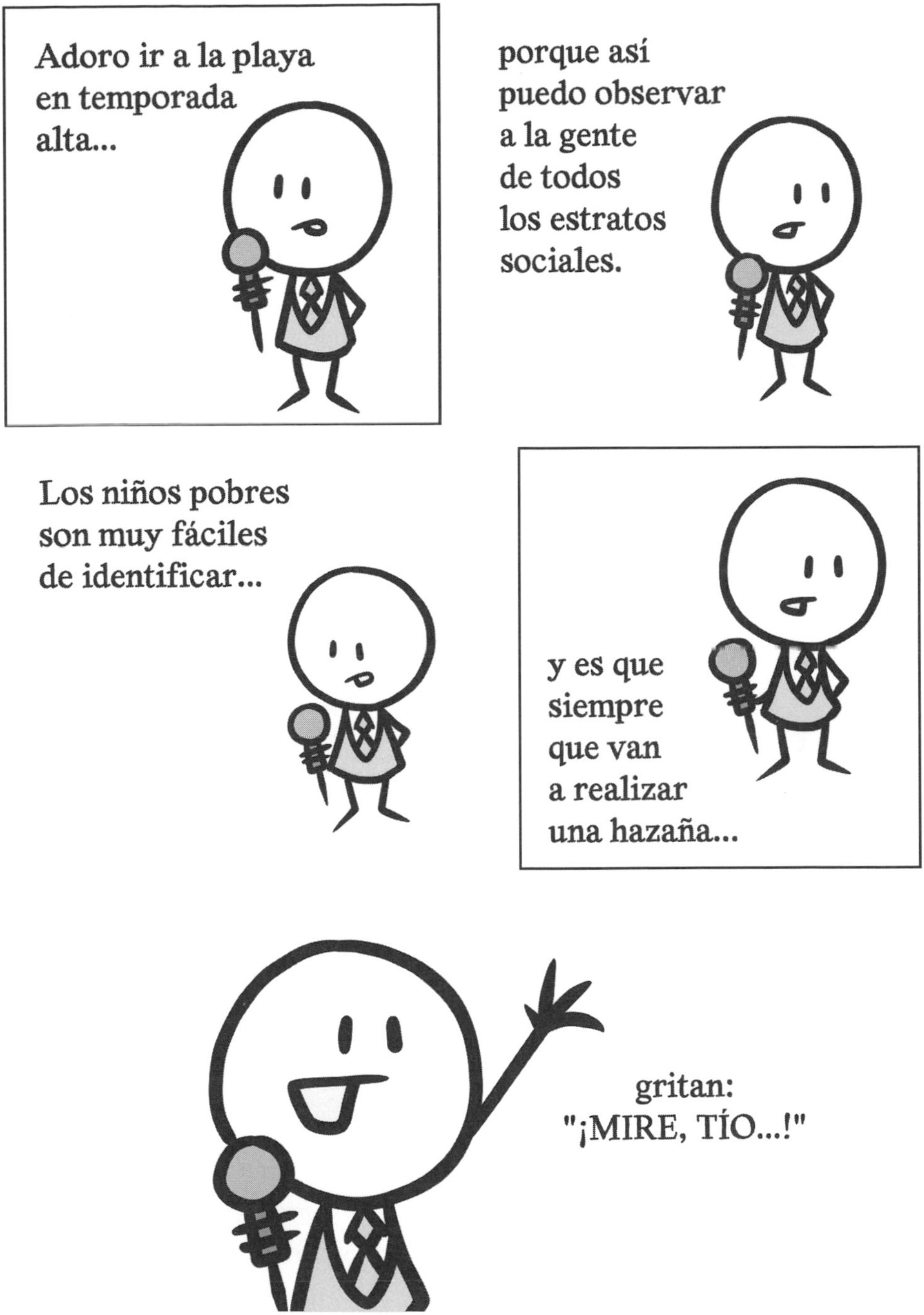
Adoro ir a la playa en temporada alta...
porque así puedo observar a la gente de todos los estratos sociales.
Los niños pobres son muy fáciles de identificar...
y es que siempre que van a realizar una hazaña...
gritan: "¡MIRE, TÍO...!"

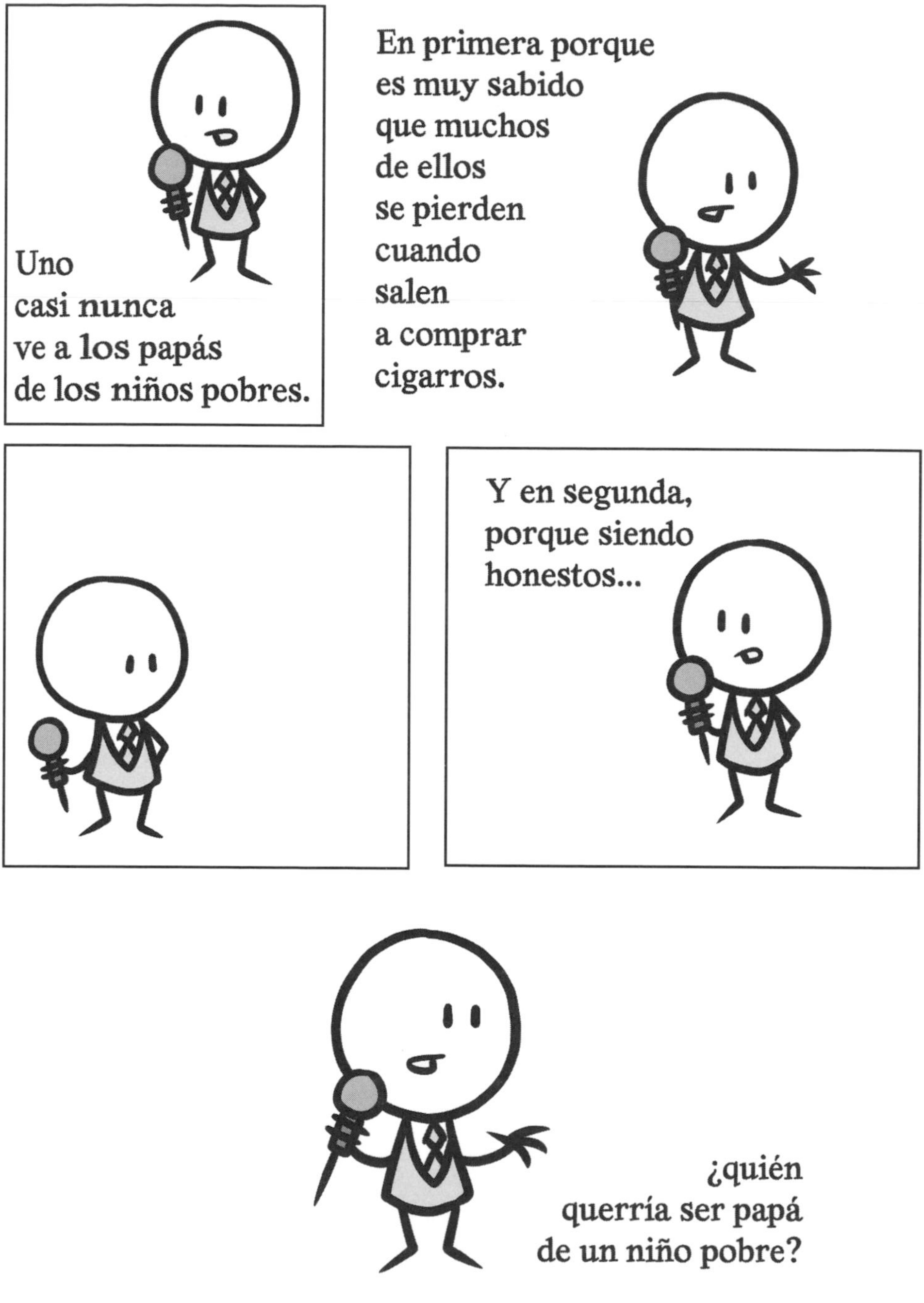
Uno casi nunca ve a los papás de los niños pobres.
En primera porque es muy sabido que muchos de ellos se pierden cuando salen a comprar cigarros.
Y en segunda, porque siendo honestos...
¿quién querría ser papá de un niño pobre?

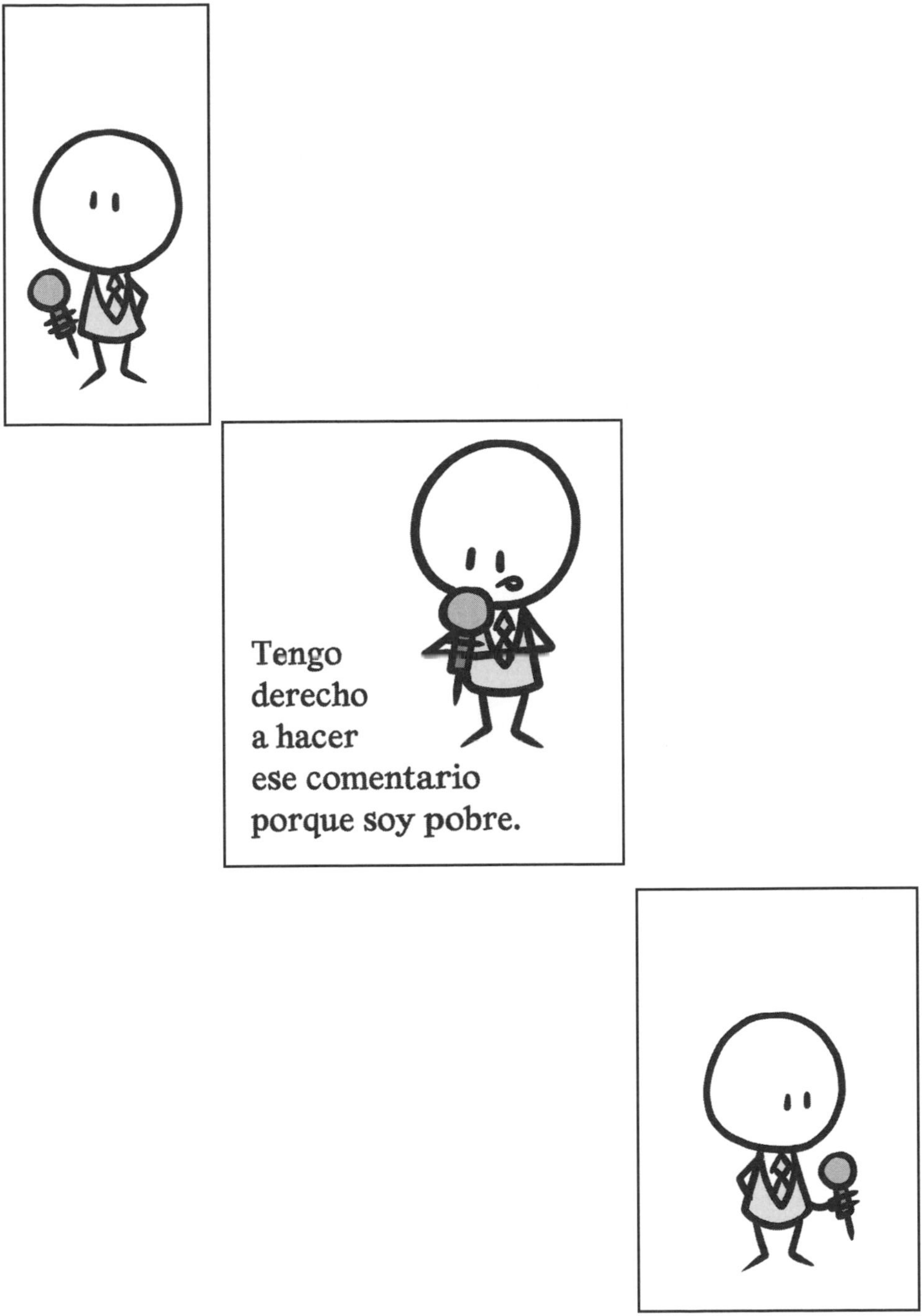
Tengo derecho a hacer ese comentario porque soy pobre.

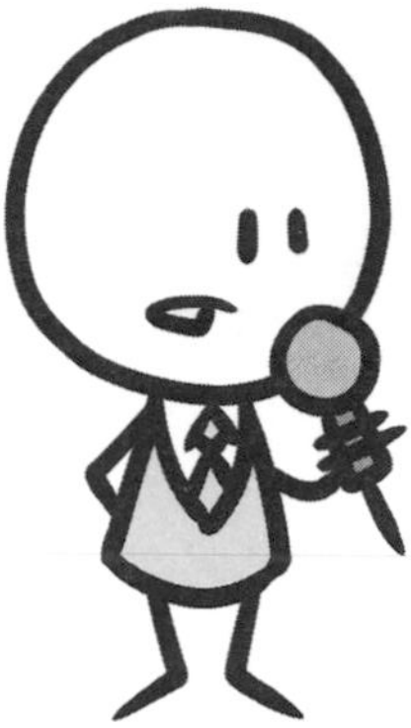

La otra vez visité
una concesionaria BMW
y el amable vendedor me dijo
que si quería, podía probarlos.

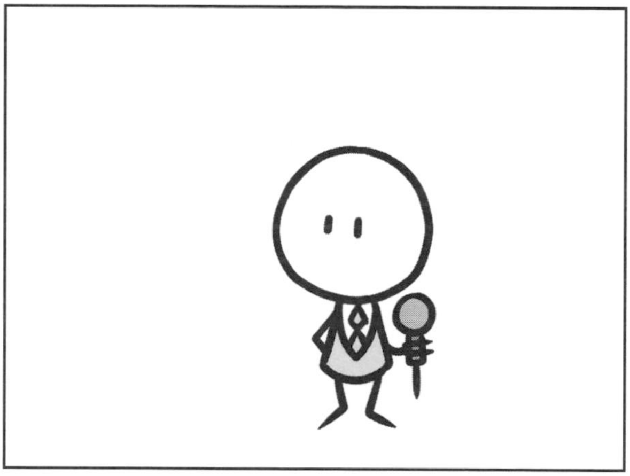

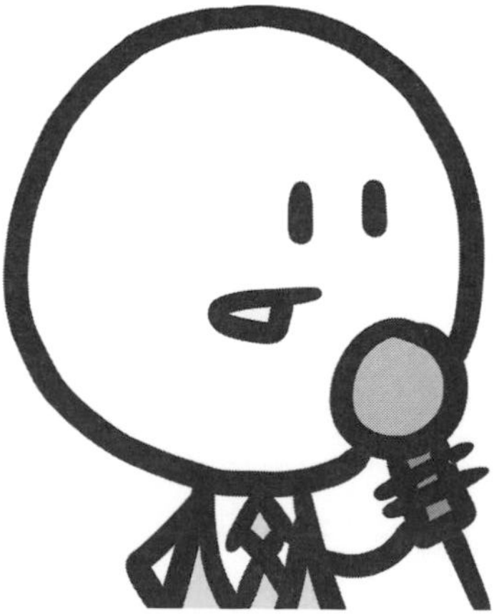

Sabían
como
a tierrita.

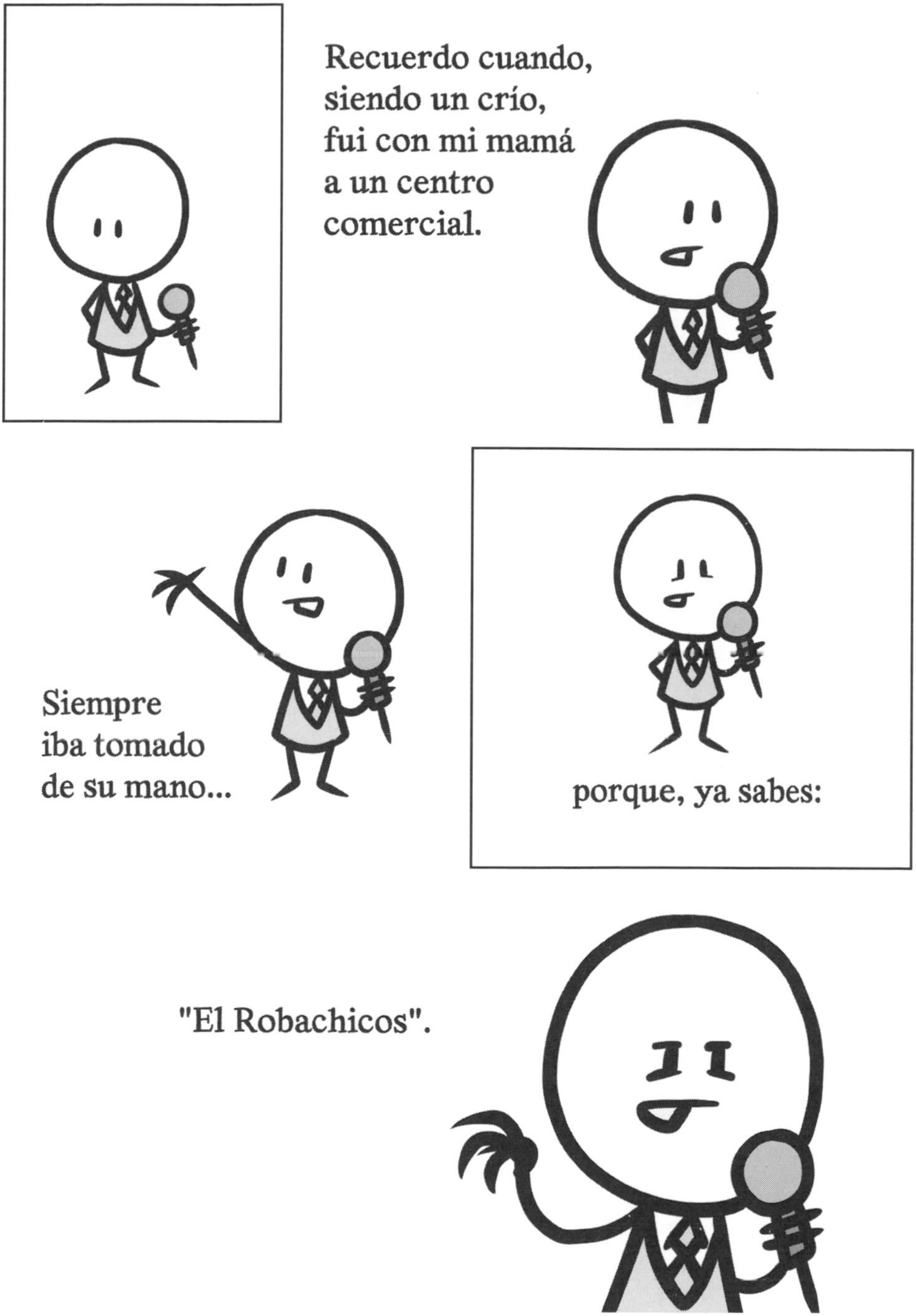
Recuerdo cuando, siendo un crío, fui con mi mamá a un centro comercial.
Siempre iba tomado de su mano...
porque, ya sabes:
"El Robachicos".

Pero no era su mano.

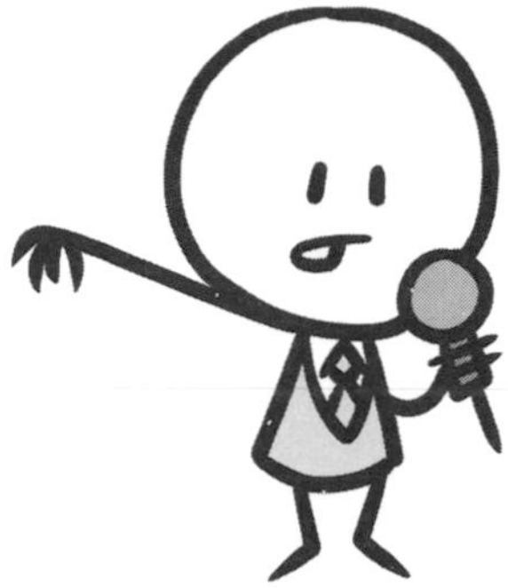

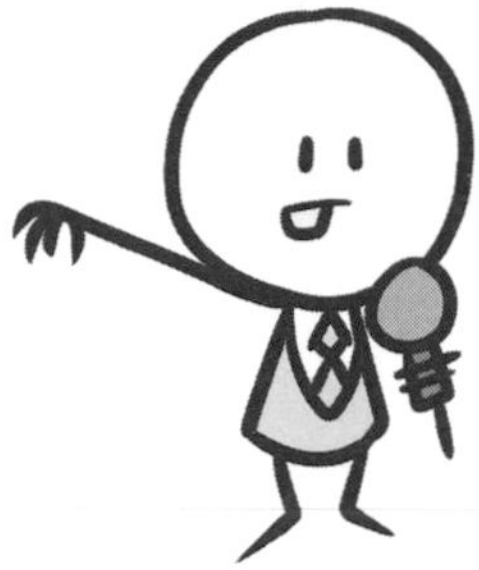

Era la de otra señora.

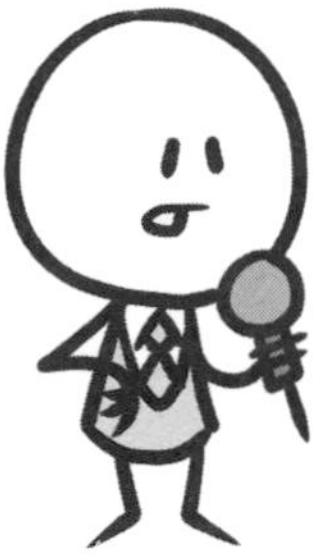

Cómplices
en el momento,
mi mamá y la señora
guardaron silencio...

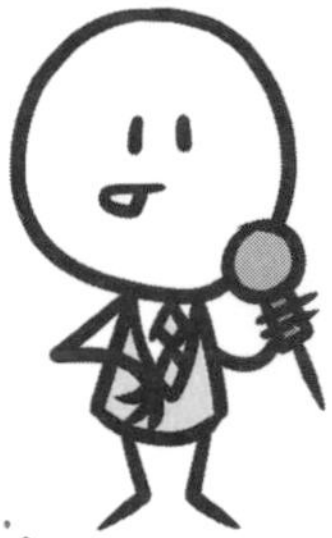

y
esperaron
con paciencia
a que me diera
cuenta de mi error.

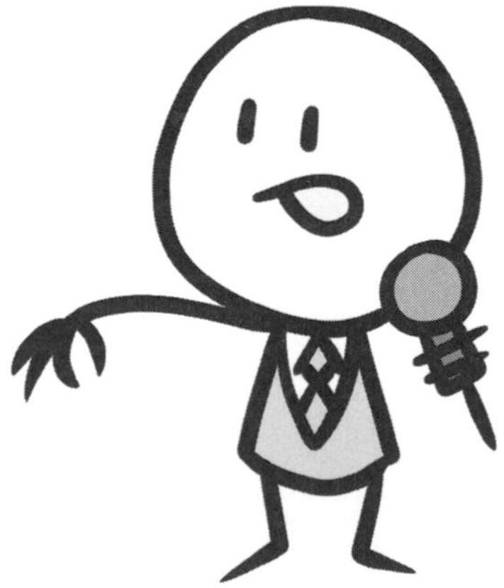

Avanzamos
así unos metros,
miré hacia arriba,
descubrí que una extraña
me llevaba de la mano
y grité mientras las dos reían.

No hace mucho me pasó casi exactamente lo mismo cuando caminaba de la mano con mi esposa en Perisur.

La solté un segundo para ver algo...

luego busqué su mano sin mirar y tomé por error la de otra mujer.

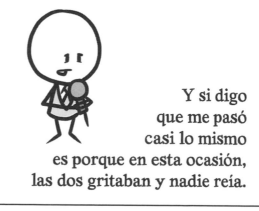

Y si digo que me pasó casi lo mismo es porque en esta ocasión, las dos gritaban y nadie reía.

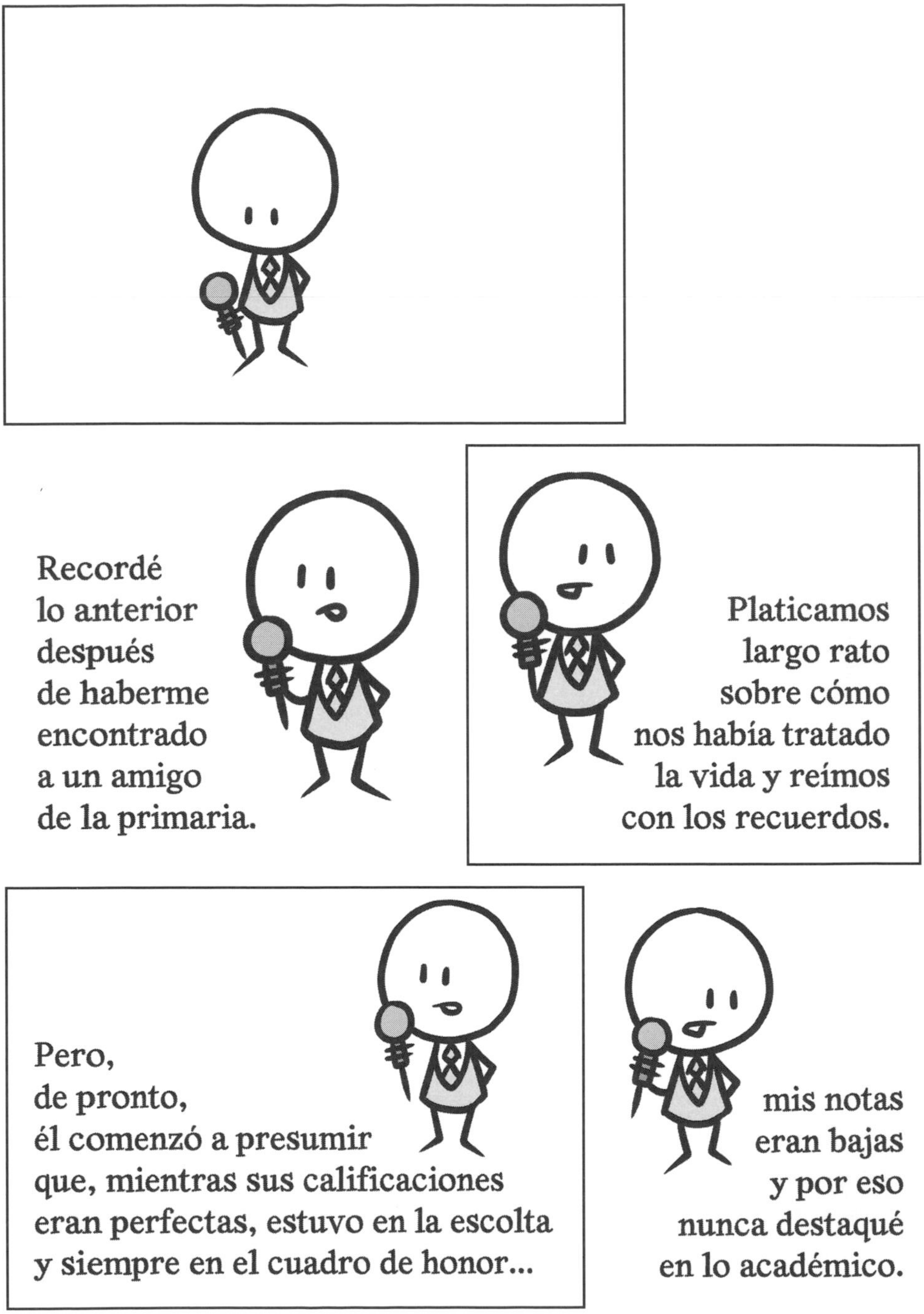
Recordé lo anterior después de haberme encontrado a un amigo de la primaria.
Platicamos largo rato sobre cómo nos había tratado la vida y reímos con los recuerdos.
Pero, de pronto, él comenzó a presumir que, mientras sus calificaciones eran perfectas, estuvo en la escolta y siempre en el cuadro de honor...
mis notas eran bajas y por eso nunca destaqué en lo académico.

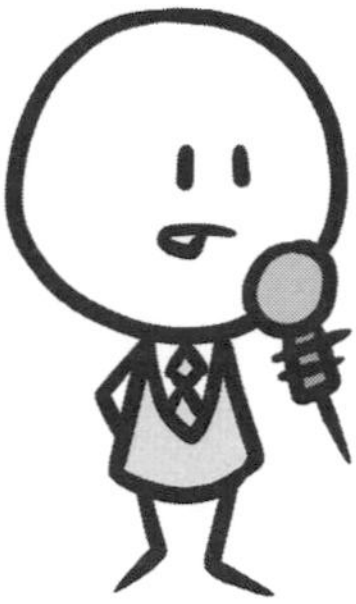

Nos
despedimos.
Me dijo que teníamos
que volver a reunirnos.

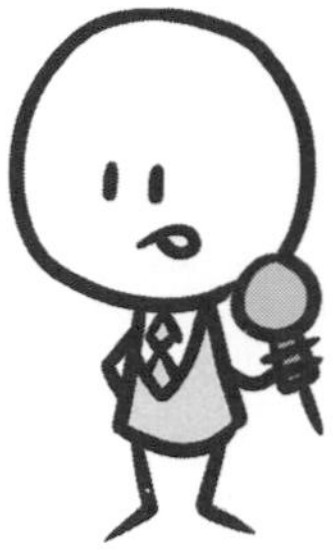

Le dije
que yo lo buscaría
y, mientras se alejaba...

saqué mi teléfono,
abrí la app de Uber,
le di sólo una estrella
y en los comentarios escribí:

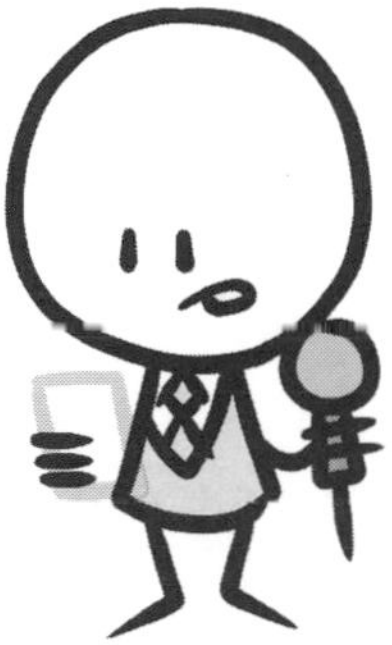

"Por mamón".

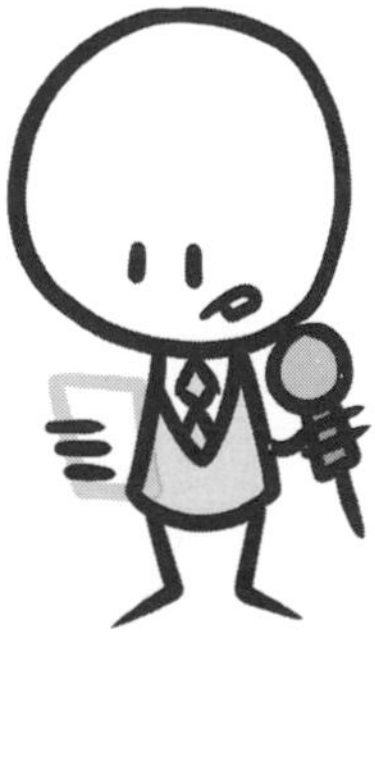

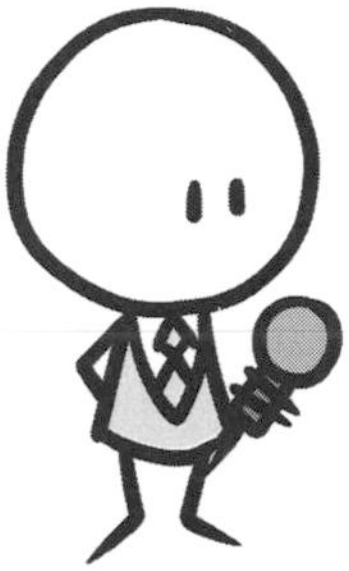

A veces
extraño
la dulce época
de la infancia cuando,
para iniciar una amistad,
bastaba con acercarte a alguien
y preguntarle: "¿Amigos?"

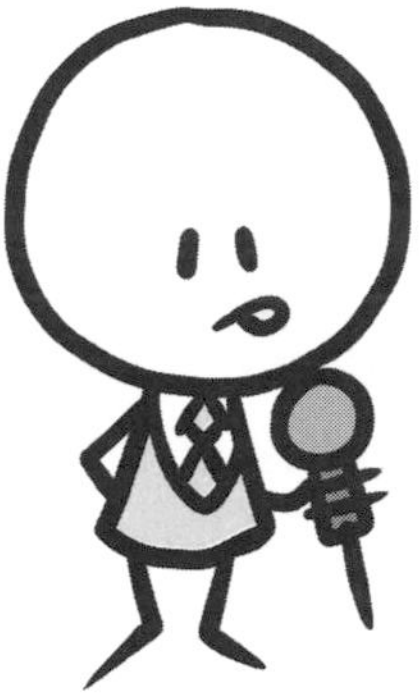

Y esa amistad
soportaría
todas las pruebas
impuestas
por el cruel
destino.

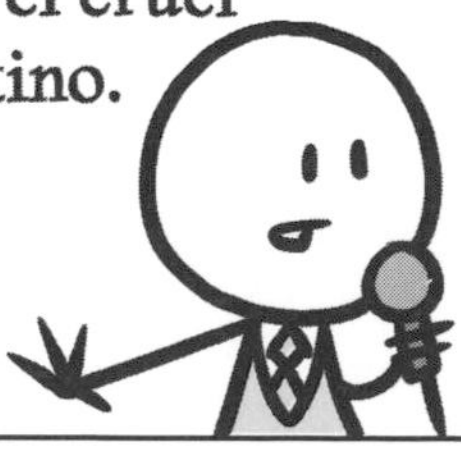

Pruebas que a esa edad,
hay que aclarar,
eran relativamente
sencillas.

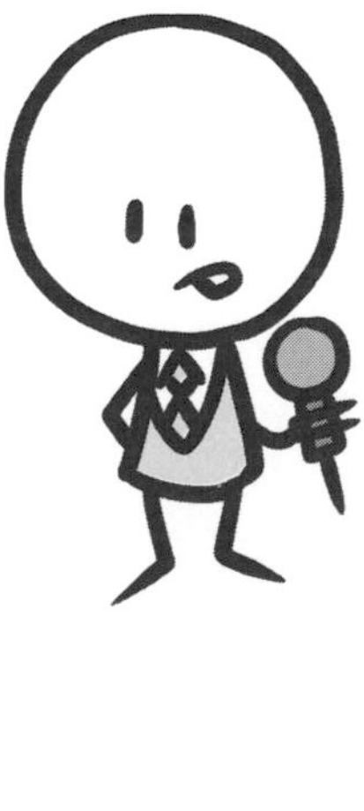

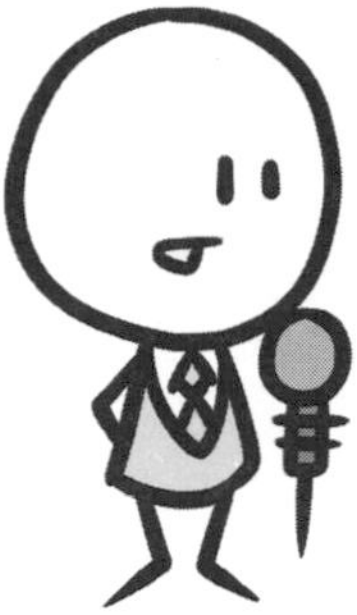

Por
ejemplo,
cuando la niña
que le gustaba a tu cuate
comenzaba a compartir
el lunch con otro niño...

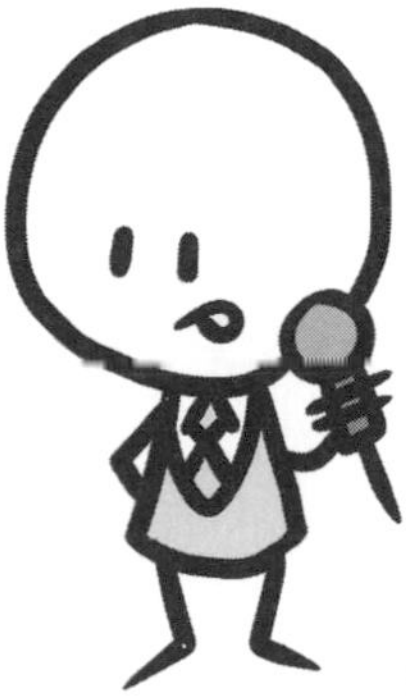

uno
sólo tenía
que ir a su lado
para decirle:
"Ánimo, hay otras".

Pero cuando eres adulto
y un amigo te llama
para decirte
que descubrió
que su esposa
lo engaña...

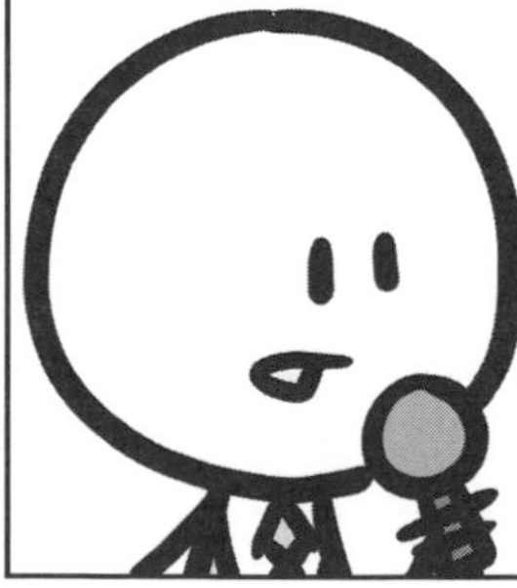

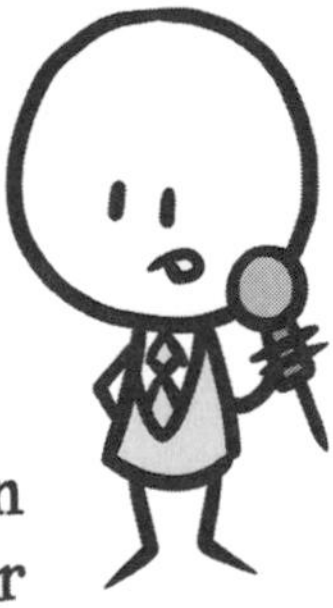

sabes
que también
tienes que ir
a decirle:
"Ánimo, hay otras".

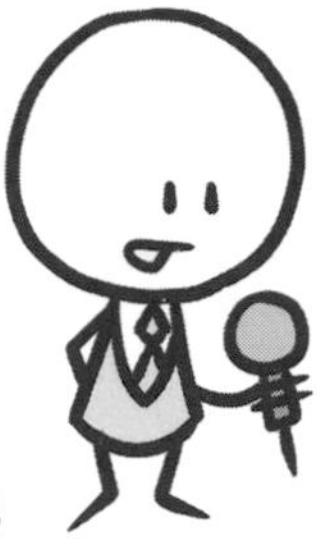

Pero
ahora
también sabes
que antes de ir a verlo,
tienes que conseguir
un manual de anatomía.

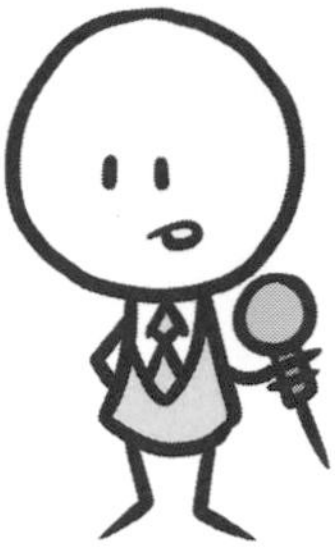

Y también
sabes que debiste
ubicar las carreteras
cercanas a la ciudad
que tienen menor vigilancia.

Y también sabes que tuviste que haber pasado
a Home Depot por 5 litros de cloro, una sierra eléctrica,
15 bolsas de basura ultrarresistentes con capacidad
para 30 litros, un hacha, un serrucho,
plástico de protección para pintores,
dos pares de guantes de goma,
dos lentes de protección,
tres rollos de cinta canela
y dos overoles.

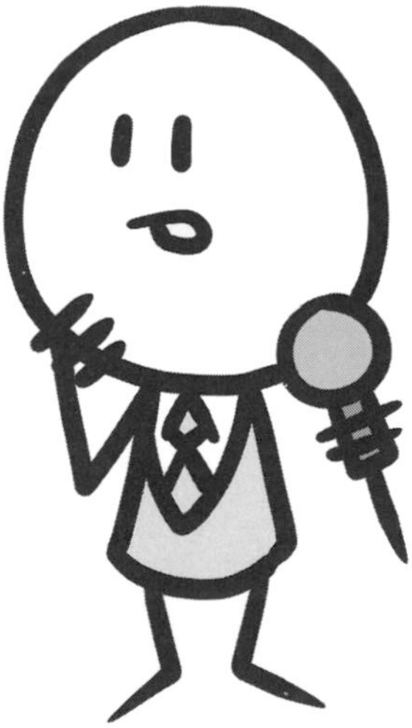

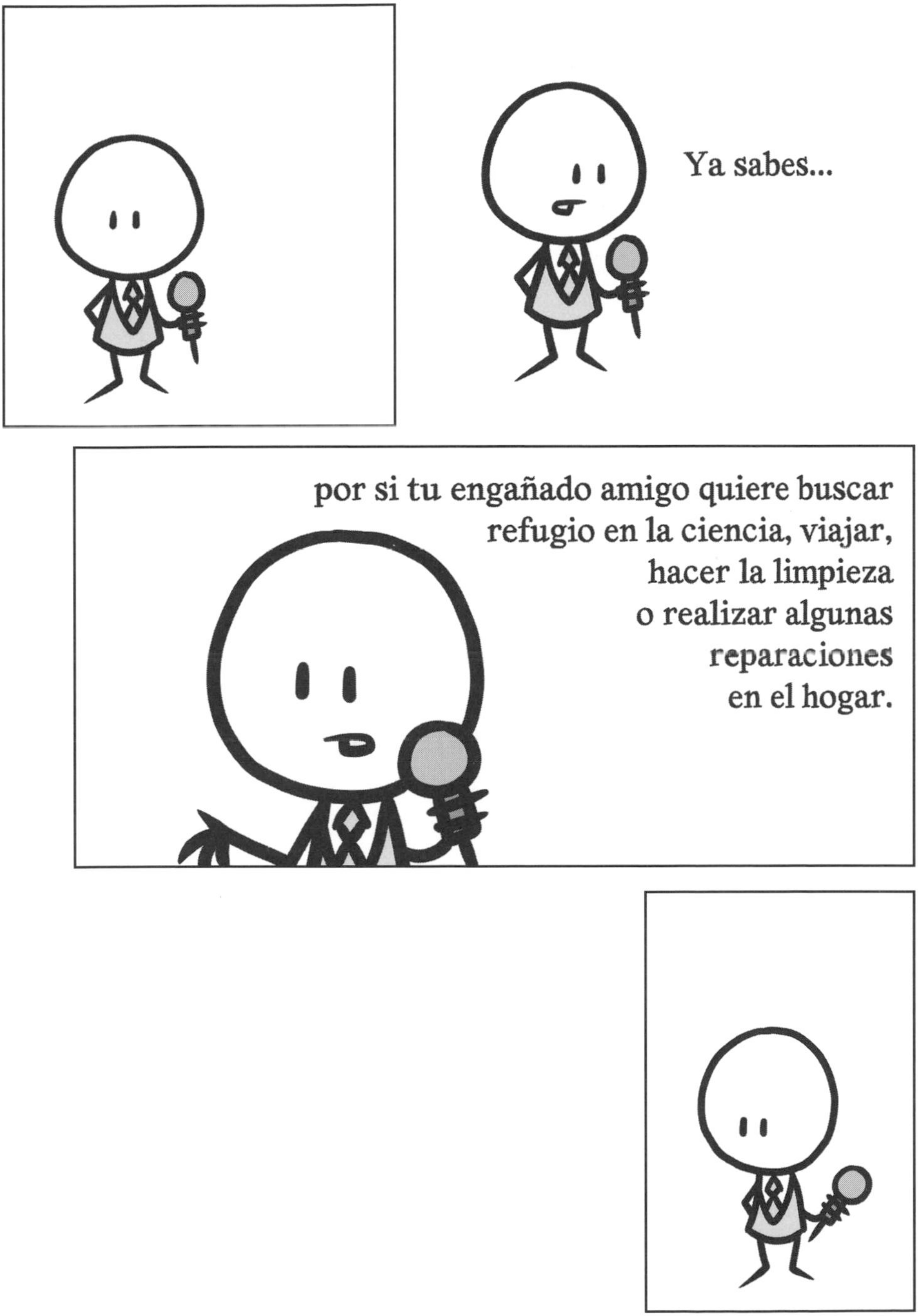
Ya sabes...
por si tu engañado amigo quiere buscar refugio en la ciencia, viajar, hacer la limpieza o realizar algunas reparaciones en el hogar.

No es por presumir, pero una vez
logré que toda la escuela
dejara de hacerle
bullying
a un estudiante.

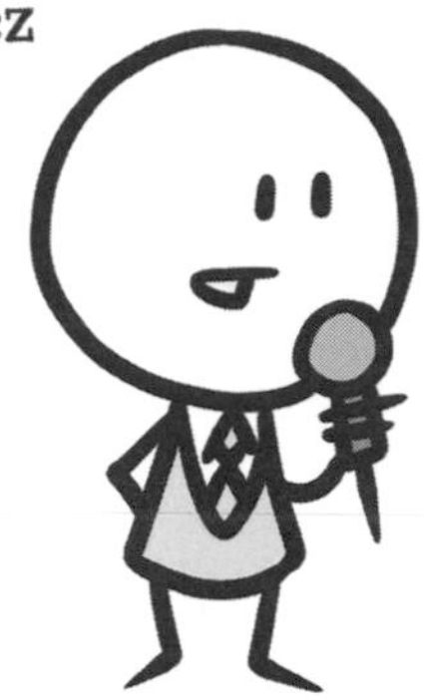

El chavo
en cuestión
era gay...

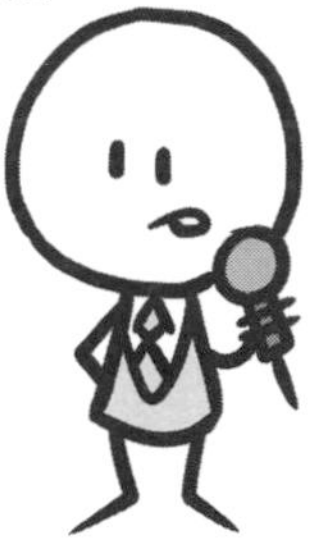

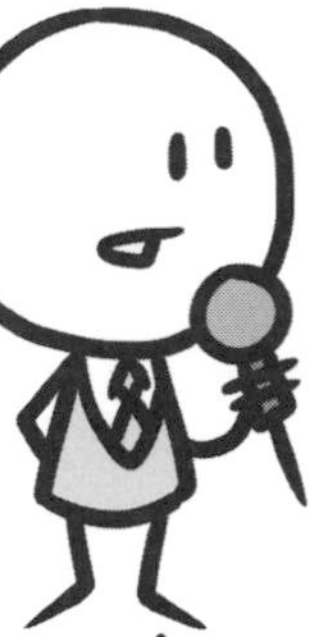

y como
por desgracia
en esos tiempos,
la homosexualidad era motivo
de un sinfín de burlas y ataques...

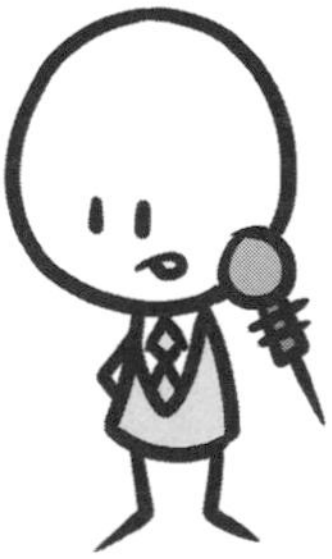

el pobre
muchacho
vivía atormentado.
Se volvió retraído,
asustadizo y nervioso.

Hasta ese glorioso
día en que logré
que recuperara
la confianza
en sí mismo.

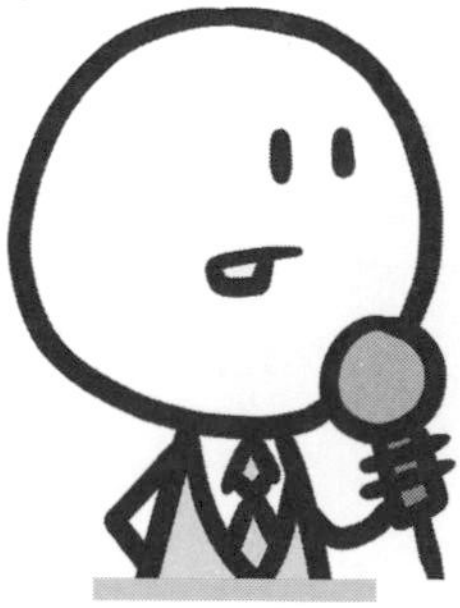

Sí.

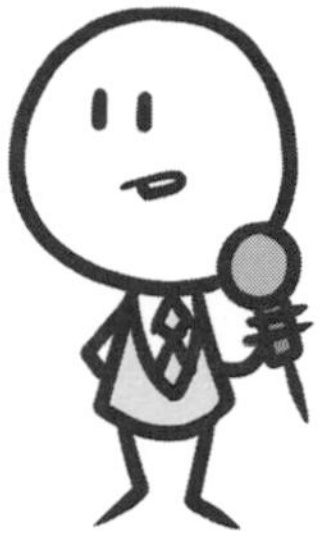

Ese memorable día, durante el primer recreo, el chavo pasó cerca de mi grupo de amigos, así es que, haciéndome el chistoso, le grité: "¡ADIÓS, MARICÓN!"

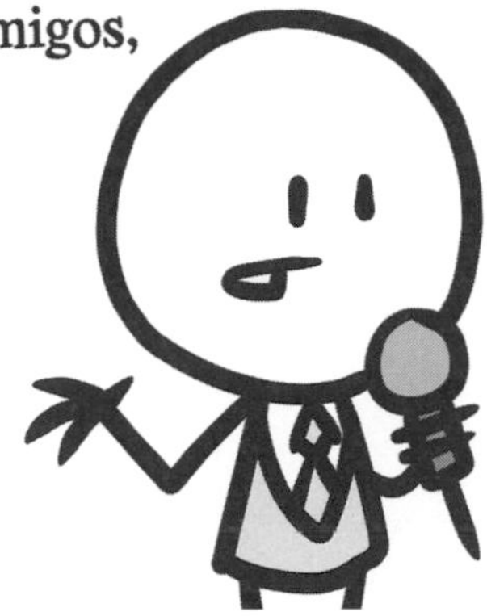

Todos reímos como siempre, pero él se detuvo.

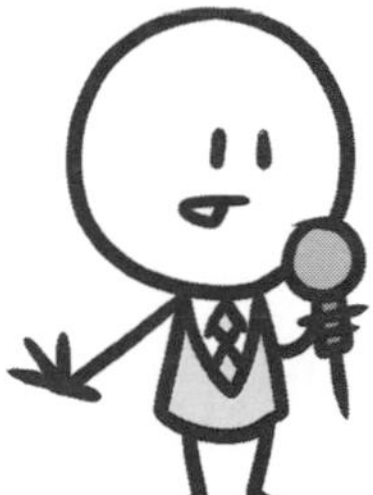

Era evidente que algo había cambiado porque giró con decisión, avanzó hacia mí mientras todos mis amigos se hacían a un lado y procedió a ponerme la peor golpiza de mi vida.

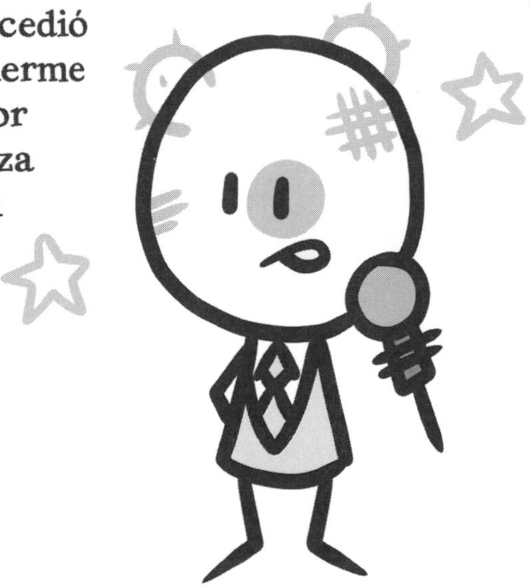

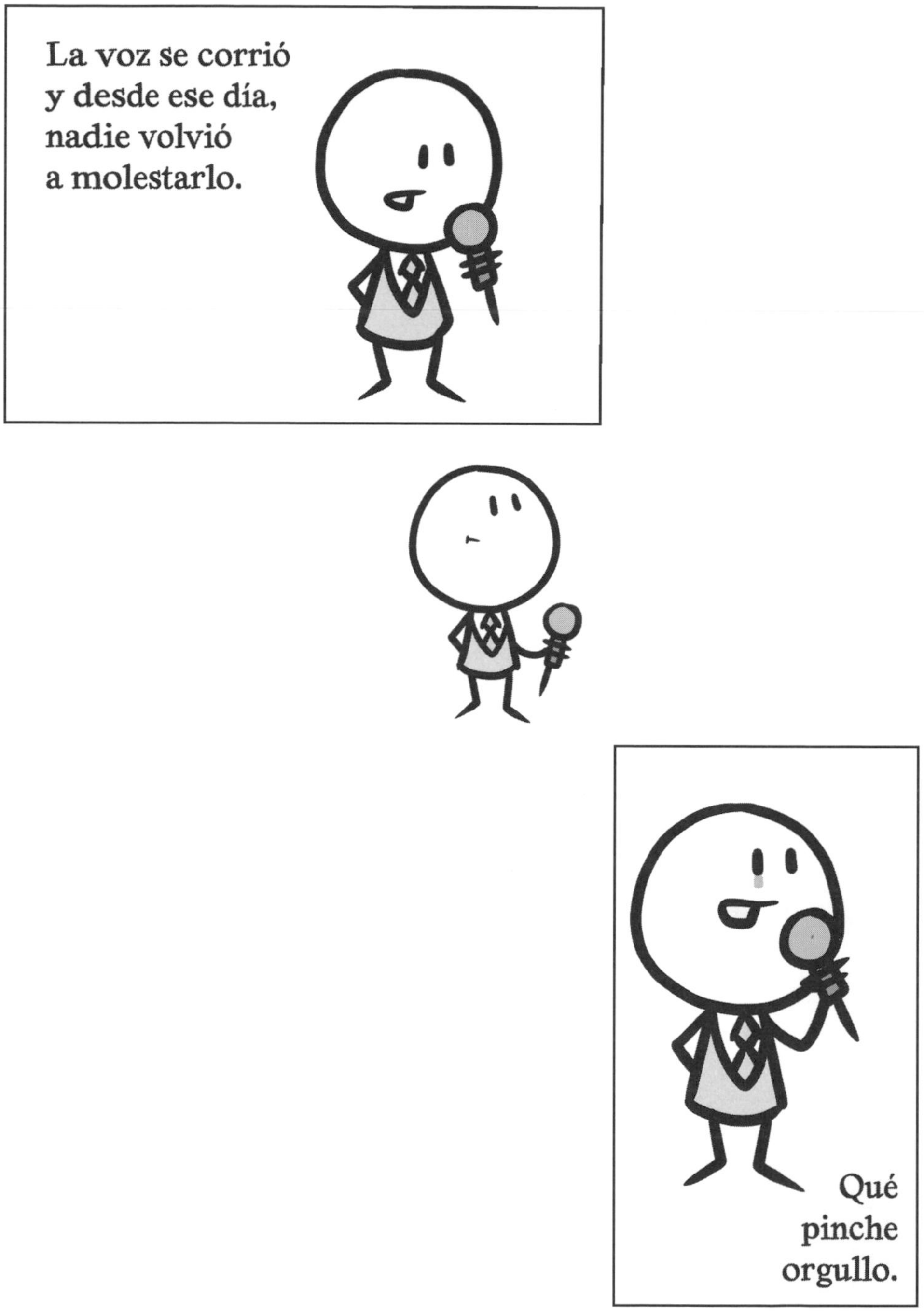
La voz se corrió y desde ese día, nadie volvió a molestarlo.
Qué pinche orgullo.

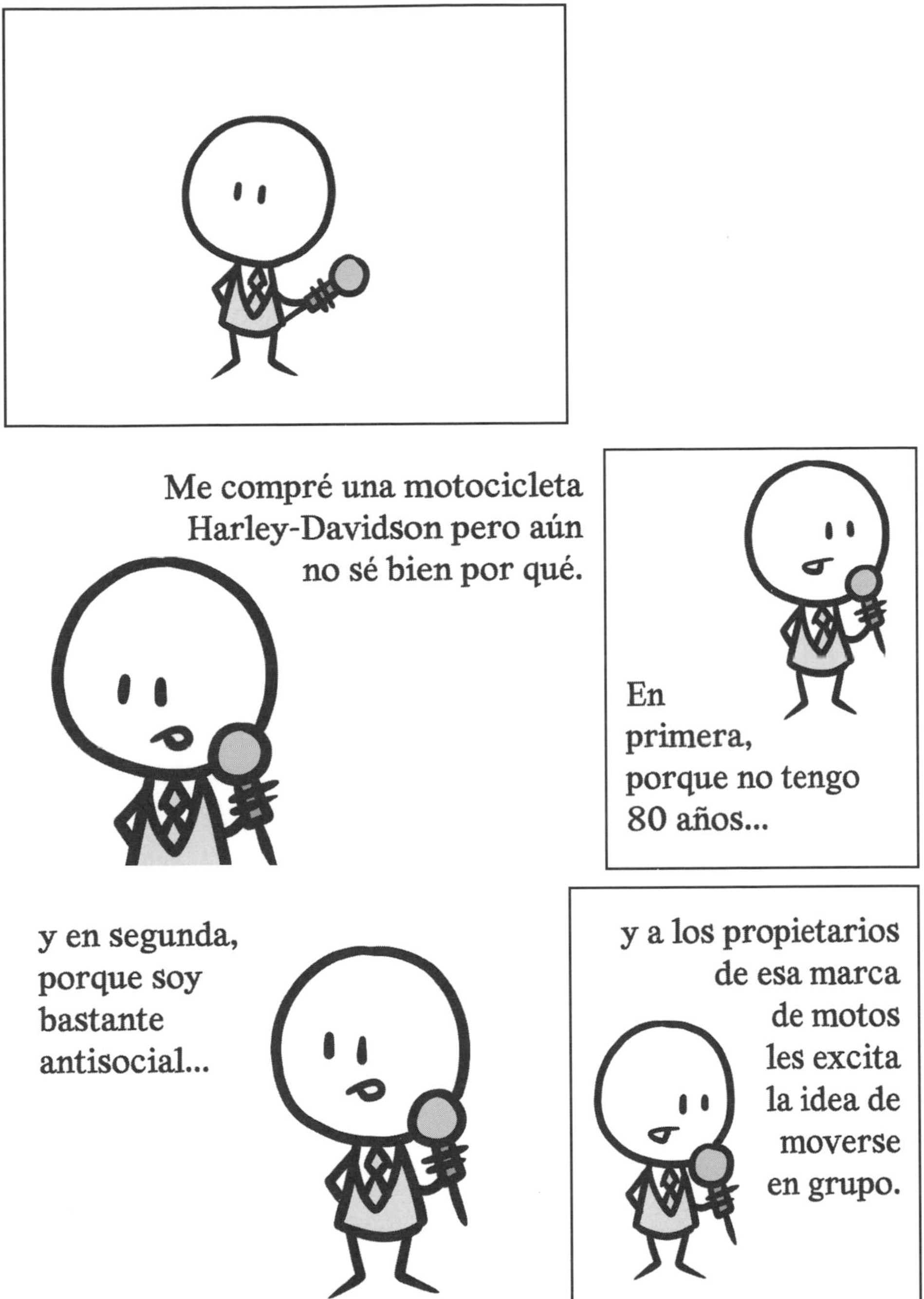
Me compré una motocicleta Harley-Davidson pero aún no sé bien por qué.
En primera, porque no tengo 80 años...
y en segunda, porque soy bastante antisocial...
y a los propietarios de esa marca de motos les excita la idea de moverse en grupo.

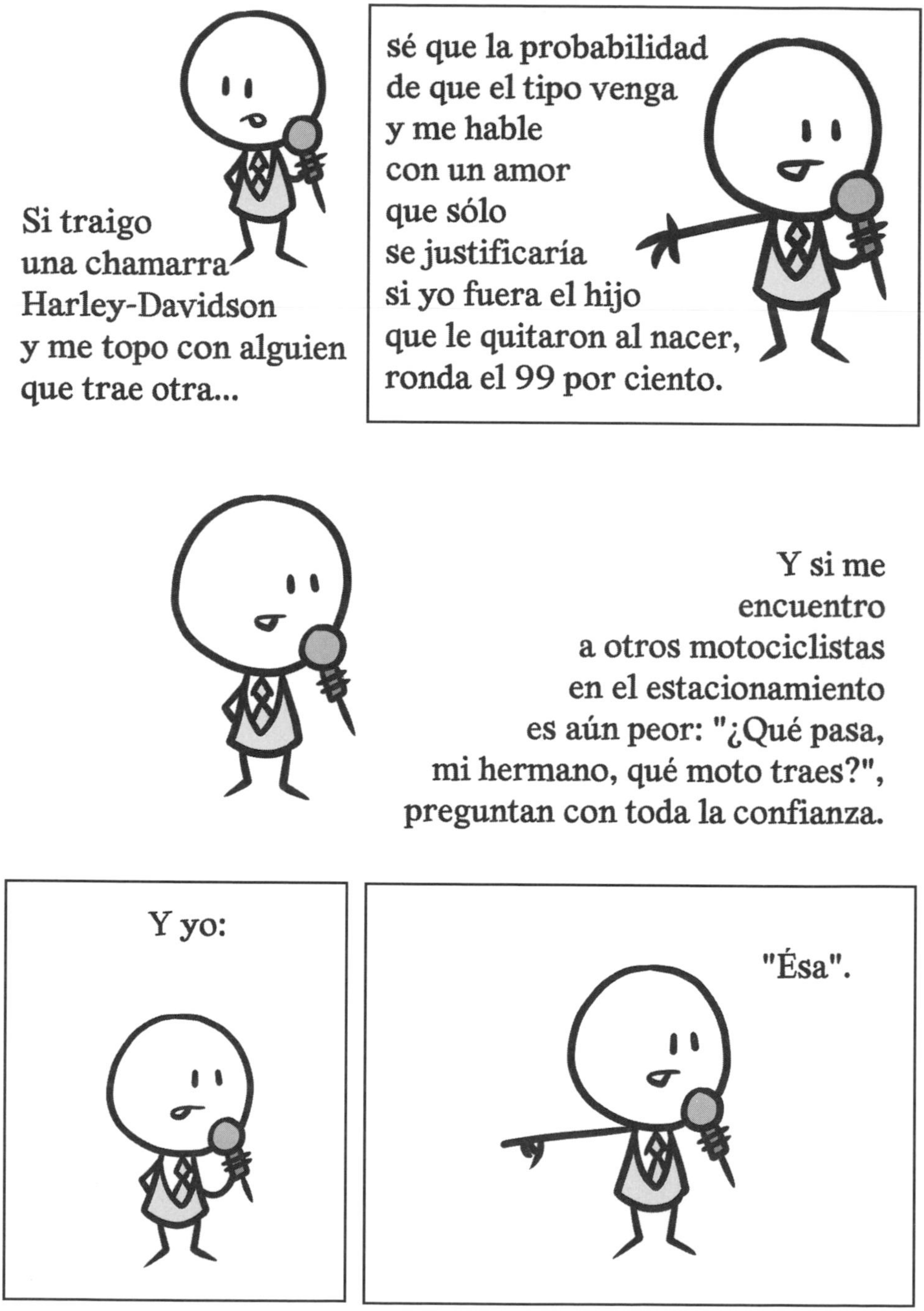
Si traigo
una chamarra
Harley-Davidson
y me topo con alguien
que trae otra...
sé que la probabilidad
de que el tipo venga
y me hable
con un amor
que sólo
se justificaría
si yo fuera el hijo
que le quitaron al nacer,
ronda el 99 por ciento.
Y si me
encuentro
a otros motociclistas
en el estacionamiento
es aún peor: "¿Qué pasa,
mi hermano, qué moto traes?",
preguntan con toda la confianza.
Y yo:
"Ésa".

"Ah, una Sporster Forty Eight, con motor de 1202 centímetros cúbicos, veo que le cambiaste el manubrio por el cincelado corto, también el asiento, sí, ajá, ajá, el filtro de aire y el escape... ¿qué escape es?", cuestionan.

Y yo:

"Ése".

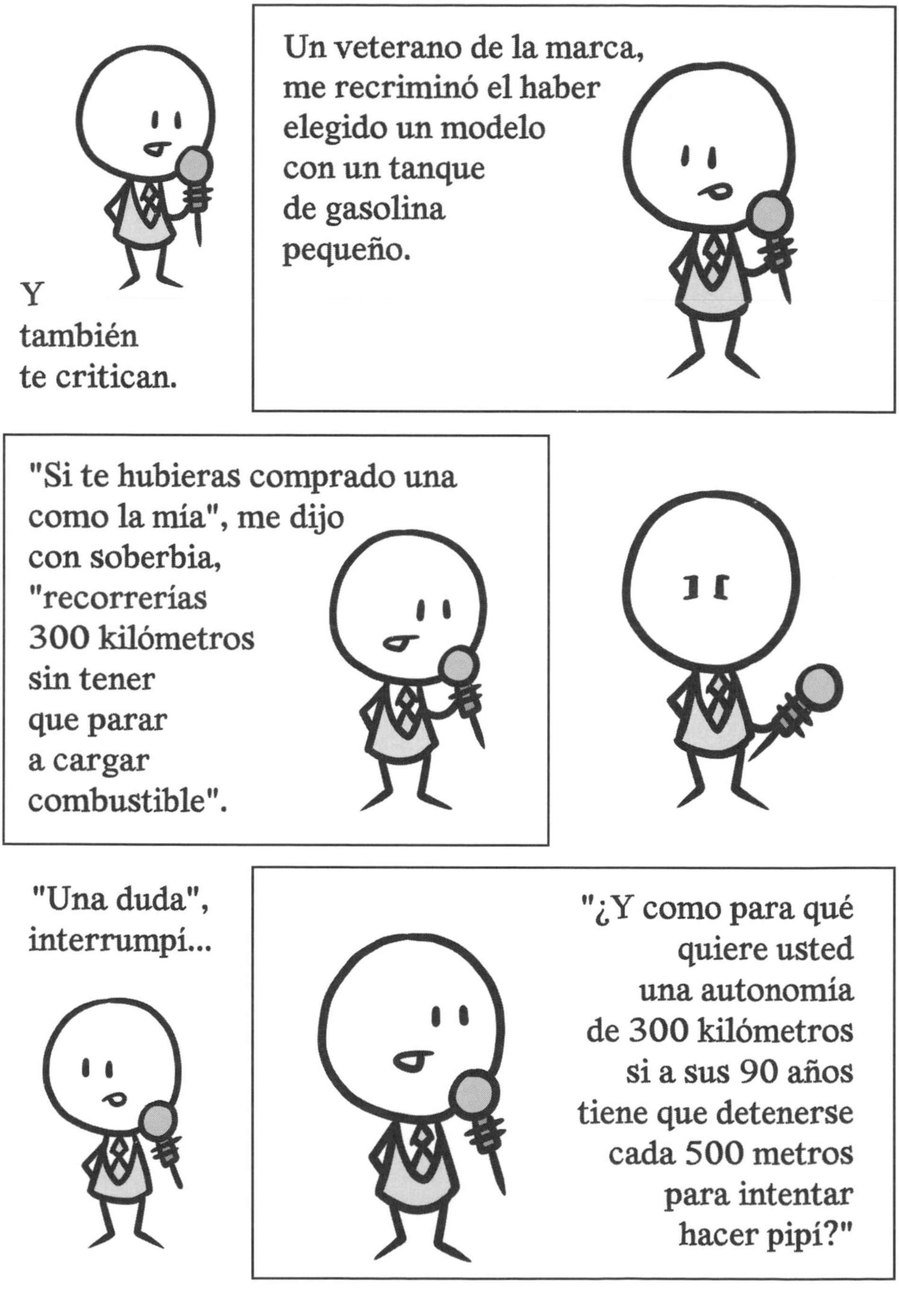
Y
también
te critican.
Un veterano de la marca,
me recriminó el haber
elegido un modelo
con un tanque
de gasolina
pequeño.
"Si te hubieras comprado una
como la mía", me dijo
con soberbia,
"recorrerías
300 kilómetros
sin tener
que parar
a cargar
combustible".
"Una duda",
interrumpí...
"¿Y como para qué
quiere usted
una autonomía
de 300 kilómetros
si a sus 90 años
tiene que detenerse
cada 500 metros
para intentar
hacer pipí?"

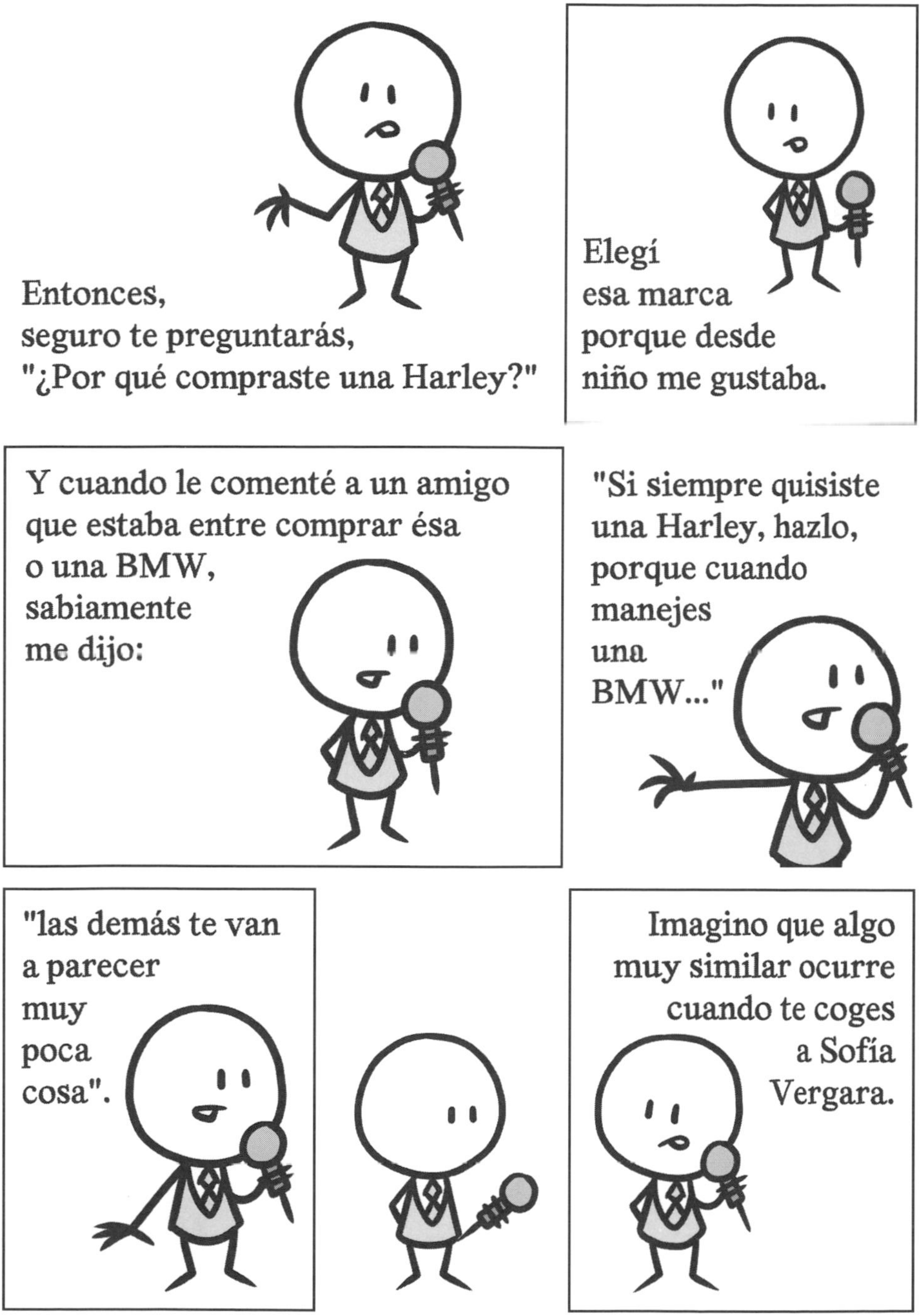
Entonces,
seguro te preguntarás,
"¿Por qué compraste una Harley?"
Elegí
esa marca
porque desde
niño me gustaba.
Y cuando le comenté a un amigo
que estaba entre comprar ésa
o una BMW,
sabiamente
me dijo:
"Si siempre quisiste
una Harley, hazlo,
porque cuando
manejes
una
BMW..."
"las demás te van
a parecer
muy
poca
cosa".
Imagino que algo
muy similar ocurre
cuando te coges
a Sofía
Vergara.

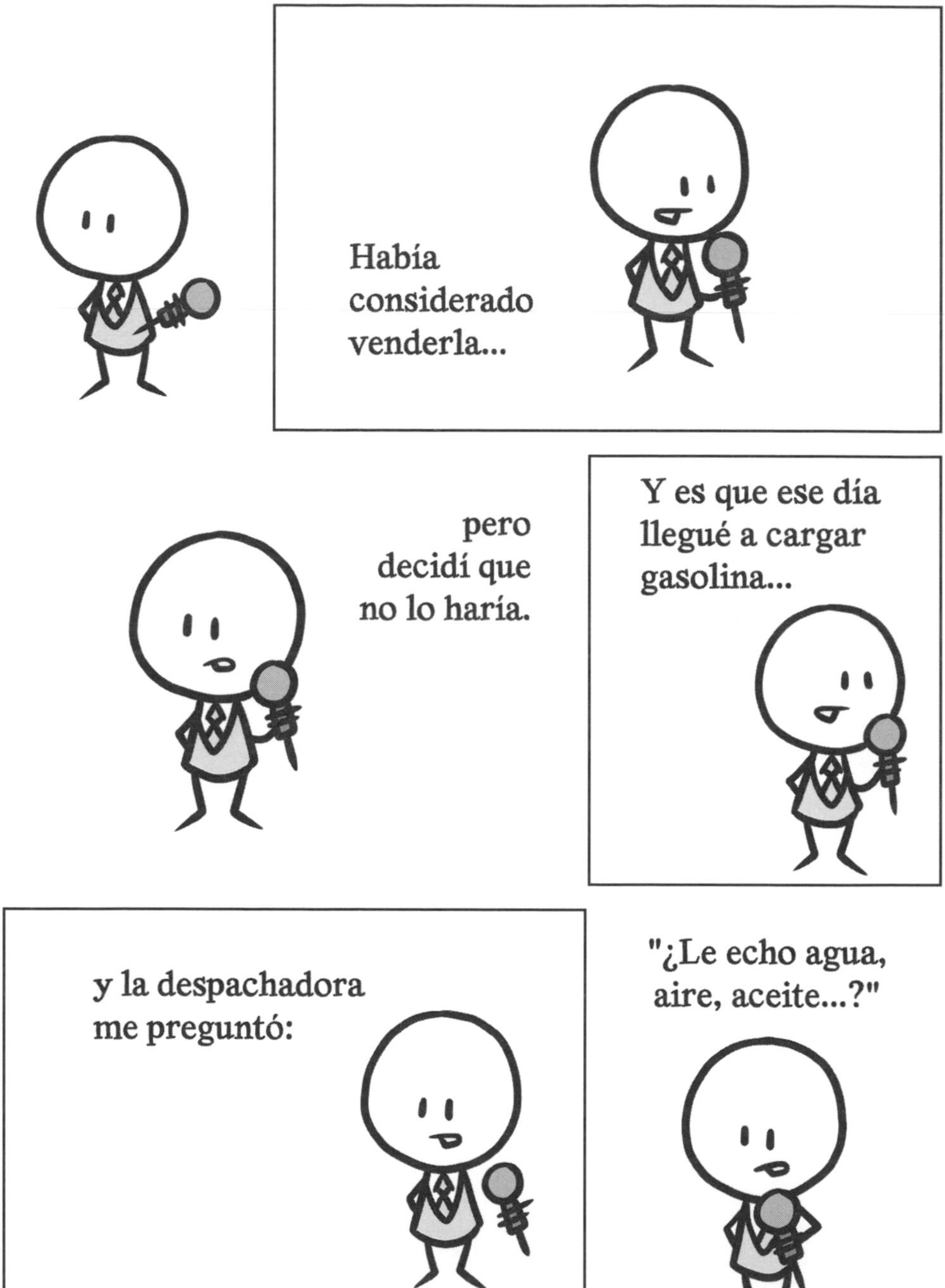
Había
considerado
venderla...
pero
decidí que
no lo haría.
Y es que ese día
llegué a cargar
gasolina...
y la despachadora
me preguntó:
"¿Le echo agua,
aire, aceite...?"

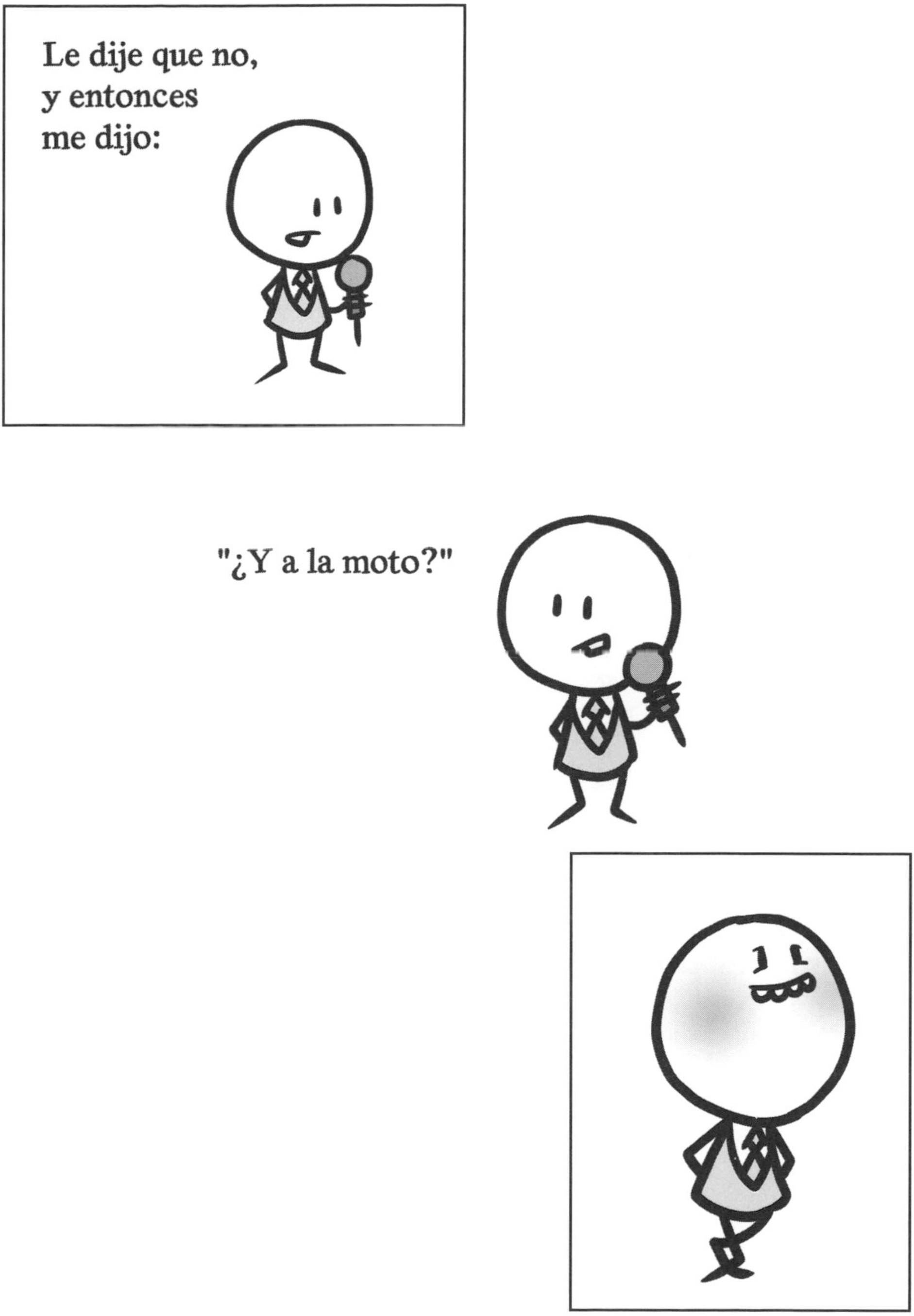
Le dije que no,
y entonces
me dijo:
"¿Y a la moto?"

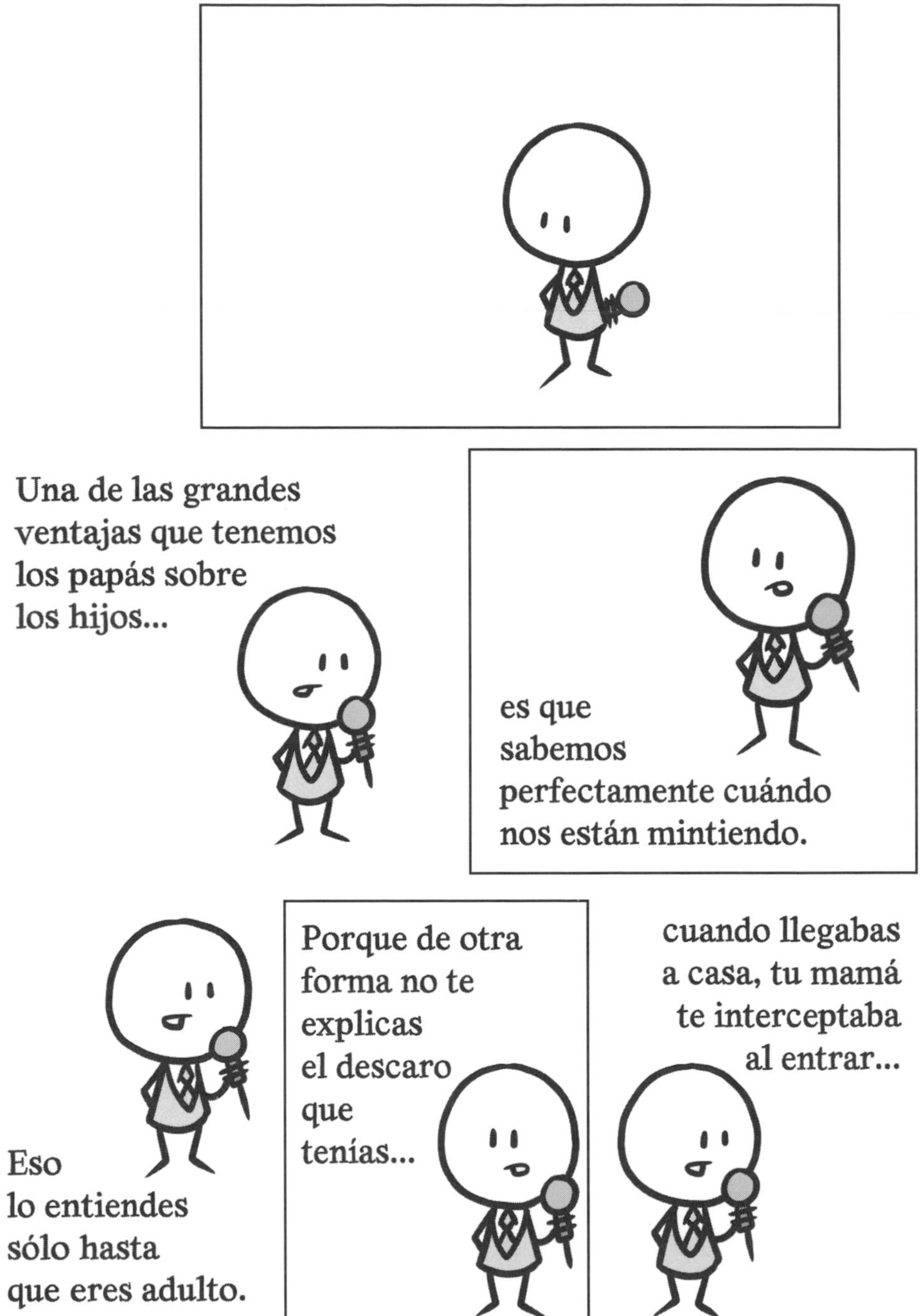
Una de las grandes ventajas que tenemos los papás sobre los hijos...
es que sabemos perfectamente cuándo nos están mintiendo.
Eso lo entiendes sólo hasta que eres adulto.
Porque de otra forma no te explicas el descaro que tenías...
cuando llegabas a casa, tu mamá te interceptaba al entrar...

y te decía:
"Tomaste,
¿verdad?"

y tú
respondías
tambaleante:

"N-n-nooo...".

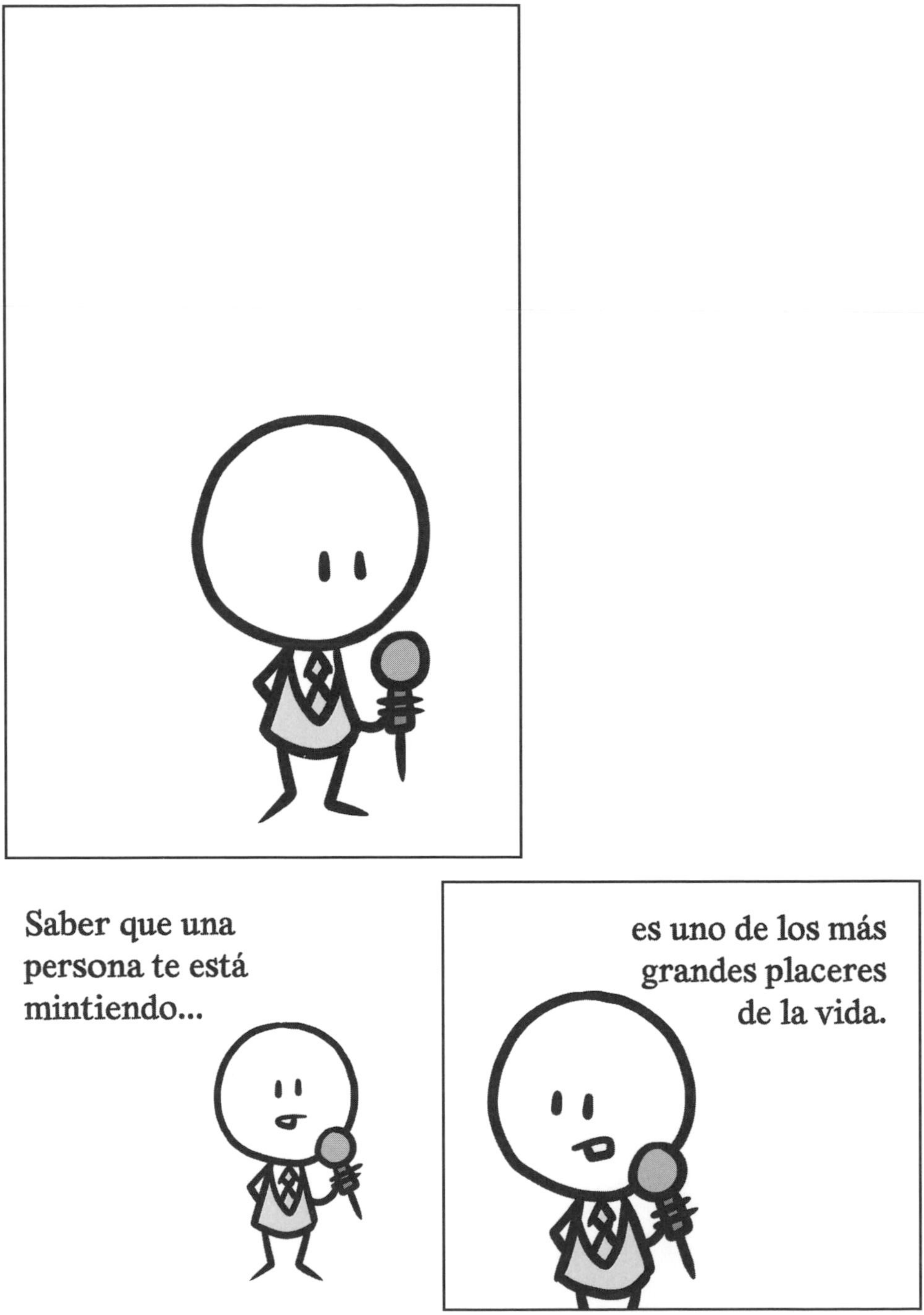
Saber que una persona te está mintiendo...
es uno de los más grandes placeres de la vida.

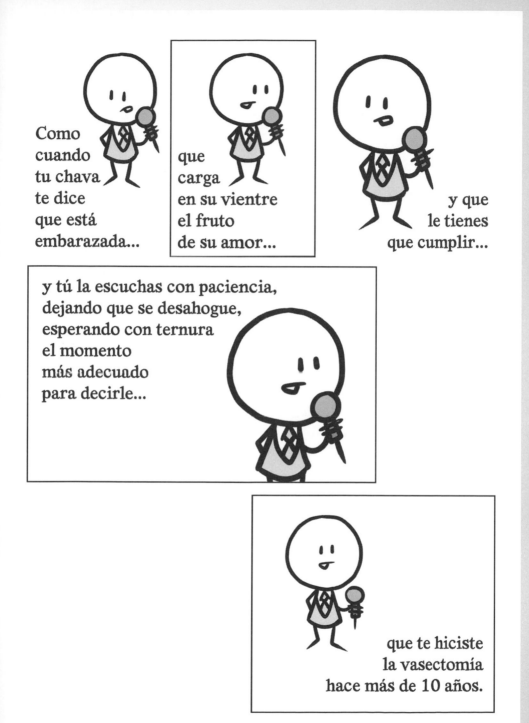

Como
cuando
tu chava
te dice
que está
embarazada...

que
carga
en su vientre
el fruto
de su amor...

y que
le tienes
que cumplir...

y tú la escuchas con paciencia,
dejando que se desahogue,
esperando con ternura
el momento
más adecuado
para decirle...

que te hiciste
la vasectomía
hace más de 10 años.

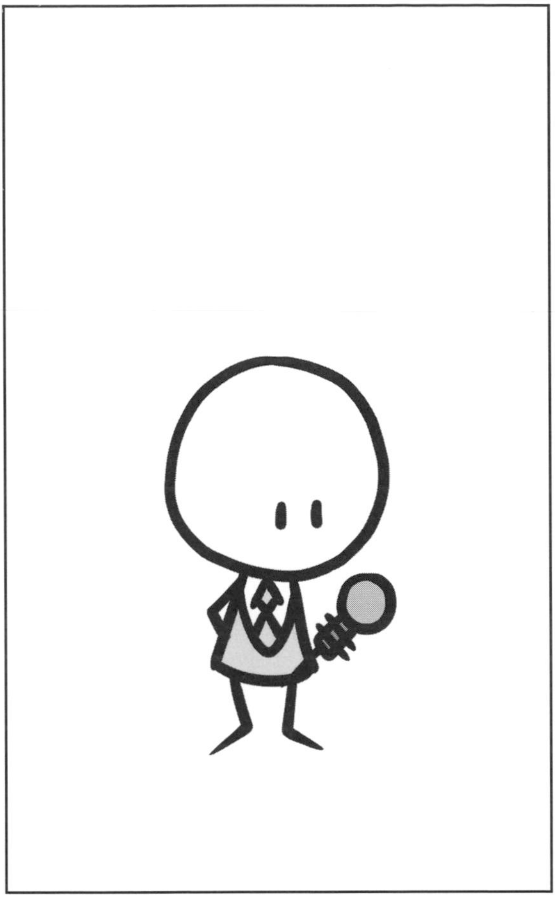

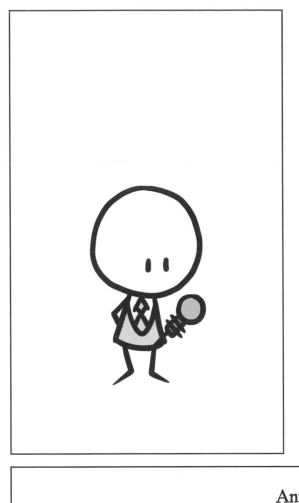

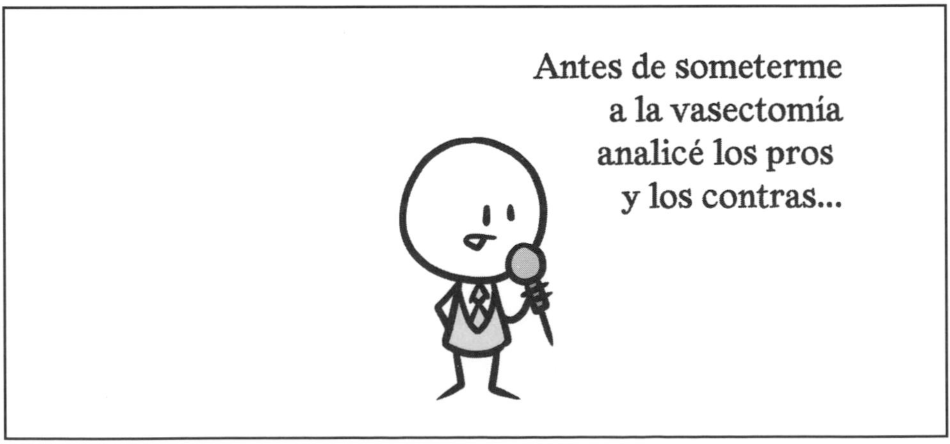
Antes de someterme a la vasectomía analicé los pros y los contras...

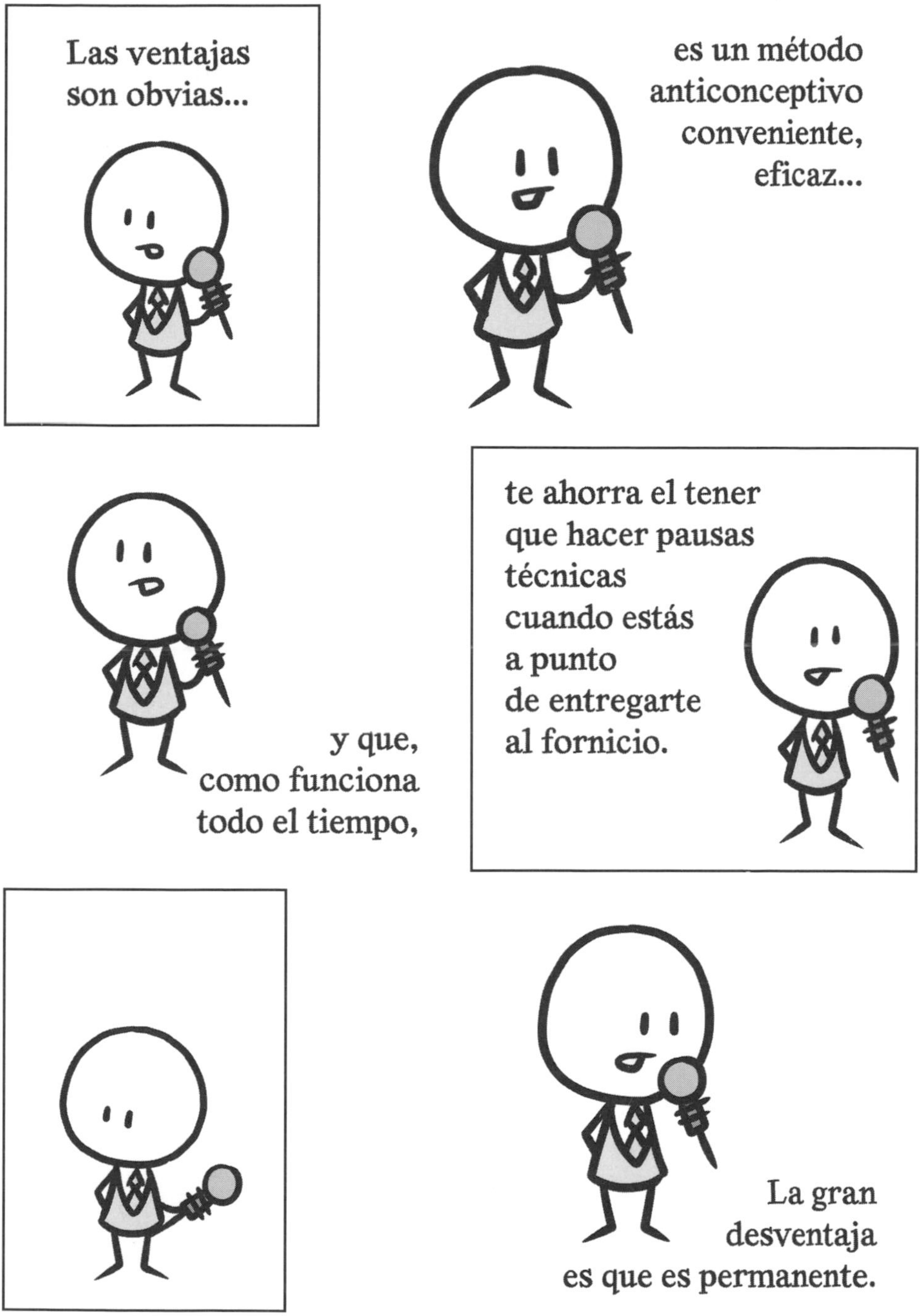
Las ventajas son obvias...
es un método anticonceptivo conveniente, eficaz...
y que, como funciona todo el tiempo,
te ahorra el tener que hacer pausas técnicas cuando estás a punto de entregarte al fornicio.
La gran desventaja es que es permanente.

Ya nunca más tendrás hijos.

Y aunque es bonito tener la seguridad de que cuando te mueras tu velorio no se va a convertir en un Meet & Greet de medios hermanos...

en tu mente se forman escenarios que te hacen dudar...

e imaginas que un día irás ya estéril por la calle cuando, súbitamente, una nave espacial aterrizará a tu lado y de ella bajarán apresurados dos extraterrestres que te dirán:

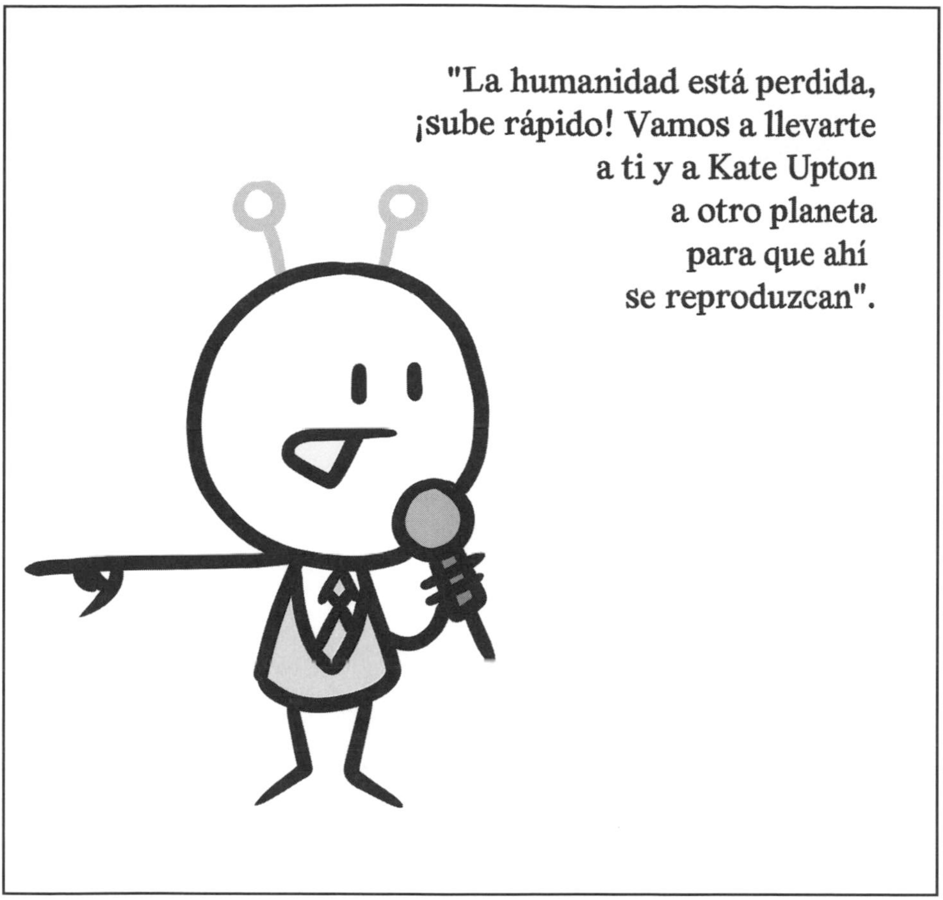
"La humanidad está perdida,
¡sube rápido! Vamos a llevarte
a ti y a Kate Upton
a otro planeta
para que ahí
se reproduzcan".

Y tú:

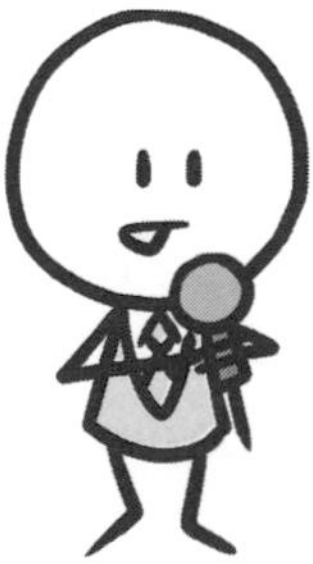

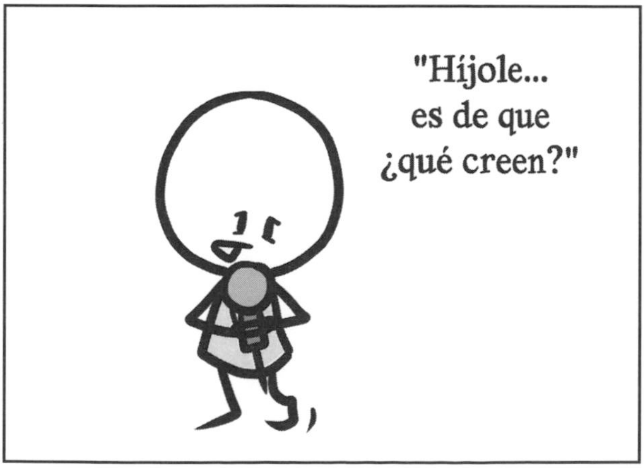
"Híjole...
es de que
¿qué creen?"

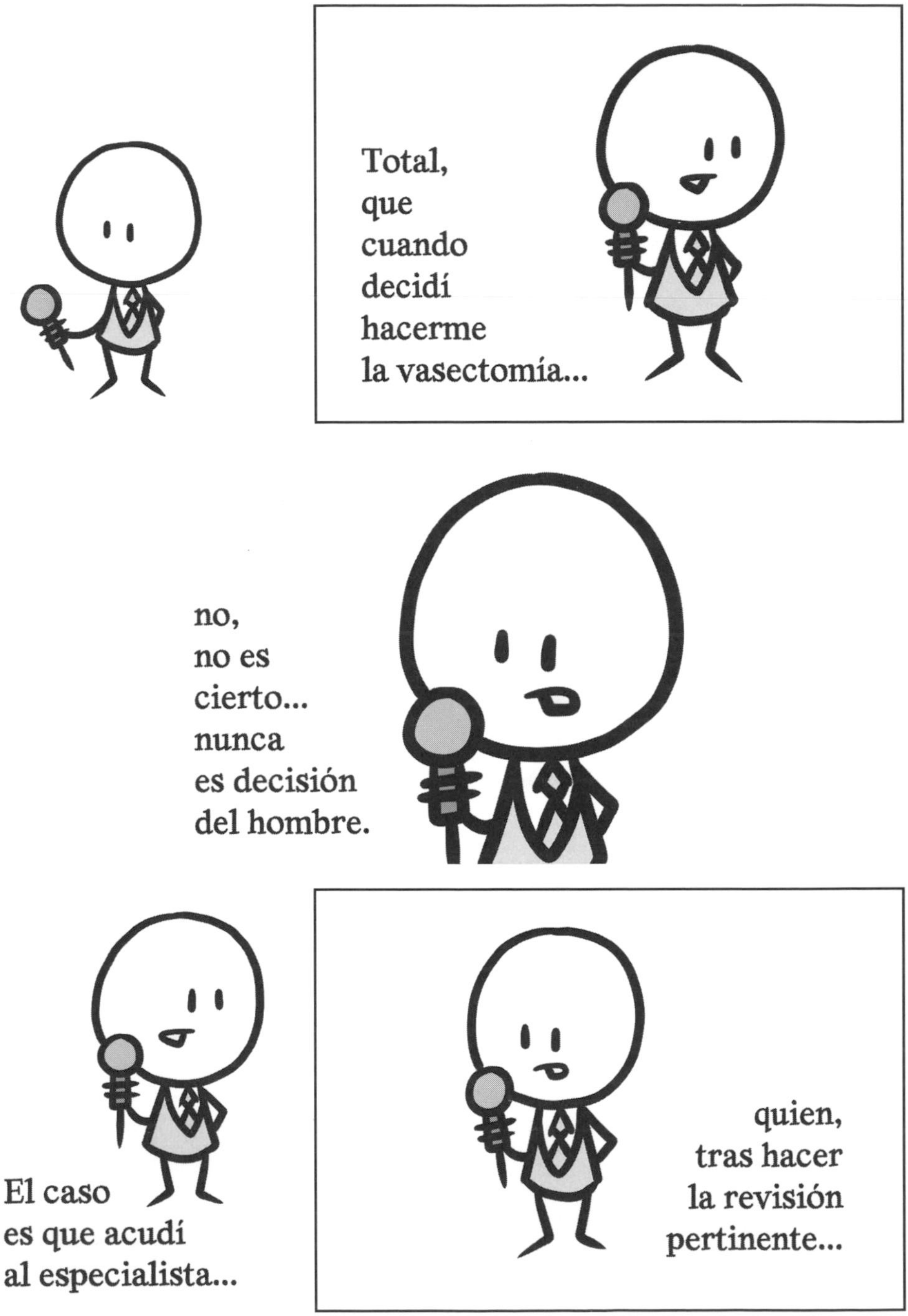
Total, que cuando decidí hacerme la vasectomía...
no, no es cierto... nunca es decisión del hombre.
El caso es que acudí al especialista...
quien, tras hacer la revisión pertinente...

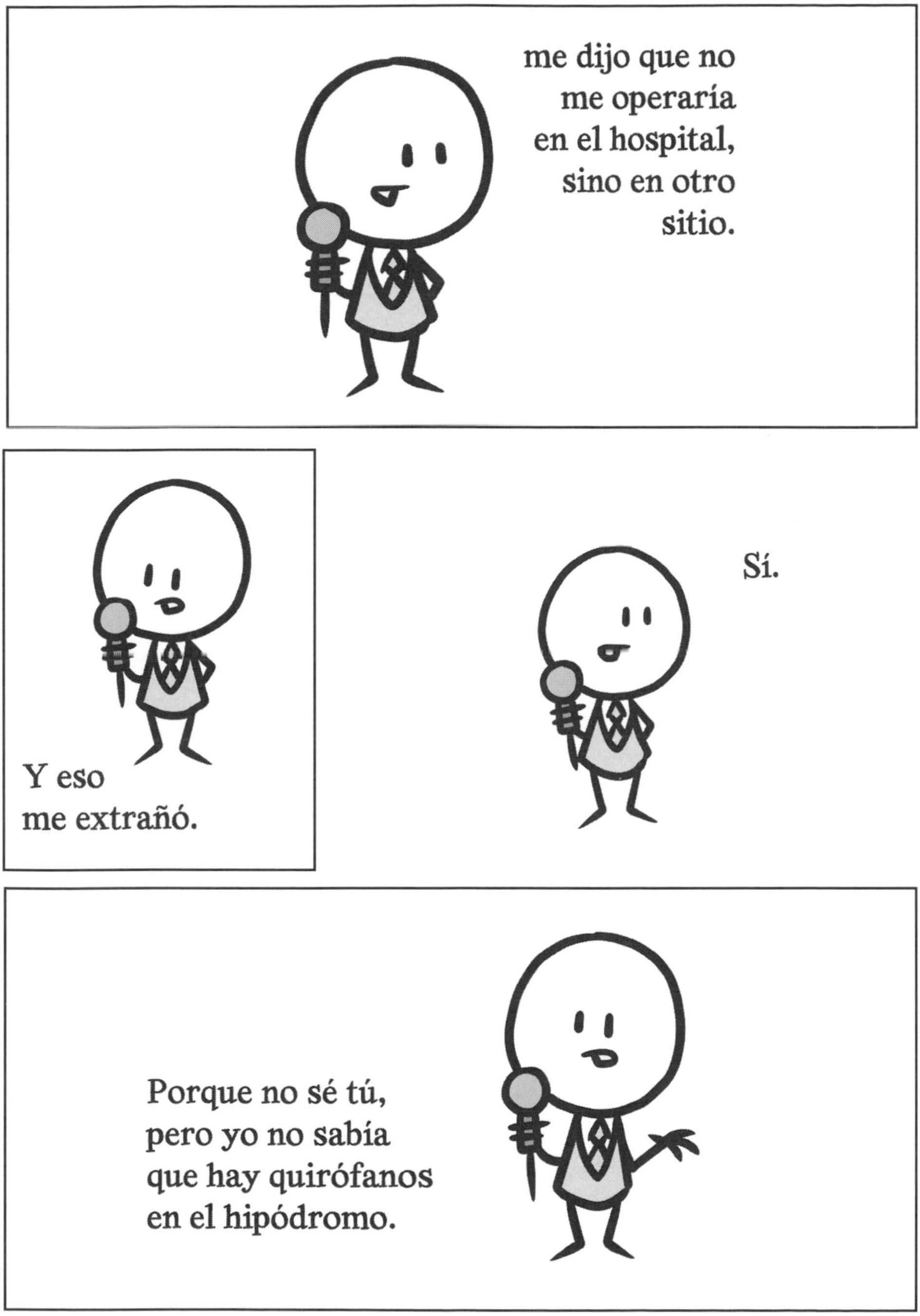
me dijo que no
me operaría
en el hospital,
sino en otro
sitio.
Y eso
me extrañó.
Sí.
Porque no sé tú,
pero yo no sabía
que hay quirófanos
en el hipódromo.

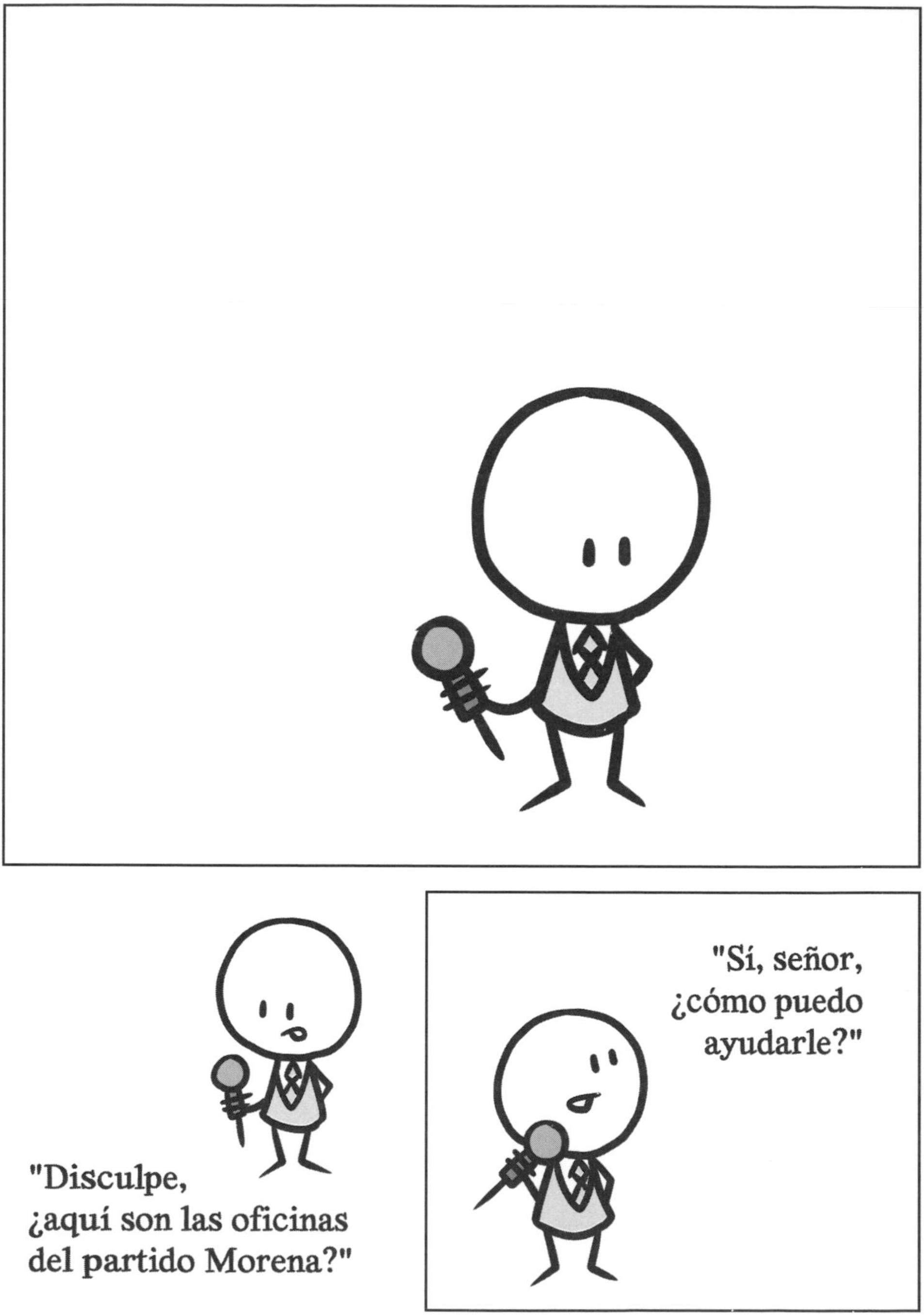
"Disculpe,
¿aquí son las oficinas
del partido Morena?"
"Sí, señor,
¿cómo puedo
ayudarle?"

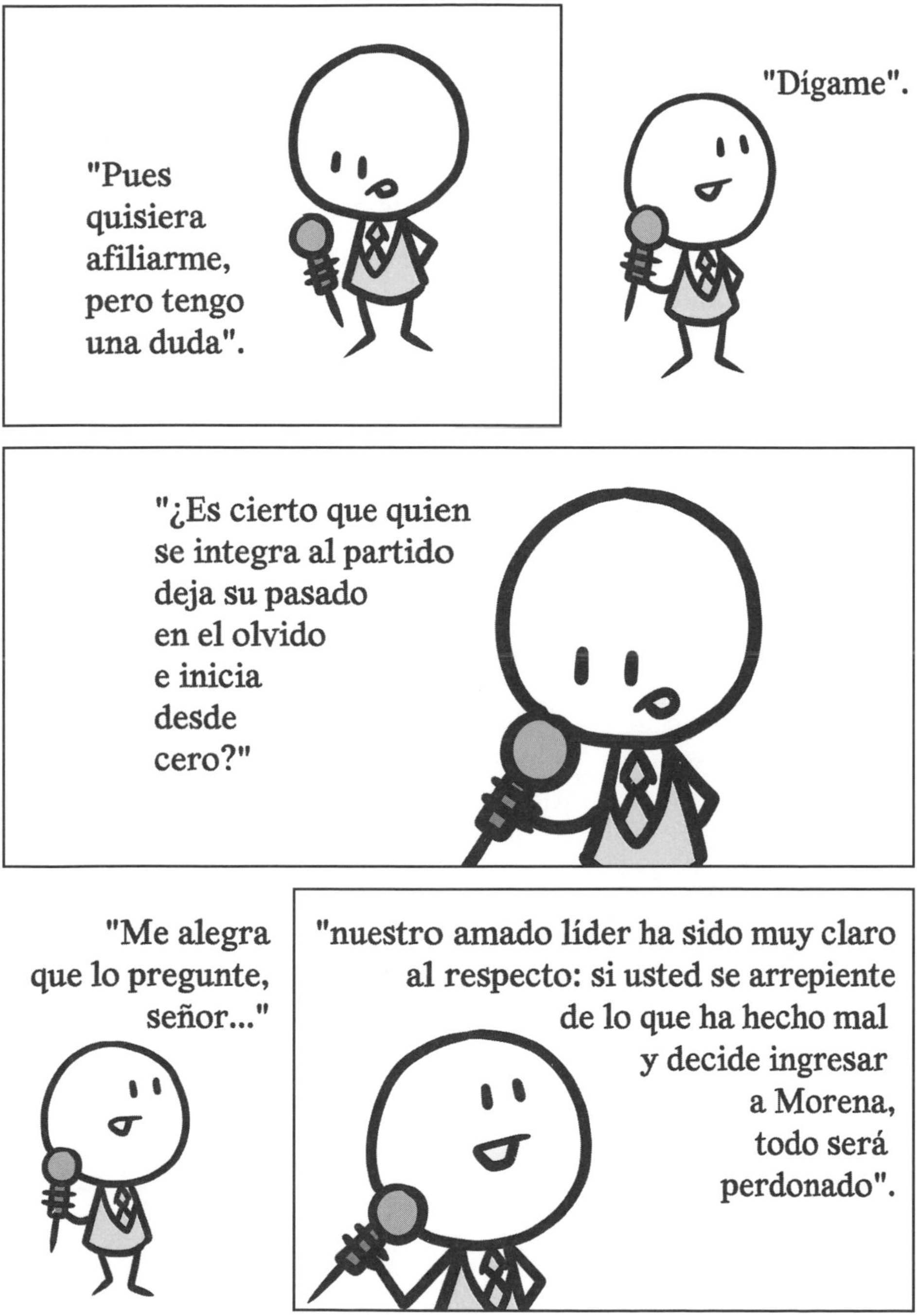
"Pues quisiera afiliarme, pero tengo una duda".
"Dígame".
"¿Es cierto que quien se integra al partido deja su pasado en el olvido e inicia desde cero?"
"Me alegra que lo pregunte, señor..."
"nuestro amado líder ha sido muy claro al respecto: si usted se arrepiente de lo que ha hecho mal y decide ingresar a Morena, todo será perdonado".

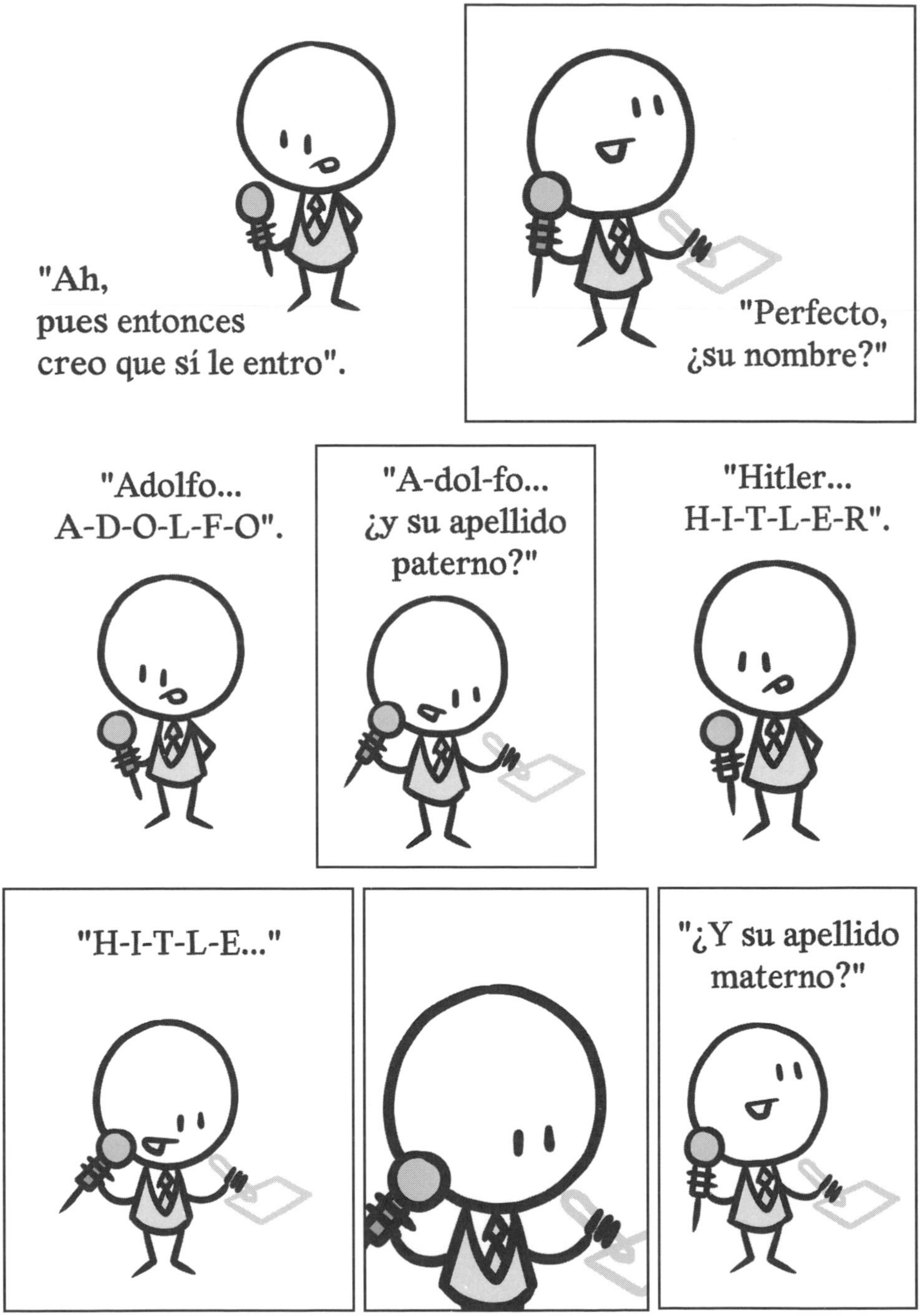
"Ah,
pues entonces
creo que sí le entro".
"Perfecto,
¿su nombre?"
"Adolfo...
A-D-O-L-F-O".
"A-dol-fo...
¿y su apellido
paterno?"
"Hitler...
H-I-T-L-E-R".
"H-I-T-L-E..."
"¿Y su apellido
materno?"

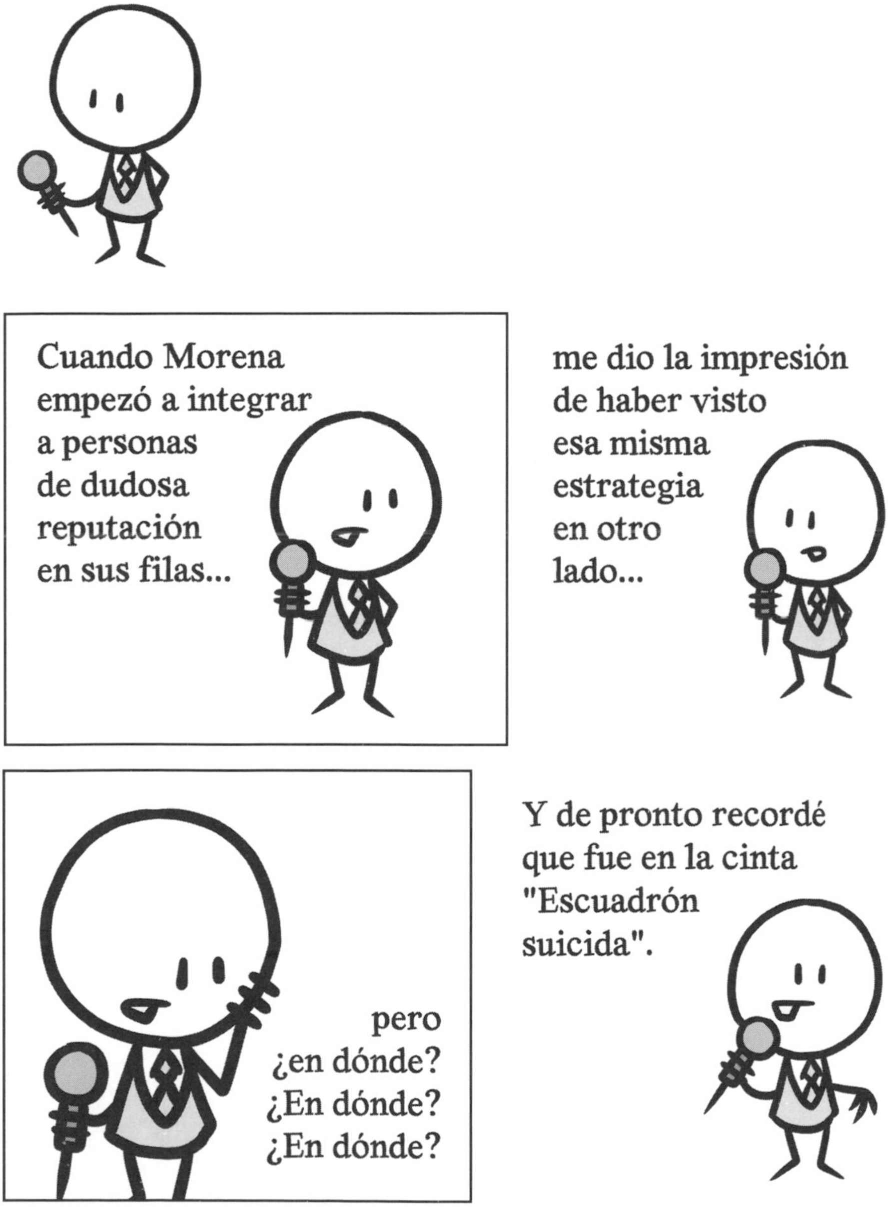
Cuando Morena empezó a integrar a personas de dudosa reputación en sus filas...
me dio la impresión de haber visto esa misma estrategia en otro lado...
pero ¿en dónde? ¿En dónde? ¿En dónde?
Y de pronto recordé que fue en la cinta "Escuadrón suicida".

En esa película, varios villanos son reclutados por una persona para formar un equipo que hará frente, no al neoliberalismo, sino a una gran amenaza.

Así las cosas, ese partido es la nueva versión de una cinta malísima... que ahora será mucho peor.

Sí, porque a diferencia de la original, esta vez todos vamos a tener que verla.

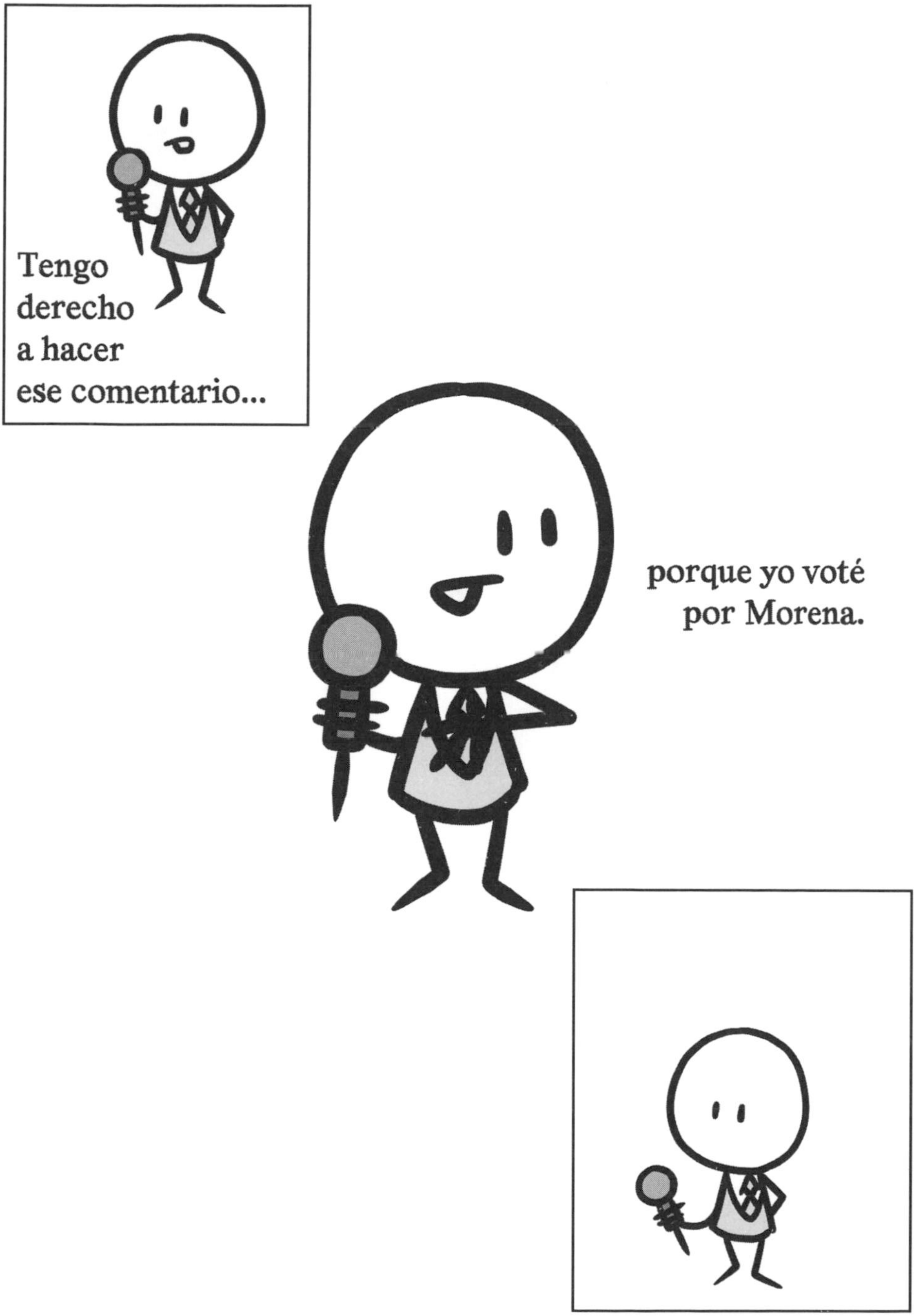
Tengo derecho a hacer ese comentario...
porque yo voté por Morena.

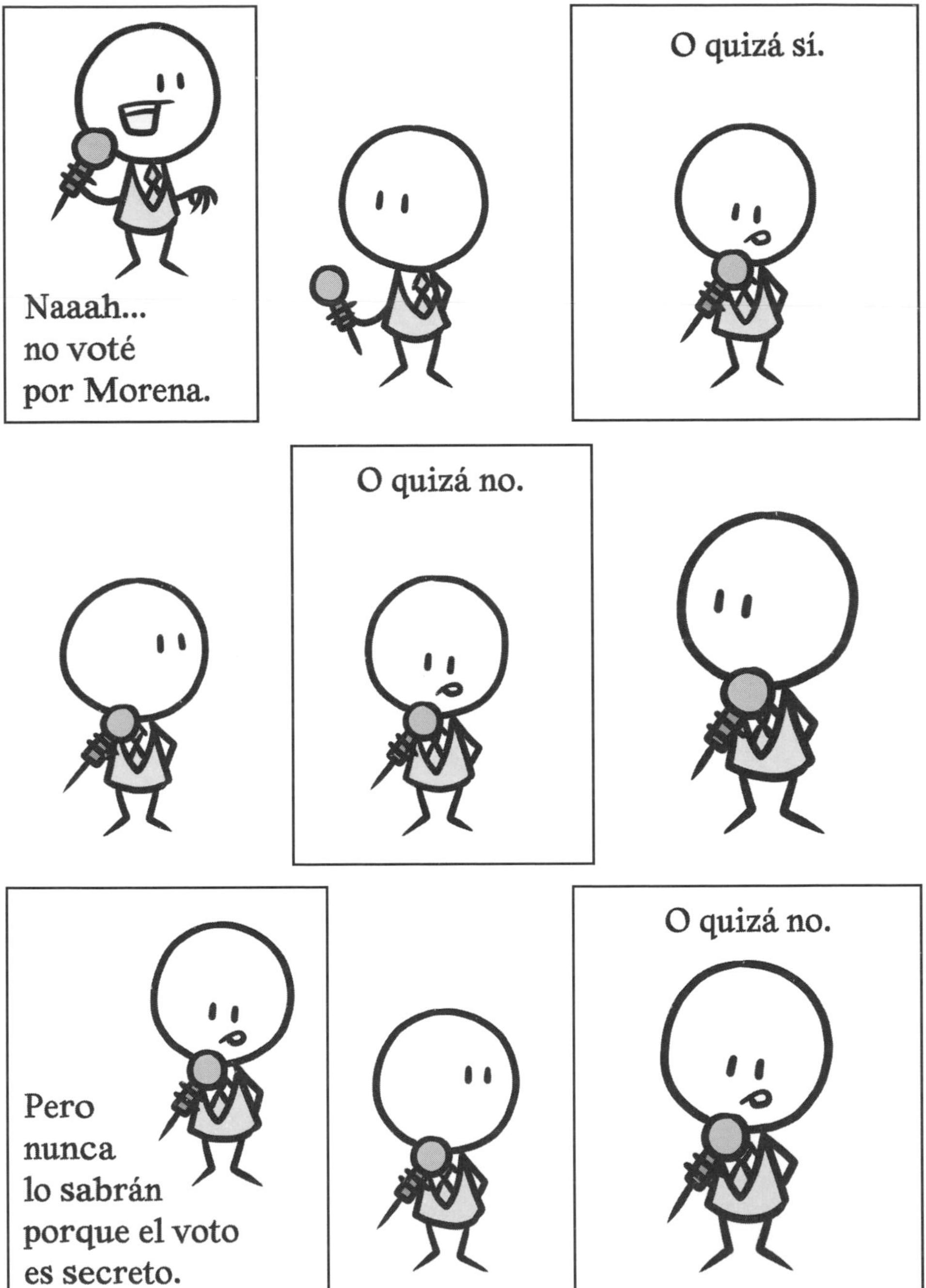
Naaah...
no voté
por Morena.
O quizá sí.
O quizá no.
Pero
nunca
lo sabrán
porque el voto
es secreto.
O quizá no.

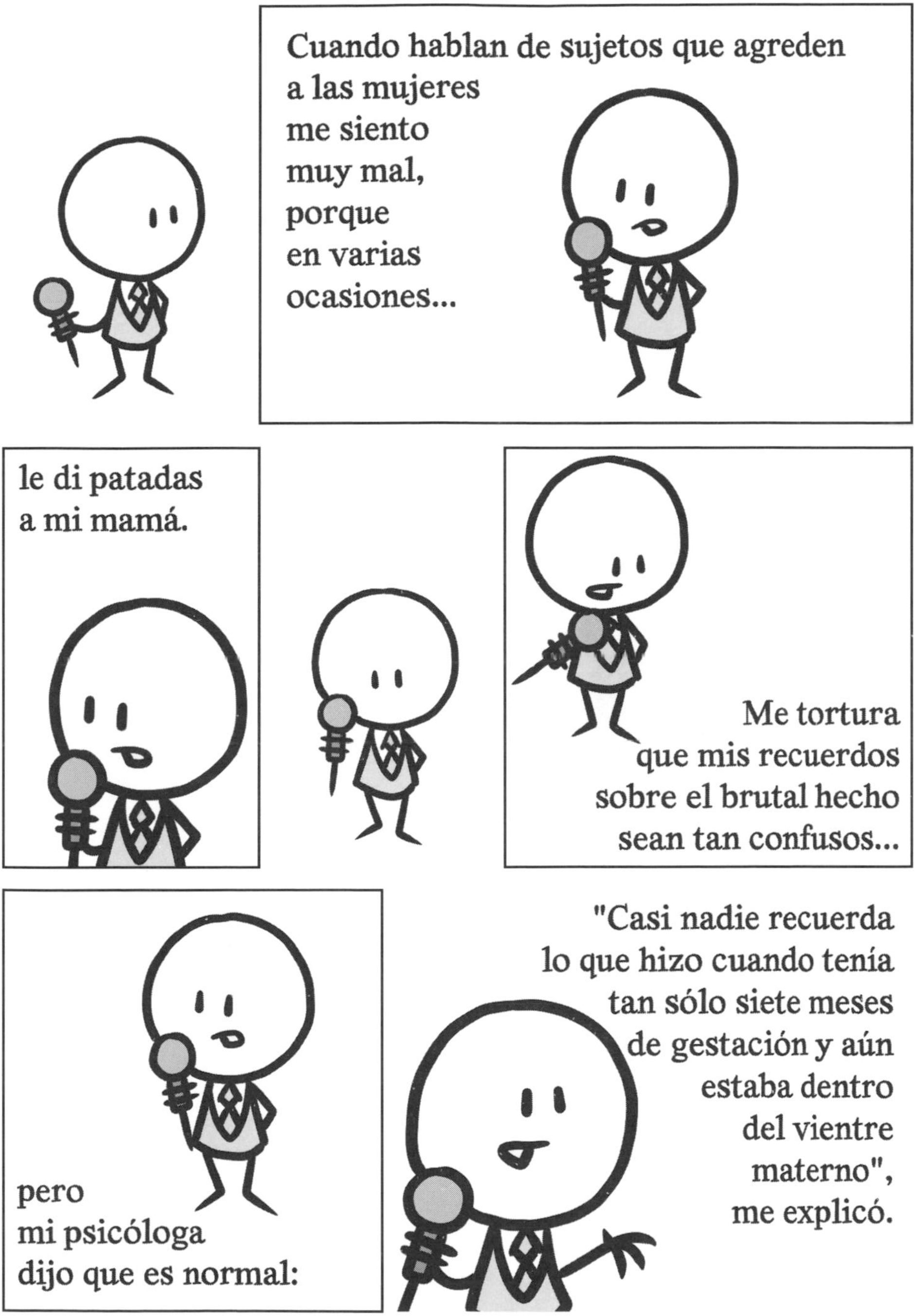
Cuando hablan de sujetos que agreden
a las mujeres
me siento
muy mal,
porque
en varias
ocasiones...
le di patadas
a mi mamá.
Me tortura
que mis recuerdos
sobre el brutal hecho
sean tan confusos...
pero
mi psicóloga
dijo que es normal:
"Casi nadie recuerda
lo que hizo cuando tenía
tan sólo siete meses
de gestación y aún
estaba dentro
del vientre
materno",
me explicó.

A veces tienes
que tomar
decisiones
importantes
cuando aún eres
muy joven...

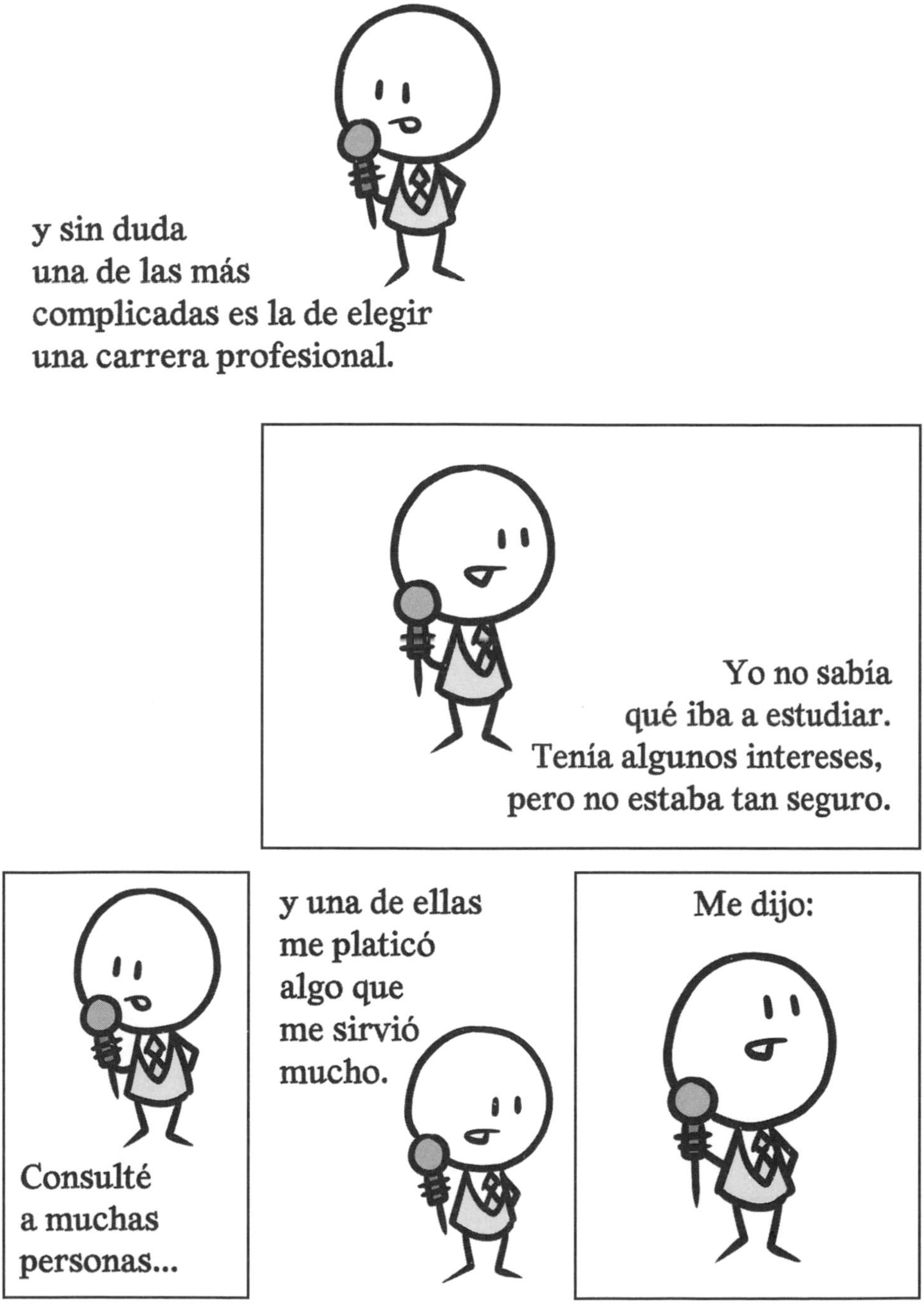
y sin duda
una de las más
complicadas es la de elegir
una carrera profesional.
Yo no sabía
qué iba a estudiar.
Tenía algunos intereses,
pero no estaba tan seguro.
Consulté
a muchas
personas...
y una de ellas
me platicó
algo que
me sirvió
mucho.
Me dijo:

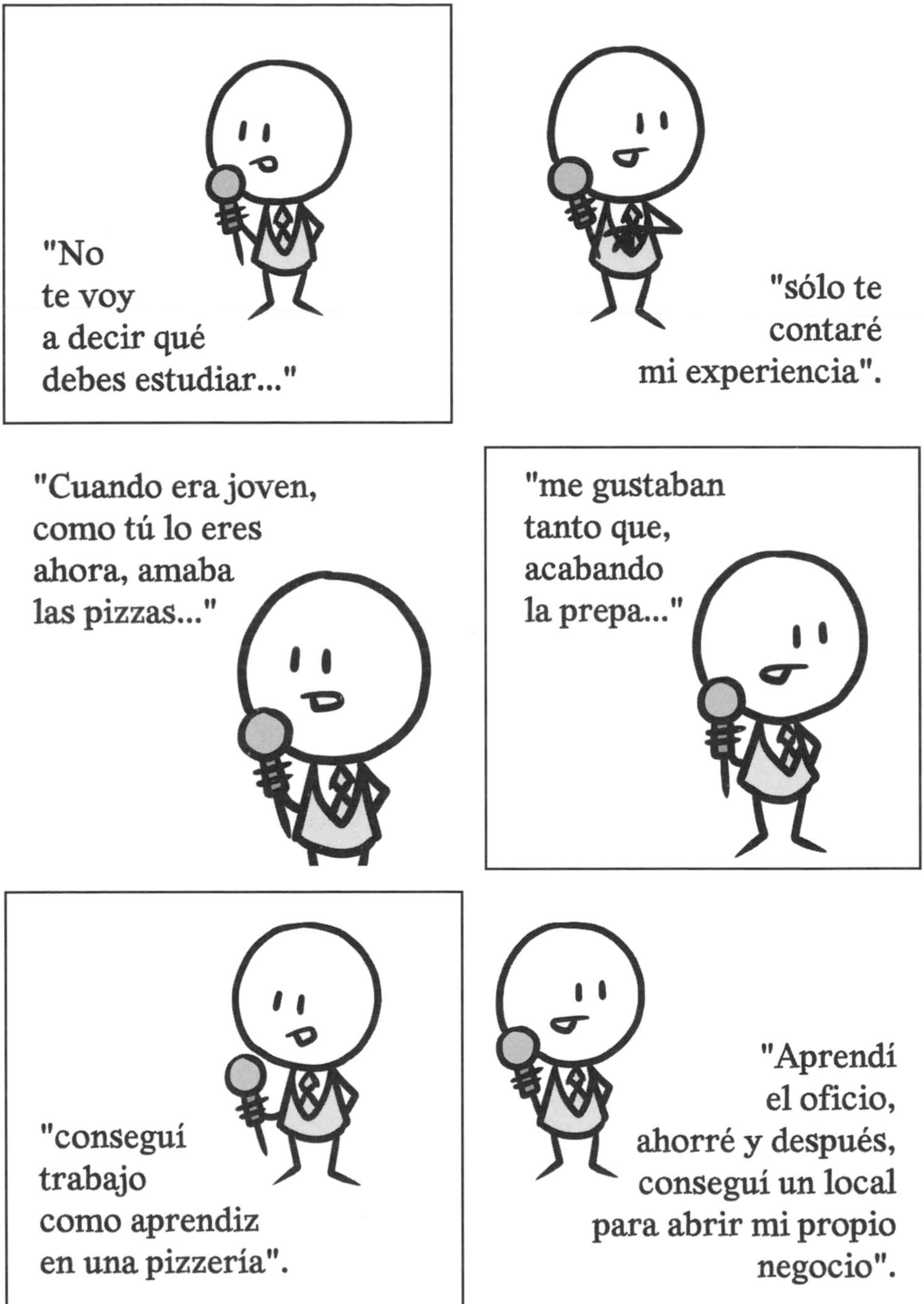
"No te voy a decir qué debes estudiar..."
"sólo te contaré mi experiencia".
"Cuando era joven, como tú lo eres ahora, amaba las pizzas..."
"me gustaban tanto que, acabando la prepa..."
"conseguí trabajo como aprendiz en una pizzería".
"Aprendí el oficio, ahorré y después, conseguí un local para abrir mi propio negocio".

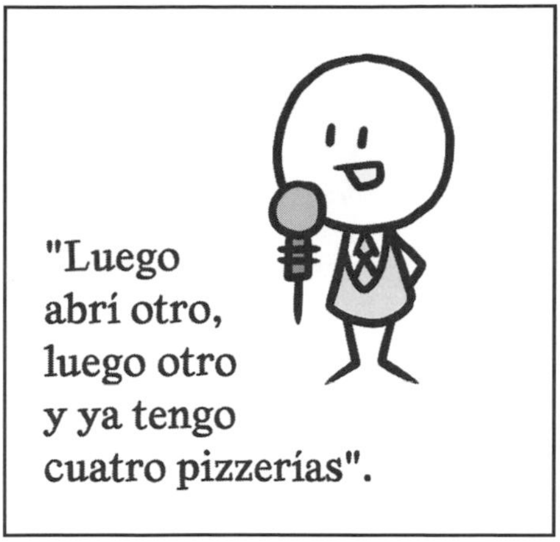
"Luego
abrí otro,
luego otro
y ya tengo
cuatro pizzerías".

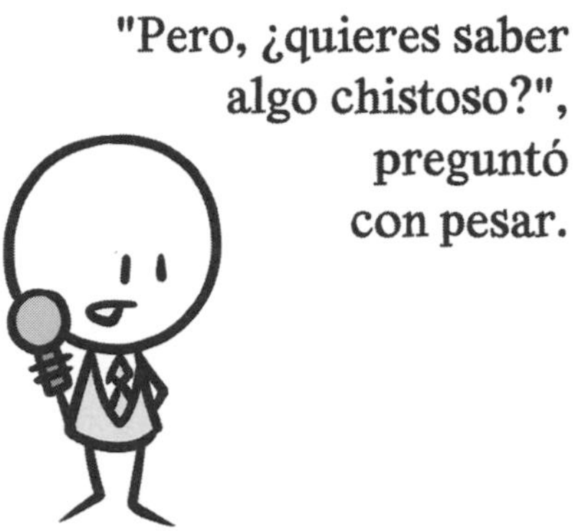
"Pero, ¿quieres saber
algo chistoso?",
preguntó
con pesar.

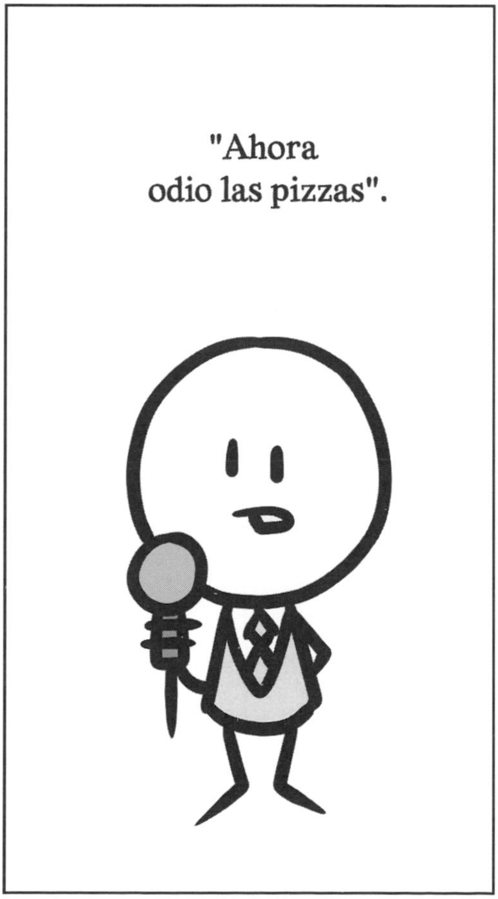
"Ahora
odio las pizzas".

"Como
les dediqué
toda mi vida",
me explicó,
"ahora me dan
asco y no podría
comerme una sola".

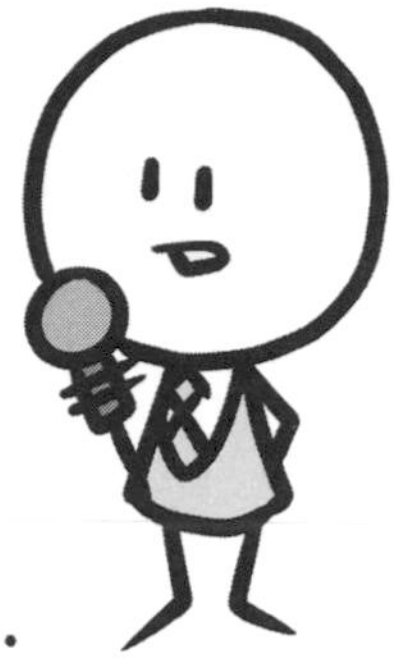

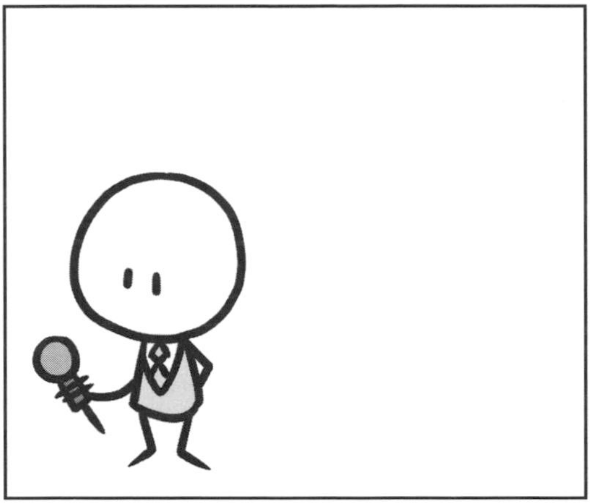

Esas palabras
tuvieron
un profundo
efecto en mí.

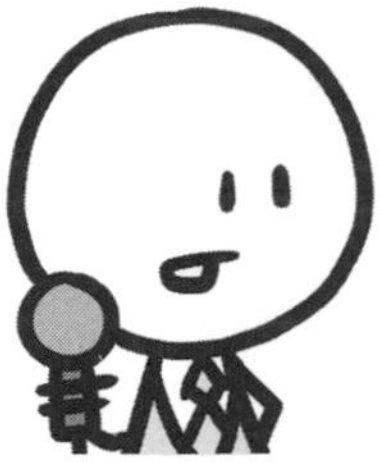

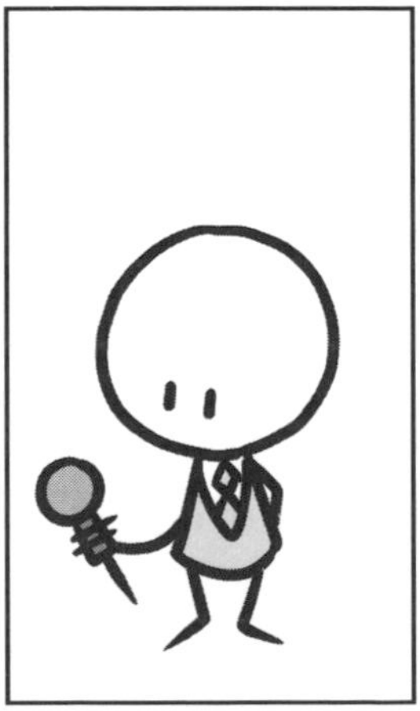

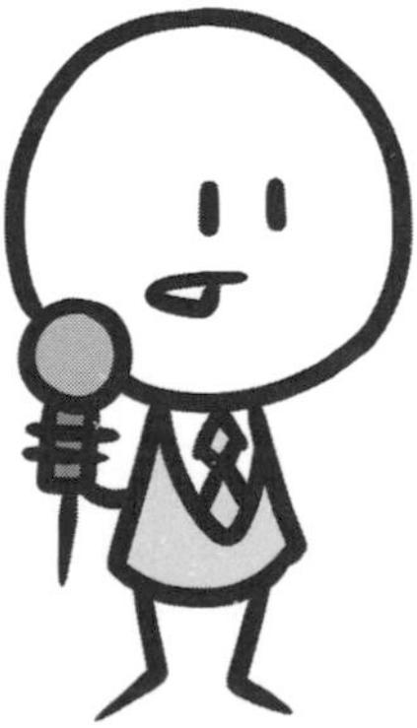

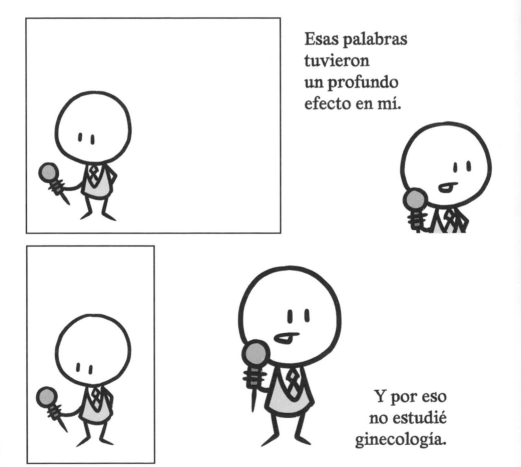

Y por eso
no estudié
ginecología.

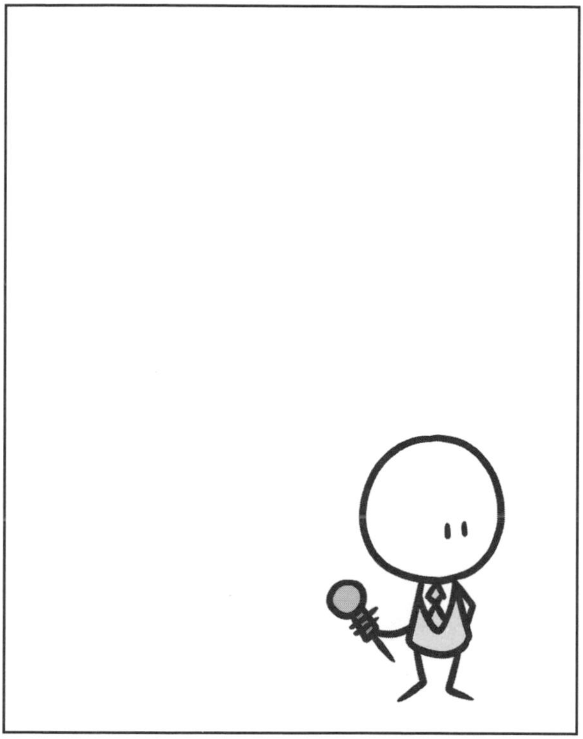

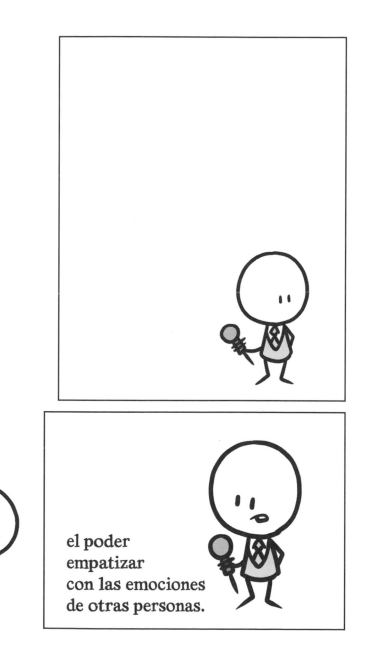

En ocasiones
encuentro
difícil...

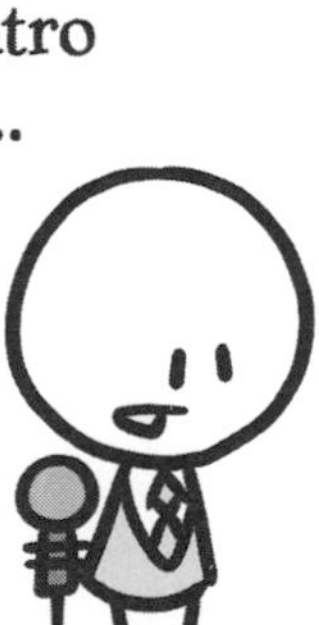

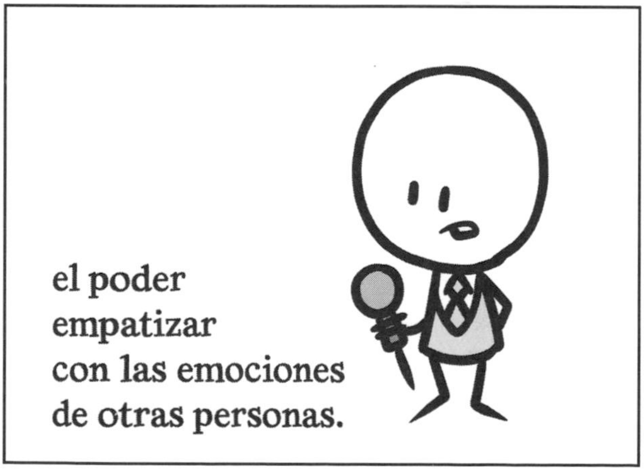
el poder
empatizar
con las emociones
de otras personas.

Hace poco,
fui al funeral
de un conocido.

Y ahí estábamos todos en el velorio,
reunidos en torno
a su afligida mamá,
quien nos dijo:

"En la vida he tenido
dos grandes dolores..."

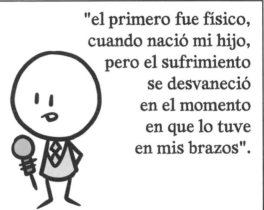

"el primero fue físico,
cuando nació mi hijo,
pero el sufrimiento
se desvaneció
en el momento
en que lo tuve
en mis brazos".

"El segundo dolor", continuó la mamá,
"es el que siento ahora que se ha ido...
y sé que para éste
jamás obtendré
consuelo".

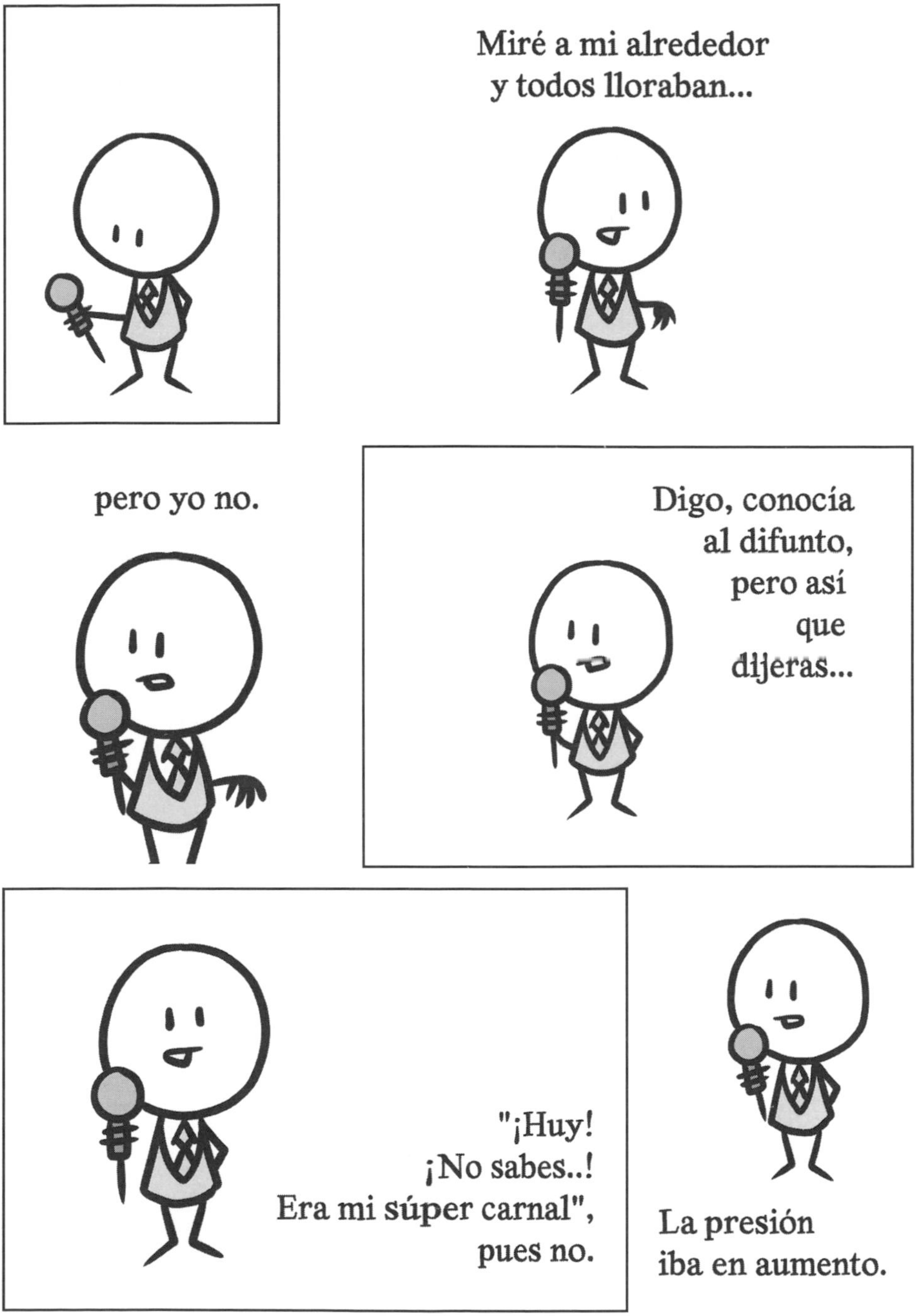
Miré a mi alrededor
y todos lloraban...
pero yo no.
Digo, conocía
al difunto,
pero así
que
dijeras...
"¡Huy!
¡No sabes..!
Era mi súper carnal",
pues no.
La presión
iba en aumento.

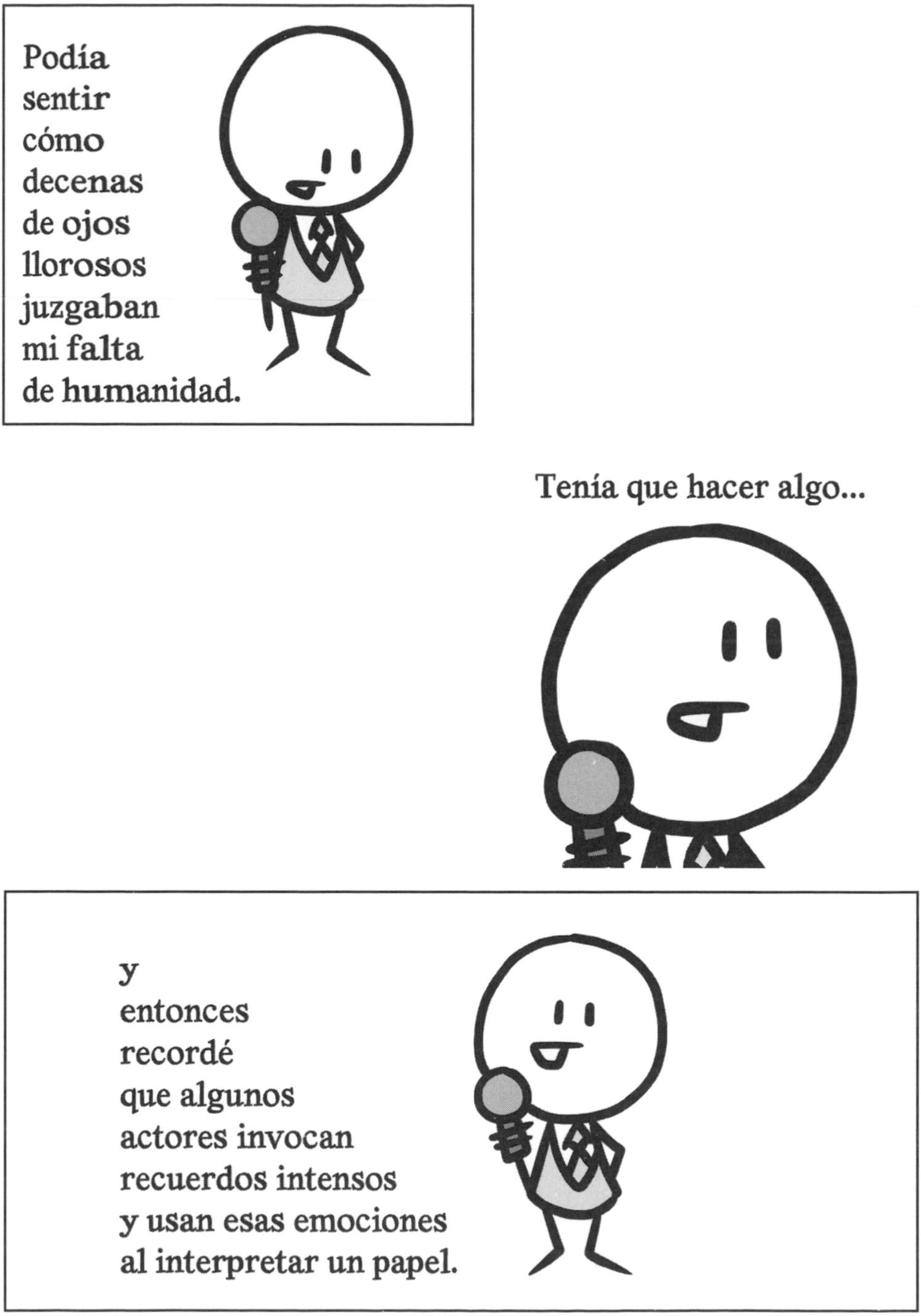
Podía
sentir
cómo
decenas
de ojos
llorosos
juzgaban
mi falta
de humanidad.
Tenía que hacer algo...
y
entonces
recordé
que algunos
actores invocan
recuerdos intensos
y usan esas emociones
al interpretar un papel.

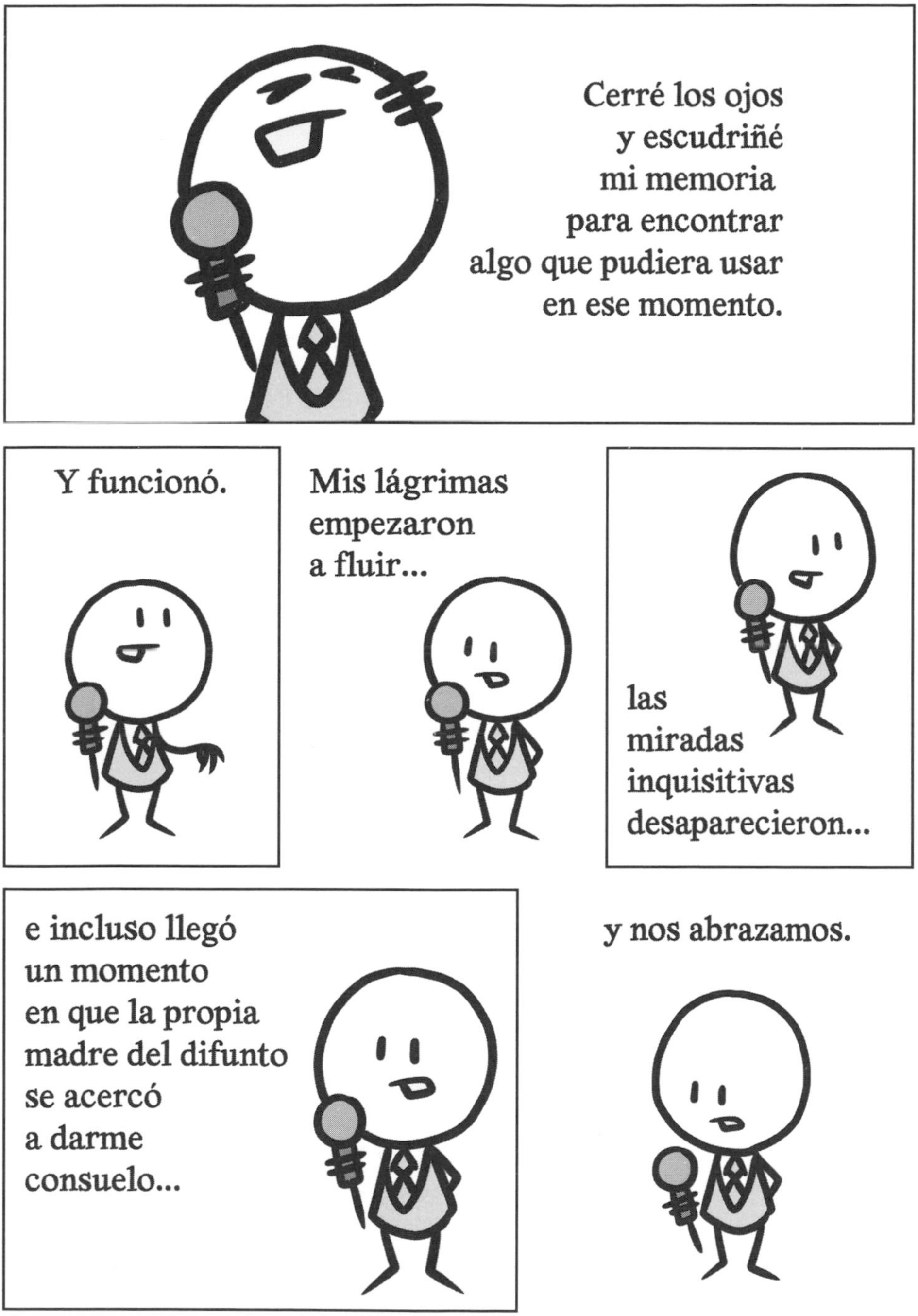
Cerré los ojos y escudriñé mi memoria para encontrar algo que pudiera usar en ese momento.
Y funcionó.
Mis lágrimas empezaron a fluir...
las miradas inquisitivas desaparecieron...
e incluso llegó un momento en que la propia madre del difunto se acercó a darme consuelo...
y nos abrazamos.

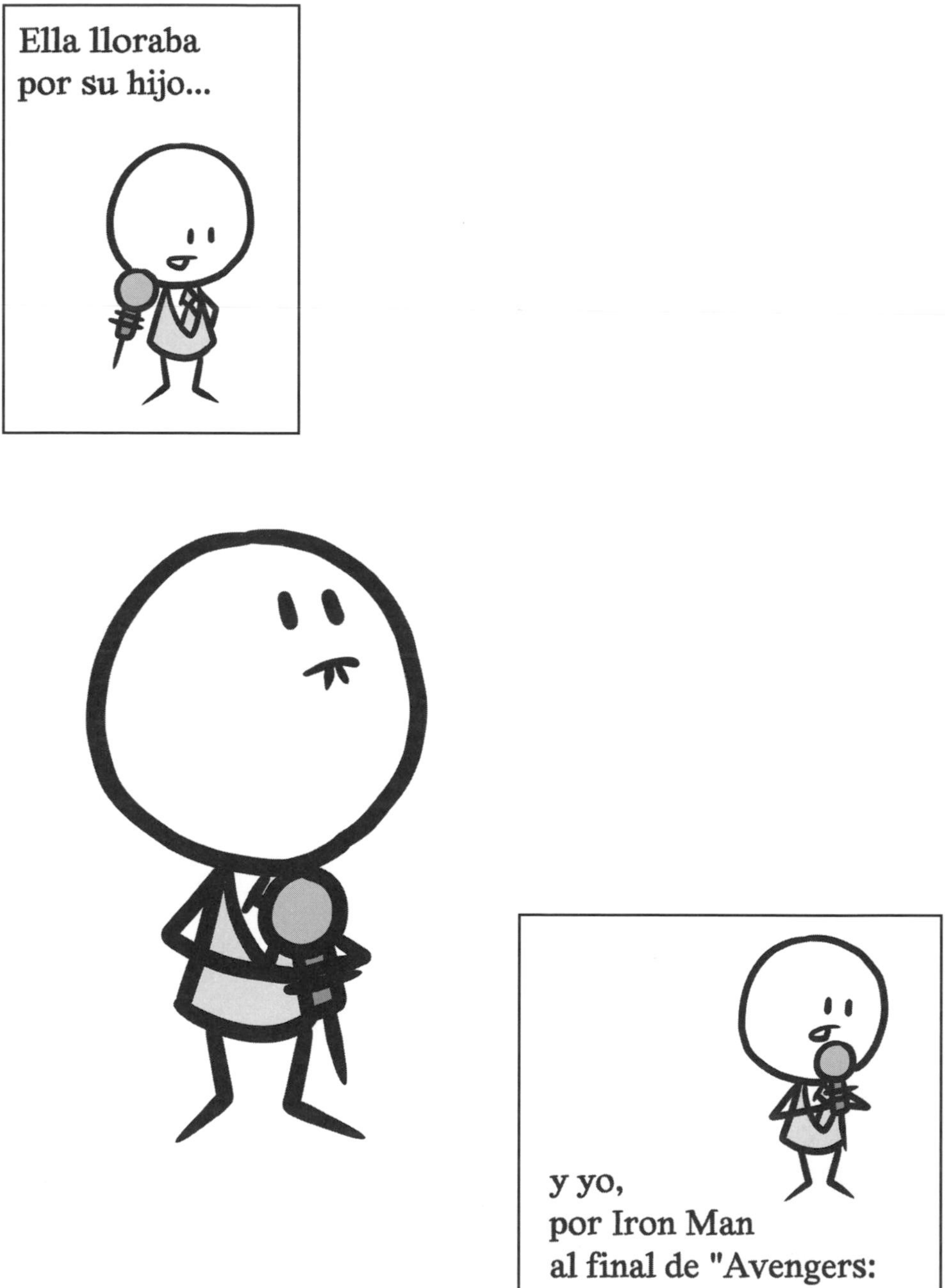
Ella lloraba
por su hijo...
y yo,
por Iron Man
al final de "Avengers:
Endgame".

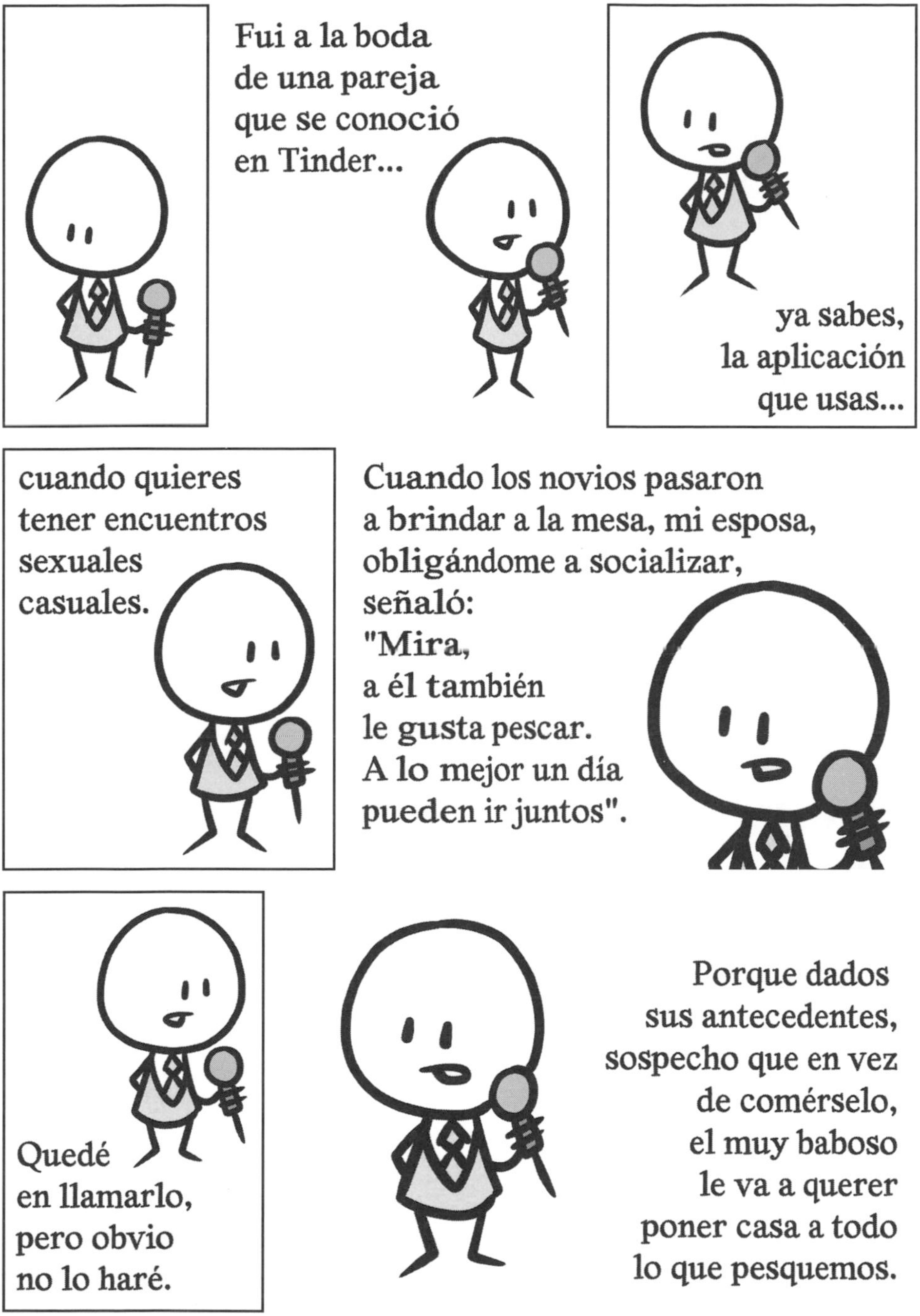
Fui a la boda
de una pareja
que se conoció
en Tinder...
ya sabes,
la aplicación
que usas...
cuando quieres
tener encuentros
sexuales
casuales.
Cuando los novios pasaron
a brindar a la mesa, mi esposa,
obligándome a socializar,
señaló:
"Mira,
a él también
le gusta pescar.
A lo mejor un día
pueden ir juntos".
Quedé
en llamarlo,
pero obvio
no lo haré.
Porque dados
sus antecedentes,
sospecho que en vez
de comérselo,
el muy baboso
le va a querer
poner casa a todo
lo que pesquemos.

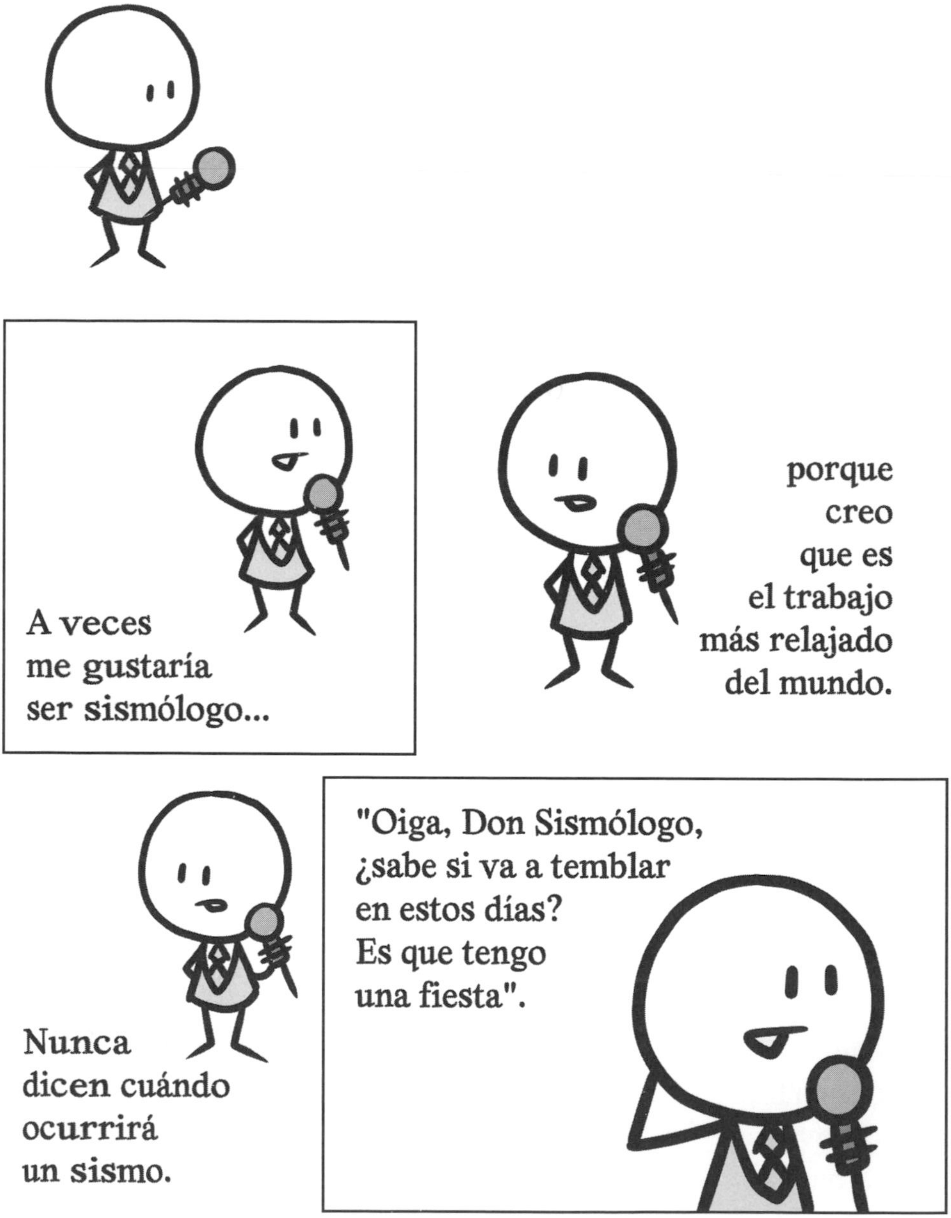
A veces
me gustaría
ser sismólogo...
porque
creo
que es
el trabajo
más relajado
del mundo.
Nunca
dicen cuándo
ocurrirá
un sismo.
"Oiga, Don Sismólogo,
¿sabe si va a temblar
en estos días?
Es que tengo
una fiesta".

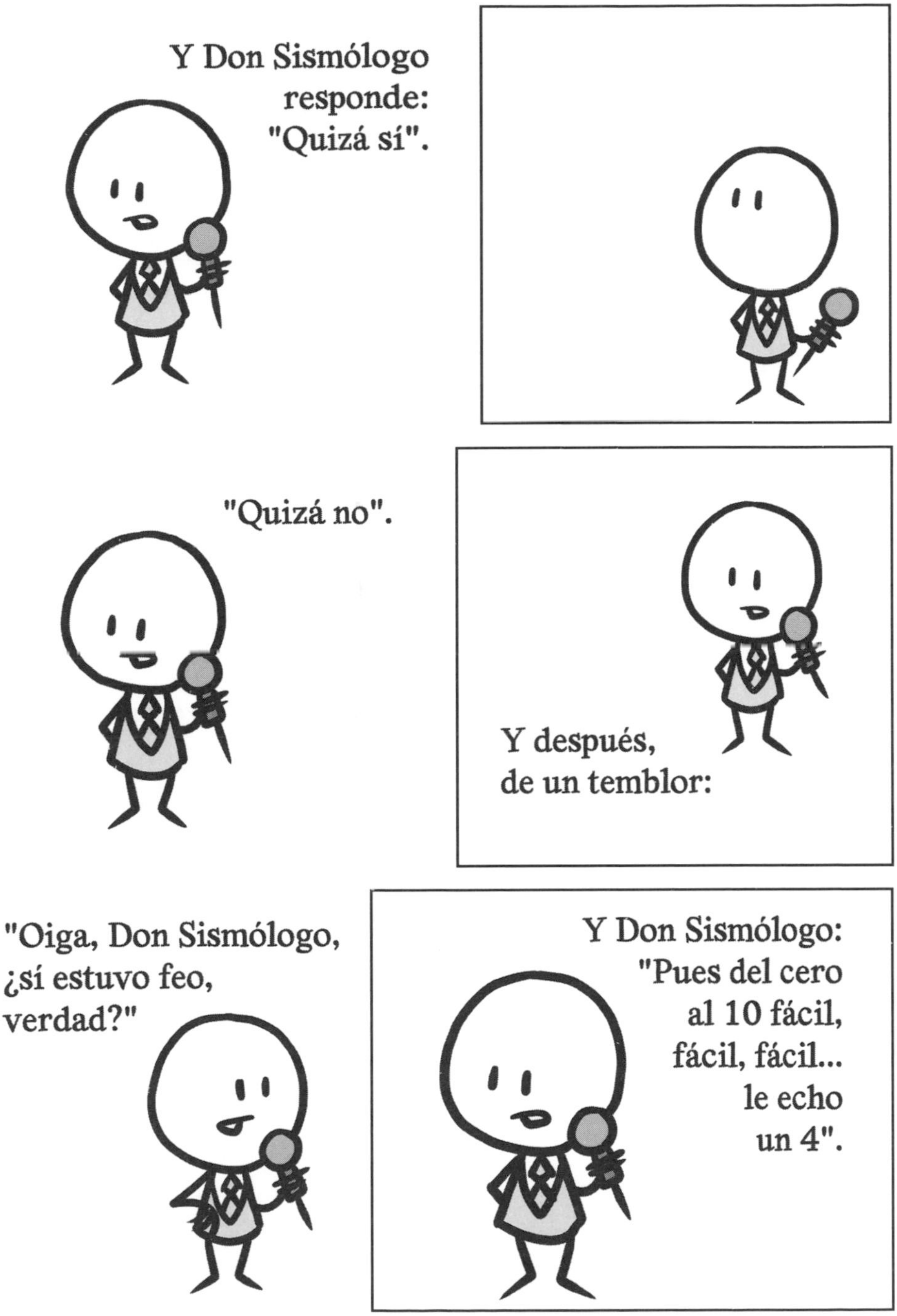
Y Don Sismólogo
responde:
"Quizá sí".
"Quizá no".
Y después,
de un temblor:
"Oiga, Don Sismólogo,
¿sí estuvo feo,
verdad?"
Y Don Sismólogo:
"Pues del cero
al 10 fácil,
fácil, fácil...
le echo
un 4".

Siendo realistas, el vecino
del condominio que salió
en calzones corriendo
detrás de nosotros
cuando empezó
el temblor...

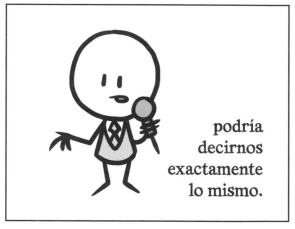

podría
decirnos
exactamente
lo mismo.

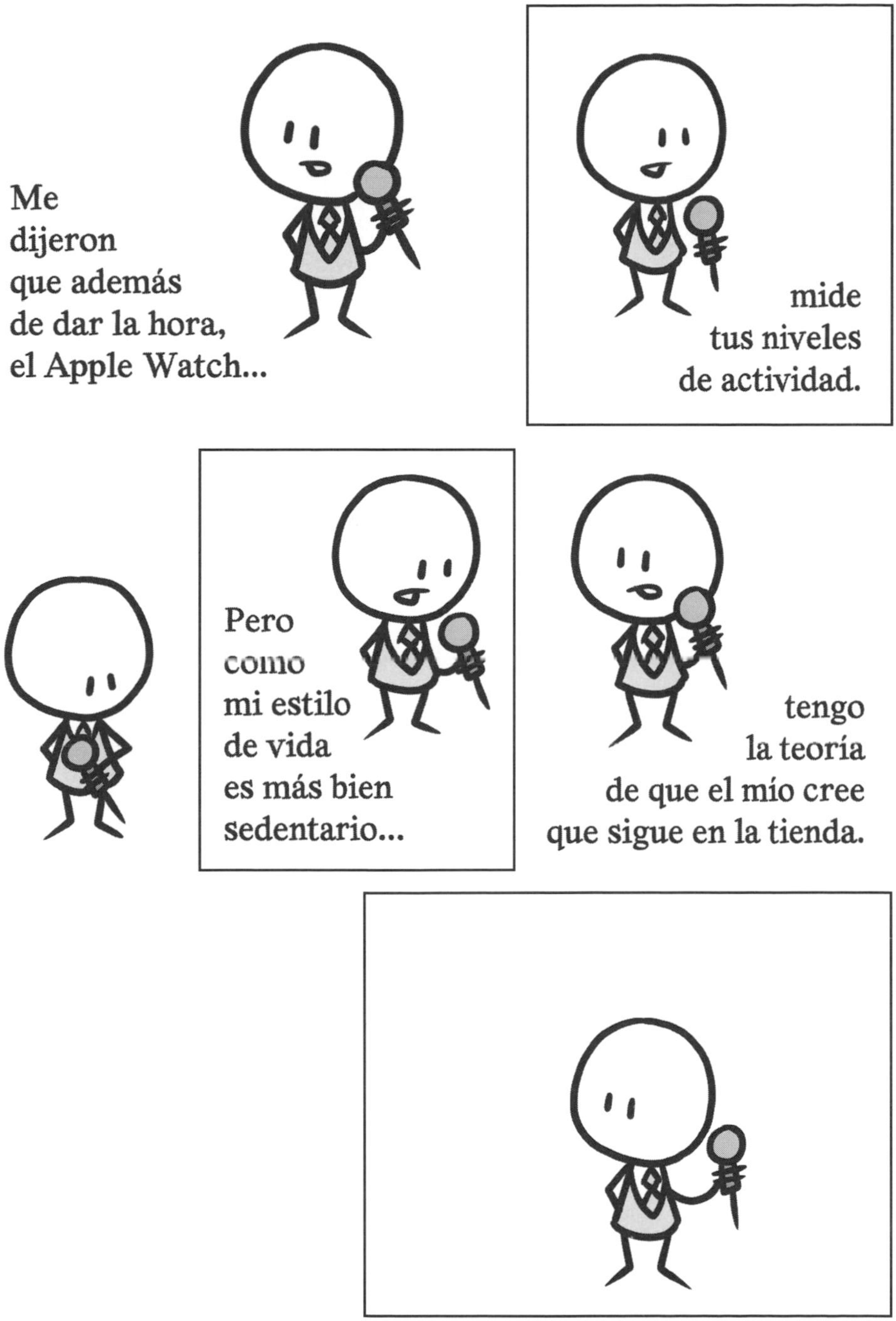
Me dijeron que además de dar la hora, el Apple Watch...
mide tus niveles de actividad.
Pero como mi estilo de vida es más bien sedentario...
tengo la teoría de que el mío cree que sigue en la tienda.

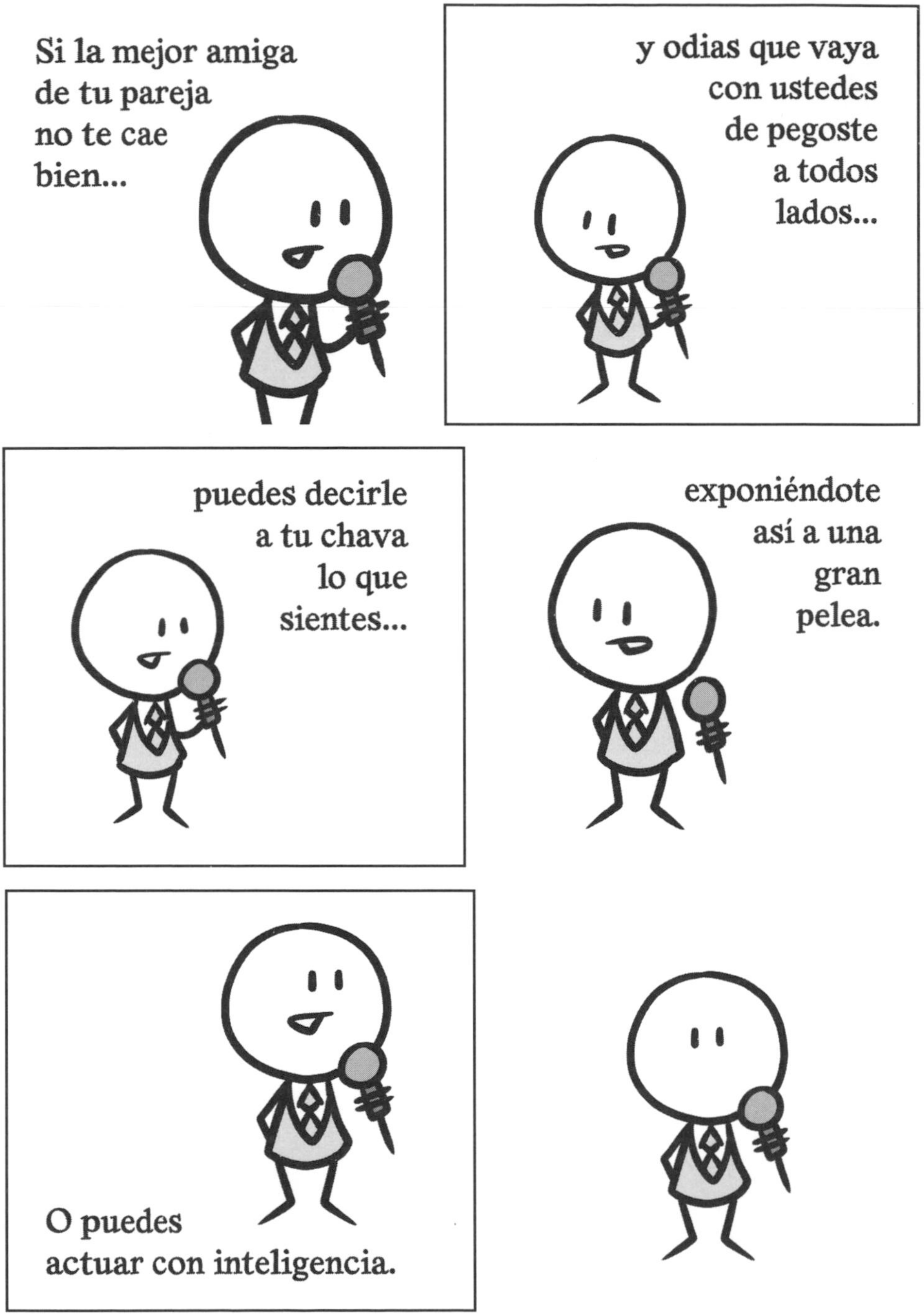
Si la mejor amiga
de tu pareja
no te cae
bien...
y odias que vaya
con ustedes
de pegoste
a todos
lados...
puedes decirle
a tu chava
lo que
sientes...
exponiéndote
así a una
gran
pelea.
O puedes
actuar con inteligencia.

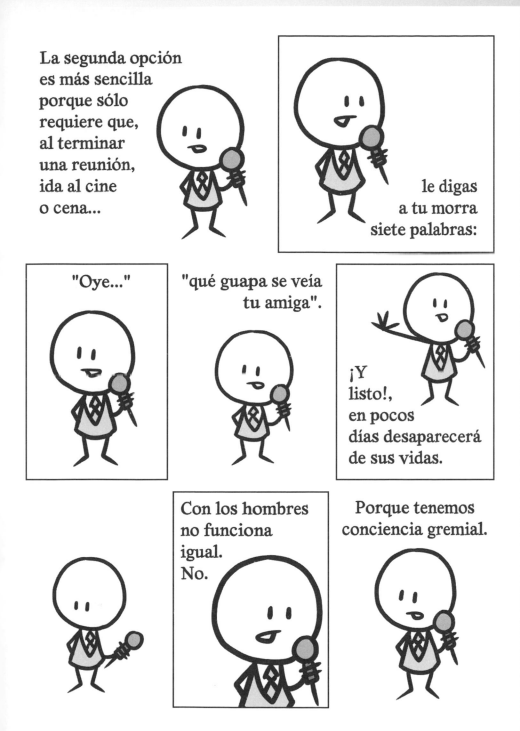

La segunda opción es más sencilla porque sólo requiere que, al terminar una reunión, ida al cine o cena...

le digas a tu morra siete palabras:

"Oye..."

"qué guapa se veía tu amiga".

¡Y listo!, en pocos días desaparecerá de sus vidas.

Con los hombres no funciona igual. No.

Porque tenemos conciencia gremial.

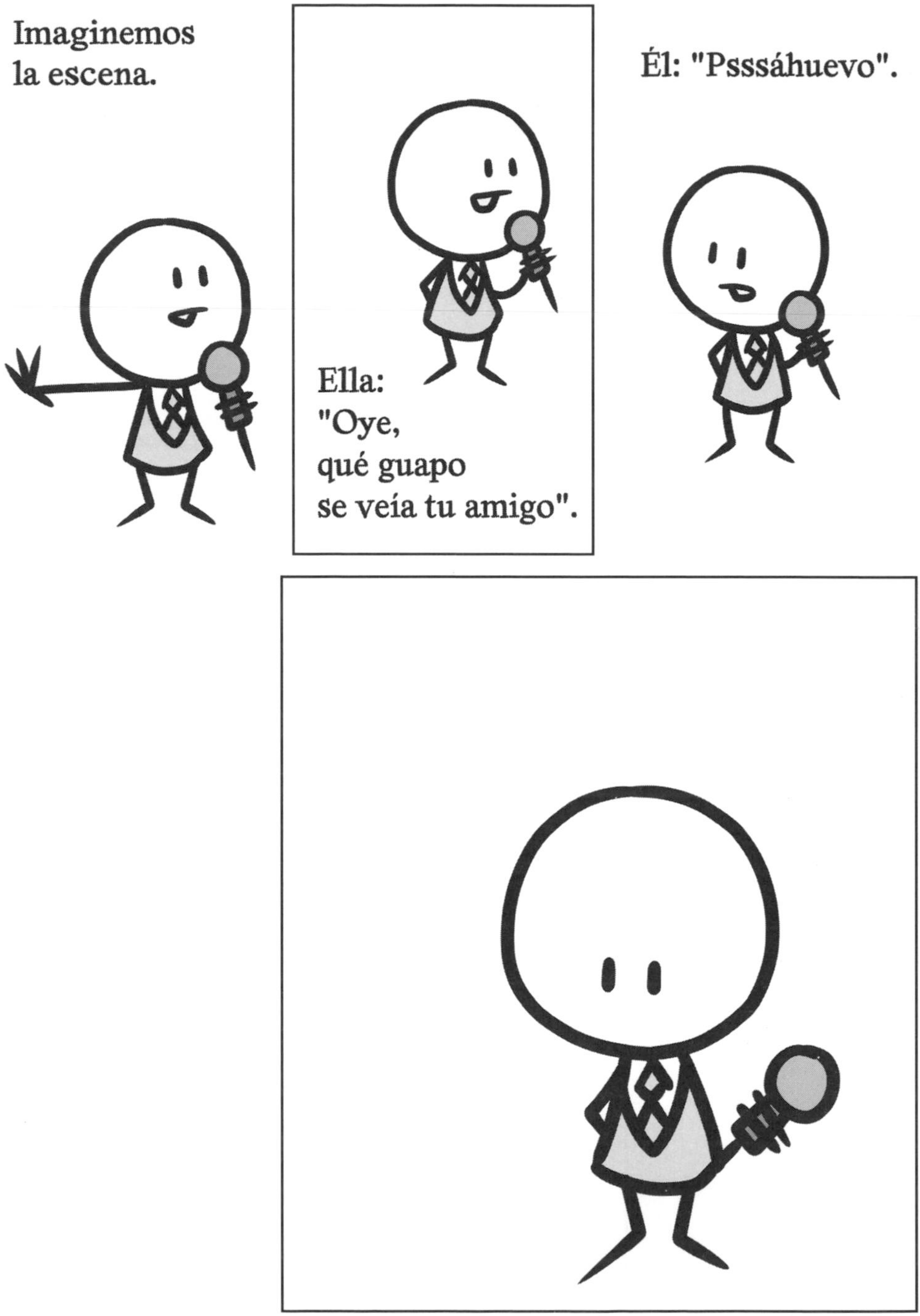
Imaginemos
la escena.
Ella:
"Oye,
qué guapo
se veía tu amigo".
Él: "Psssáhuevo".

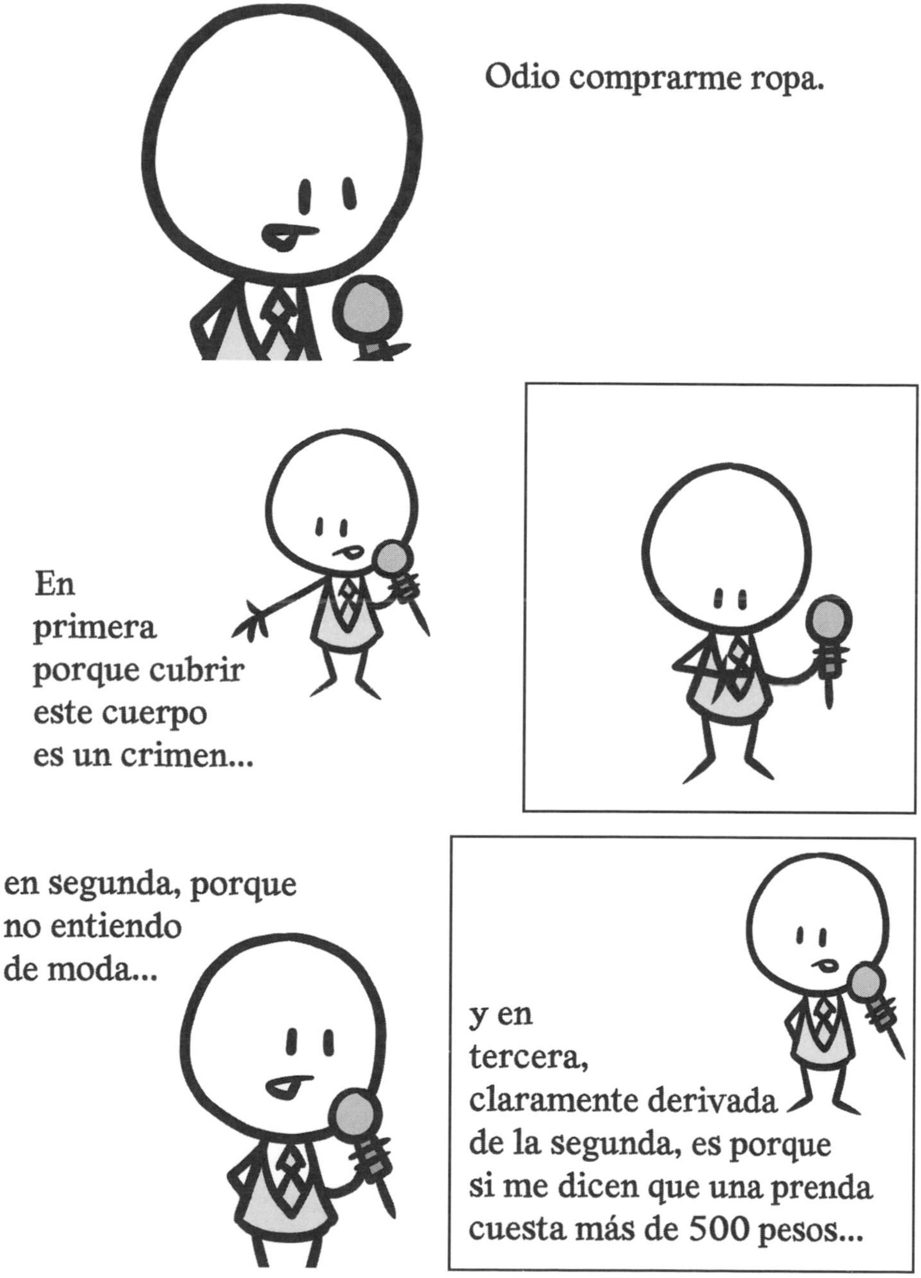
Odio comprarme ropa.
En primera porque cubrir este cuerpo es un crimen...
en segunda, porque no entiendo de moda...
y en tercera, claramente derivada de la segunda, es porque si me dicen que una prenda cuesta más de 500 pesos...

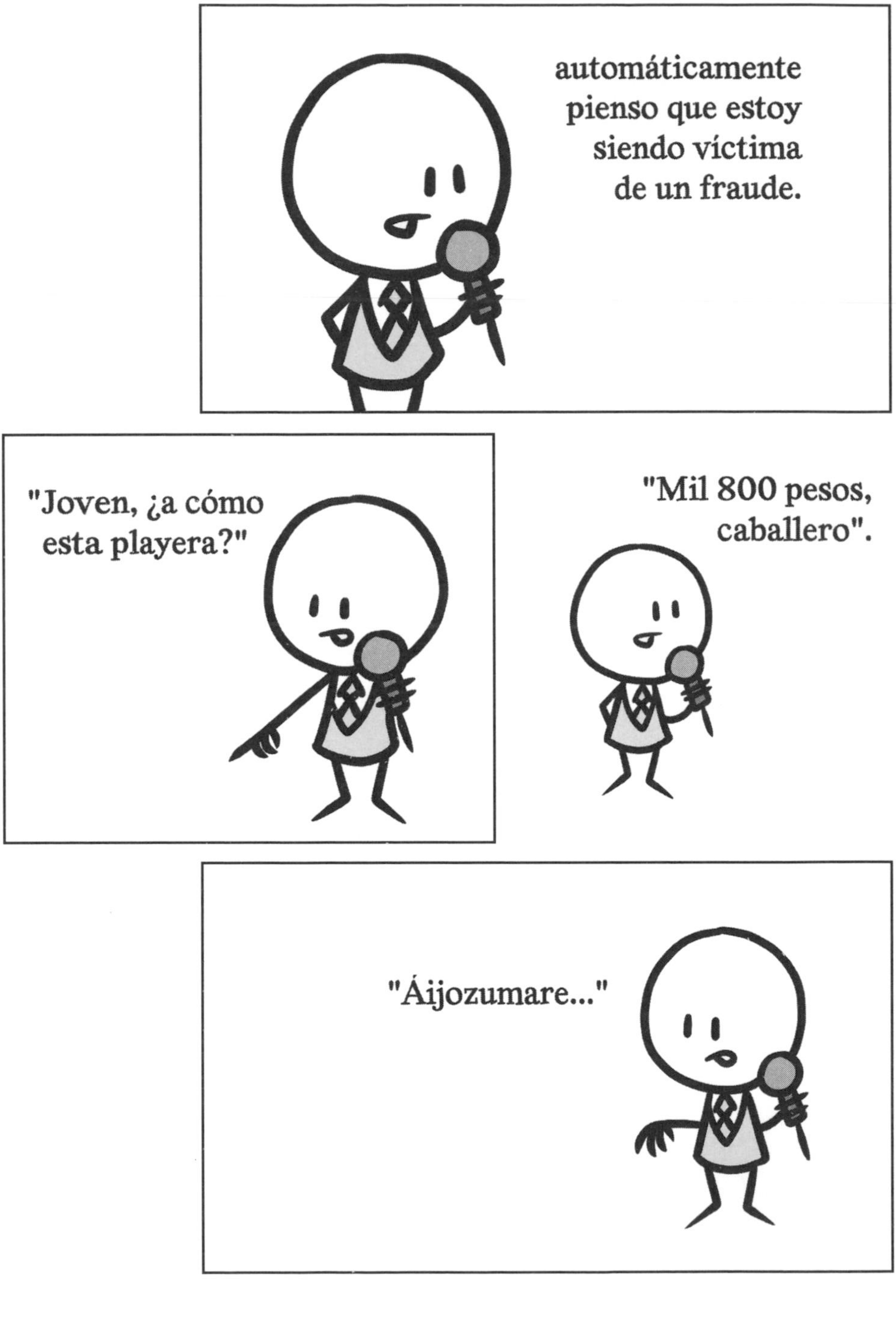
automáticamente
pienso que estoy
siendo víctima
de un fraude.
"Joven, ¿a cómo
esta playera?"
"Mil 800 pesos,
caballero".
"Áijozumare..."

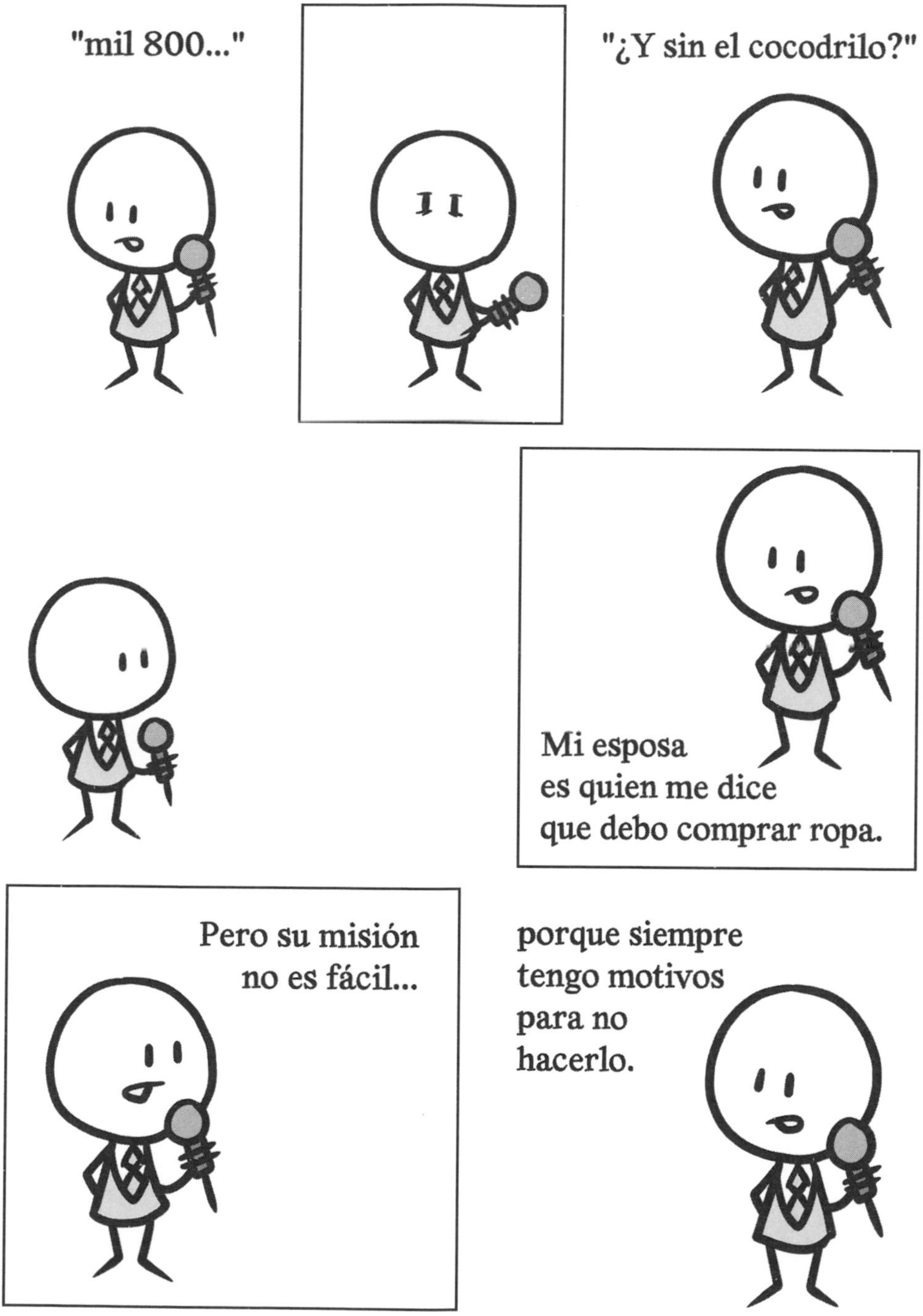
"mil 800..."
"¿Y sin el cocodrilo?"
Mi esposa
es quien me dice
que debo comprar ropa.
Pero su misión
no es fácil...
porque siempre
tengo motivos
para no
hacerlo.

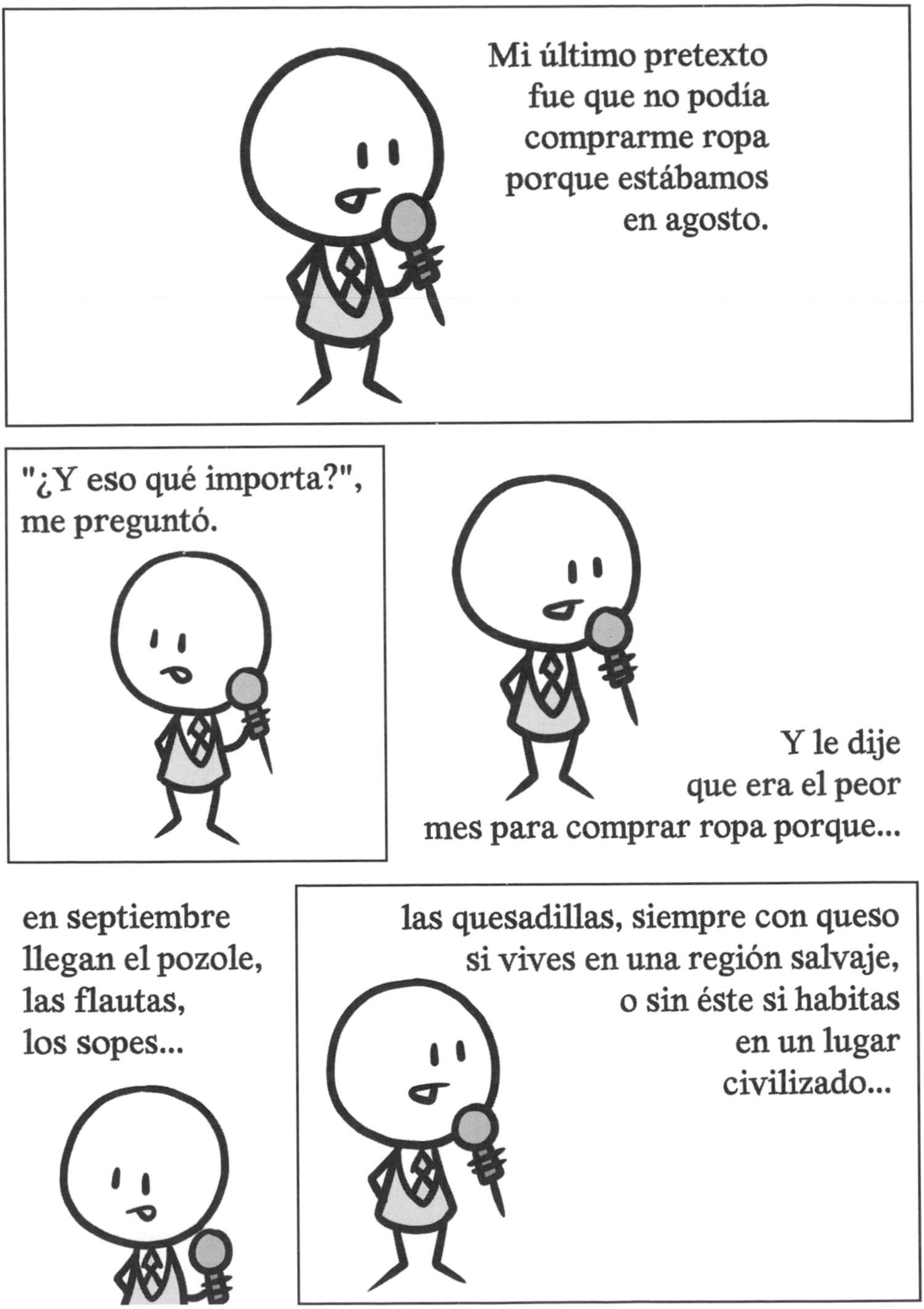
Mi último pretexto
fue que no podía
comprarme ropa
porque estábamos
en agosto.
"¿Y eso qué importa?",
me preguntó.
Y le dije
que era el peor
mes para comprar ropa porque...
en septiembre
llegan el pozole,
las flautas,
los sopes...
las quesadillas, siempre con queso
si vives en una región salvaje,
o sin éste si habitas
en un lugar
civilizado...

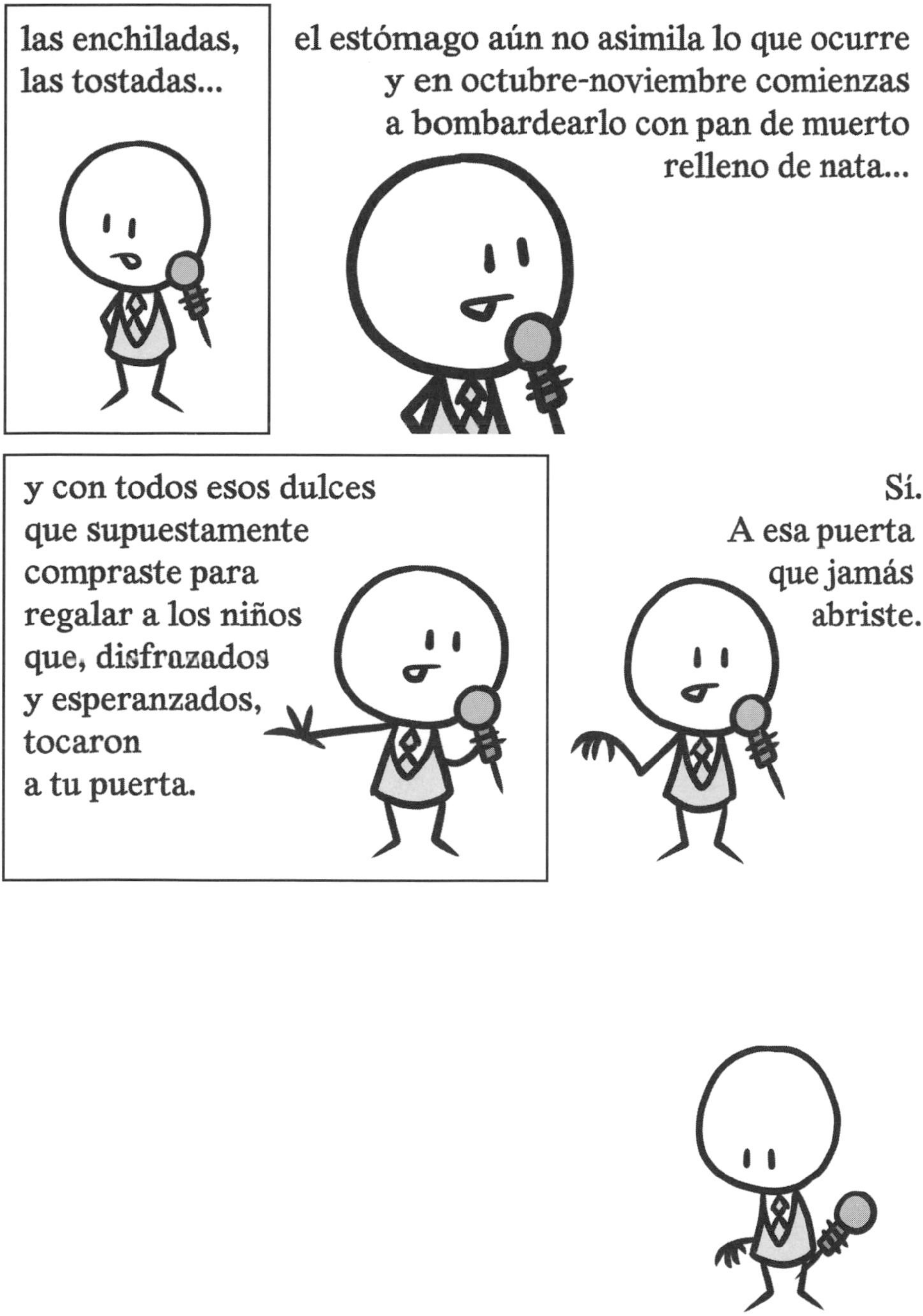
las enchiladas,
las tostadas...
el estómago aún no asimila lo que ocurre
y en octubre-noviembre comienzas
a bombardearlo con pan de muerto
relleno de nata...
y con todos esos dulces
que supuestamente
compraste para
regalar a los niños
que, disfrazados
y esperanzados,
tocaron
a tu puerta.
Sí.
A esa puerta
que jamás
abriste.

Ya para diciembre, es tu estómago
el que te exige llenarlo de ponche,
romeritos, bacalao, pavo, pierna,
pasta, ensalada de manzana
y generosas dosis
de alcohol.

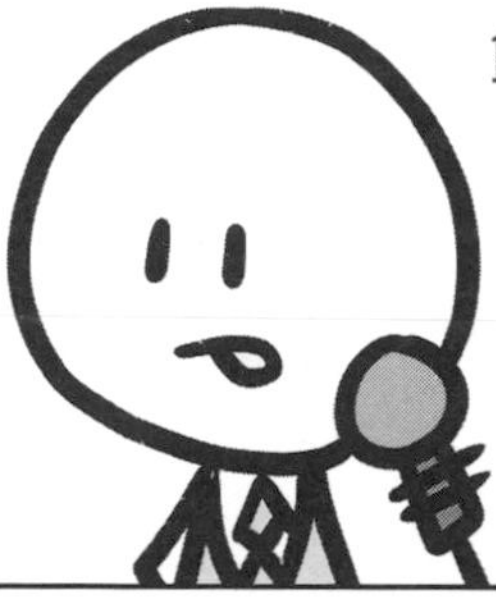

En enero te atascas
de Rosca de Reyes
y poco a poco
vas acabando
con las sobras
del mes
anterior.

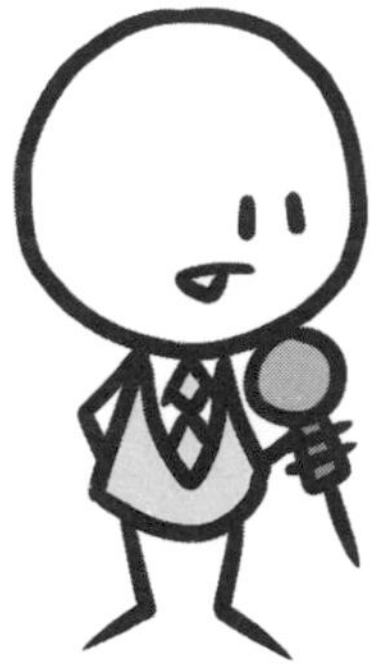

Al llegar febrero, te entregas
con devoción a los tamales,
al tiempo que abandonas
esa absurda idea de usar
bikini en las vacaciones
de Semana Santa.

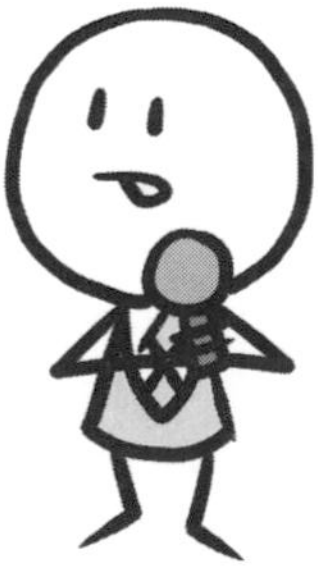

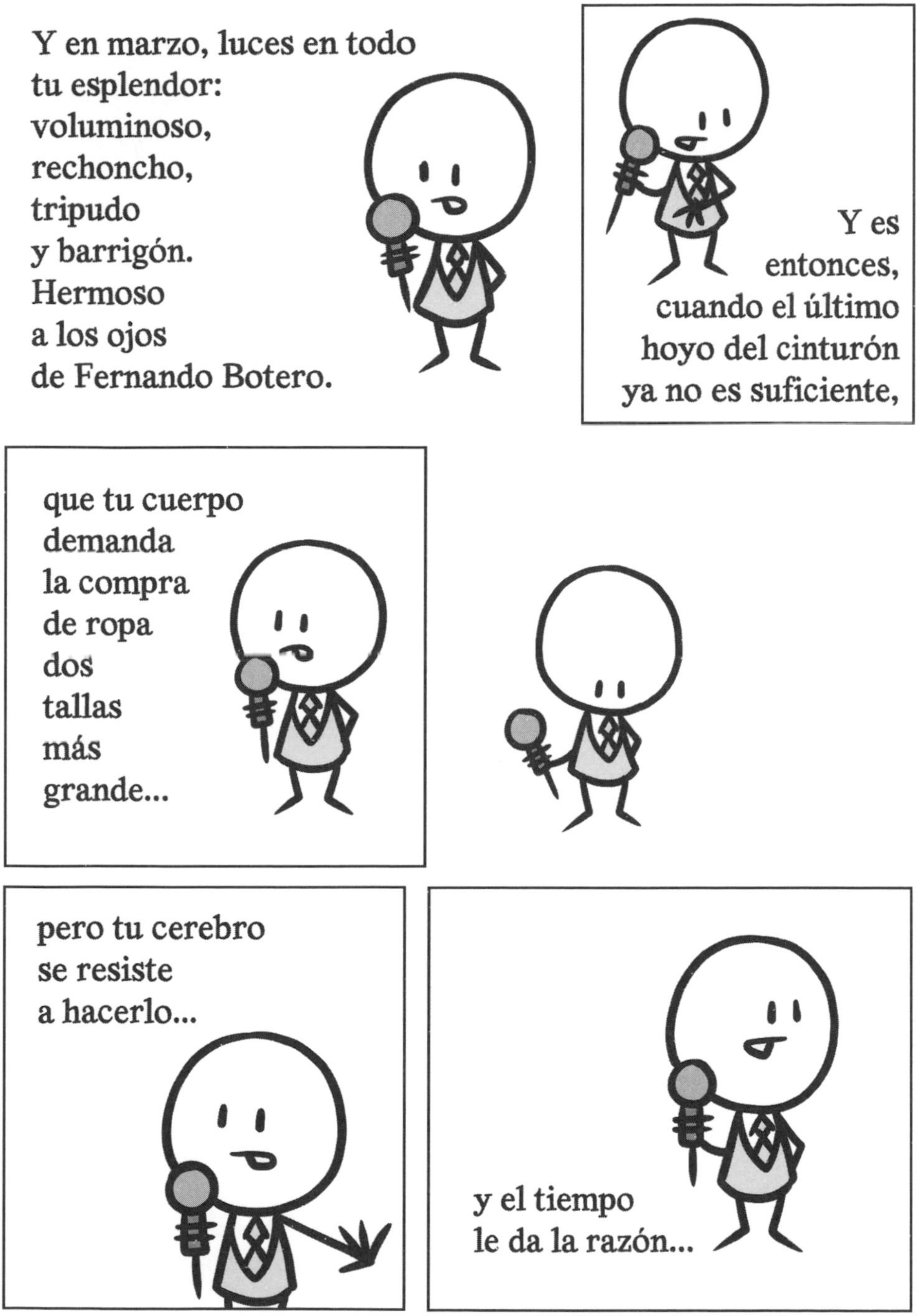
Y en marzo, luces en todo
tu esplendor:
voluminoso,
rechoncho,
tripudo
y barrigón.
Hermoso
a los ojos
de Fernando Botero.
Y es
entonces,
cuando el último
hoyo del cinturón
ya no es suficiente,
que tu cuerpo
demanda
la compra
de ropa
dos
tallas
más
grande...
pero tu cerebro
se resiste
a hacerlo...
y el tiempo
le da la razón...

porque aunque tu ropa aún te asfixia
en abril, en mayo comienzas
a sentir que te queda cada vez
más holgada...

y tan bien comienzas
a lucir al mirarte
en el espejo...

que para
junio-julio
empiezas a evaluar
con seriedad la posibilidad
de renovar tu guardarropa...

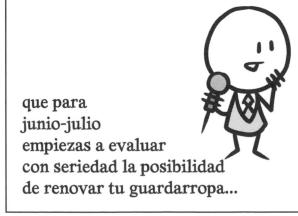

pero justo cuando
te decides
a hacerlo,
te das cuenta
de que
ya llegó
agosto...

el peor mes
para comprar ropa.

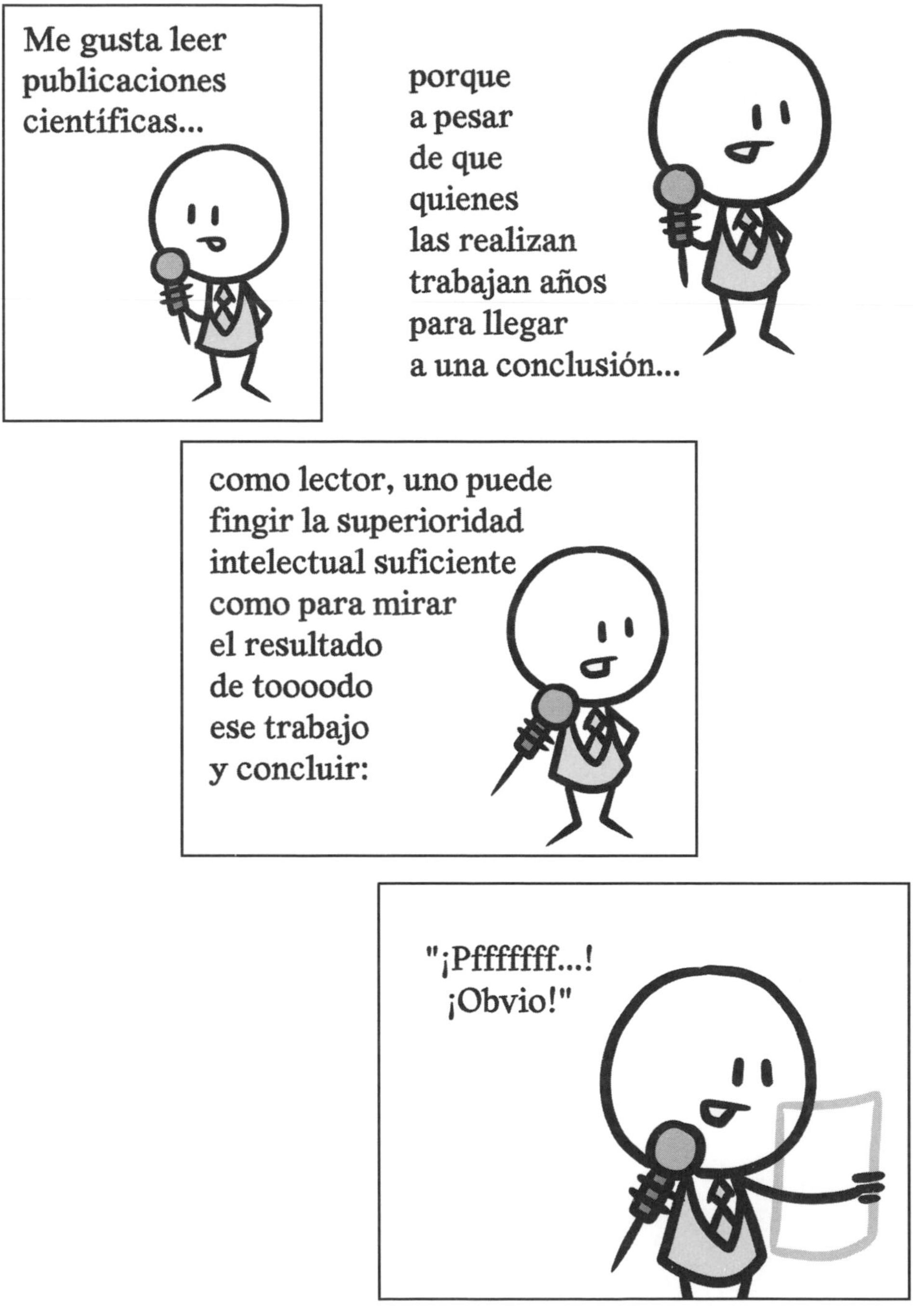
Me gusta leer publicaciones científicas...
porque
a pesar
de que
quienes
las realizan
trabajan años
para llegar
a una conclusión...
como lector, uno puede
fingir la superioridad
intelectual suficiente
como para mirar
el resultado
de tooooodo
ese trabajo
y concluir:
"¡Pfffffff...!
¡Obvio!"

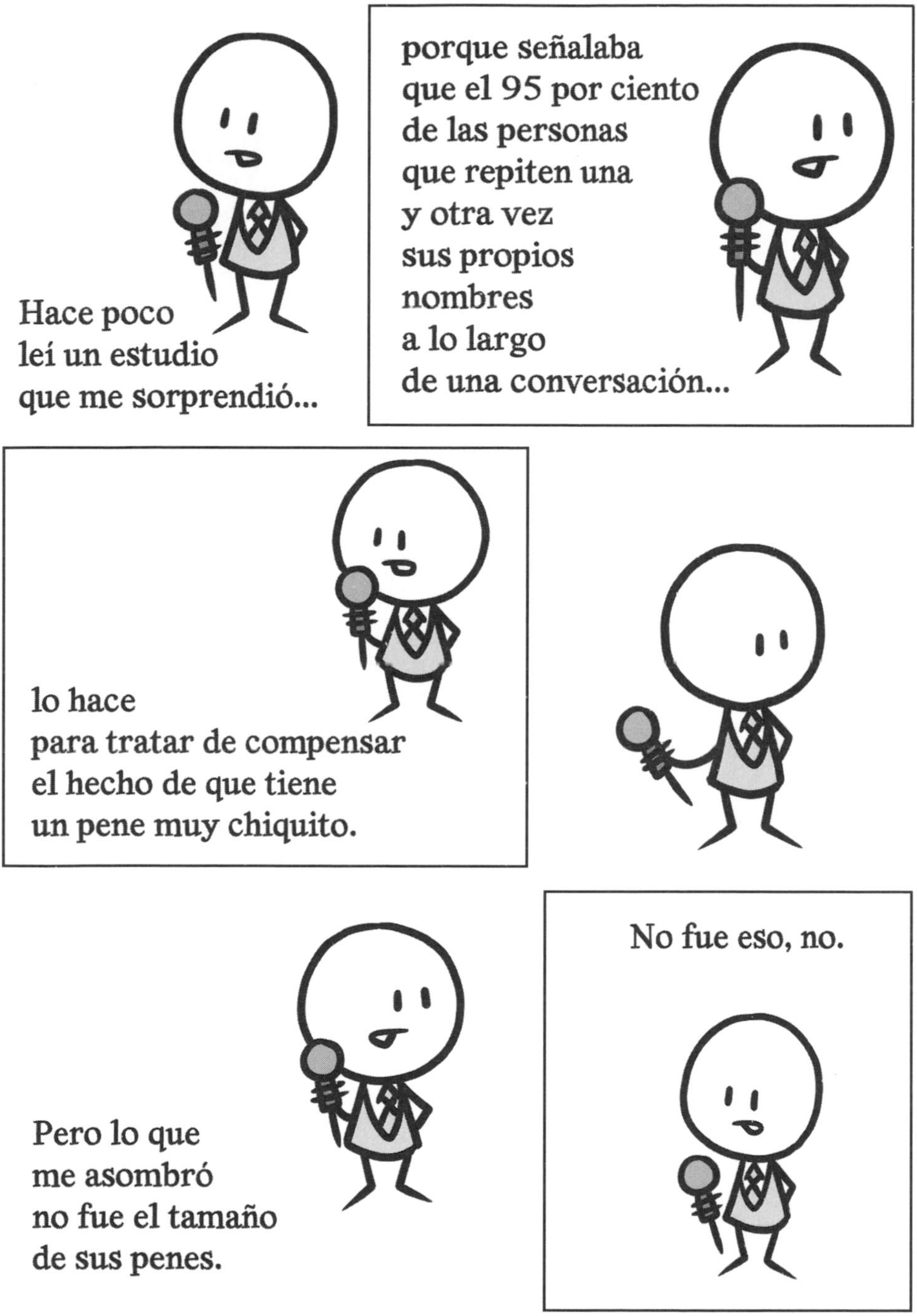
Hace poco
leí un estudio
que me sorprendió...
porque señalaba
que el 95 por ciento
de las personas
que repiten una
y otra vez
sus propios
nombres
a lo largo
de una conversación...
lo hace
para tratar de compensar
el hecho de que tiene
un pene muy chiquito.
Pero lo que
me asombró
no fue el tamaño
de sus penes.
No fue eso, no.

Lo que me desconcertó fue saber
que el 50 por ciento de las personas
que participaron
en el estudio,
eran mujeres.

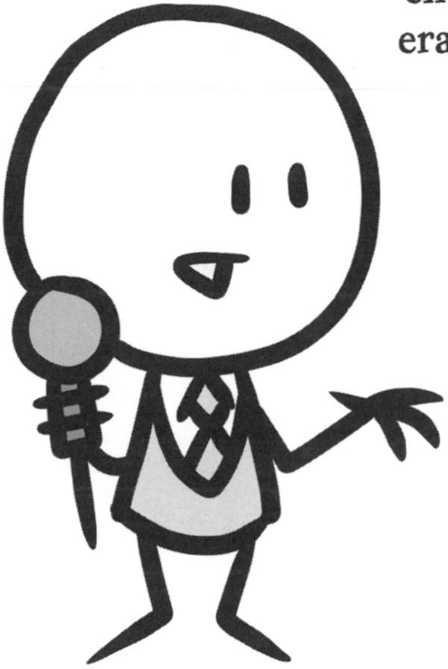

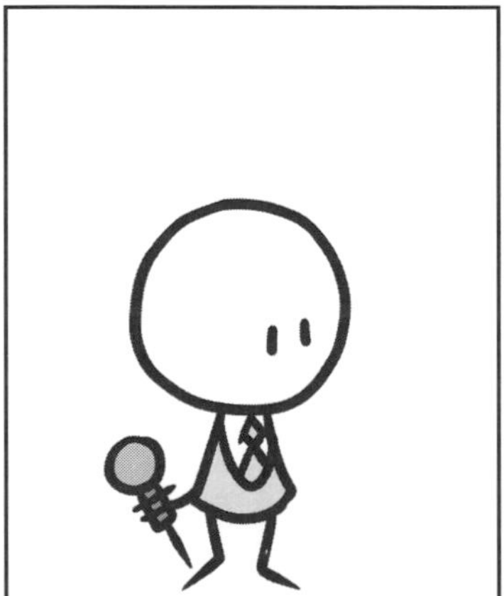

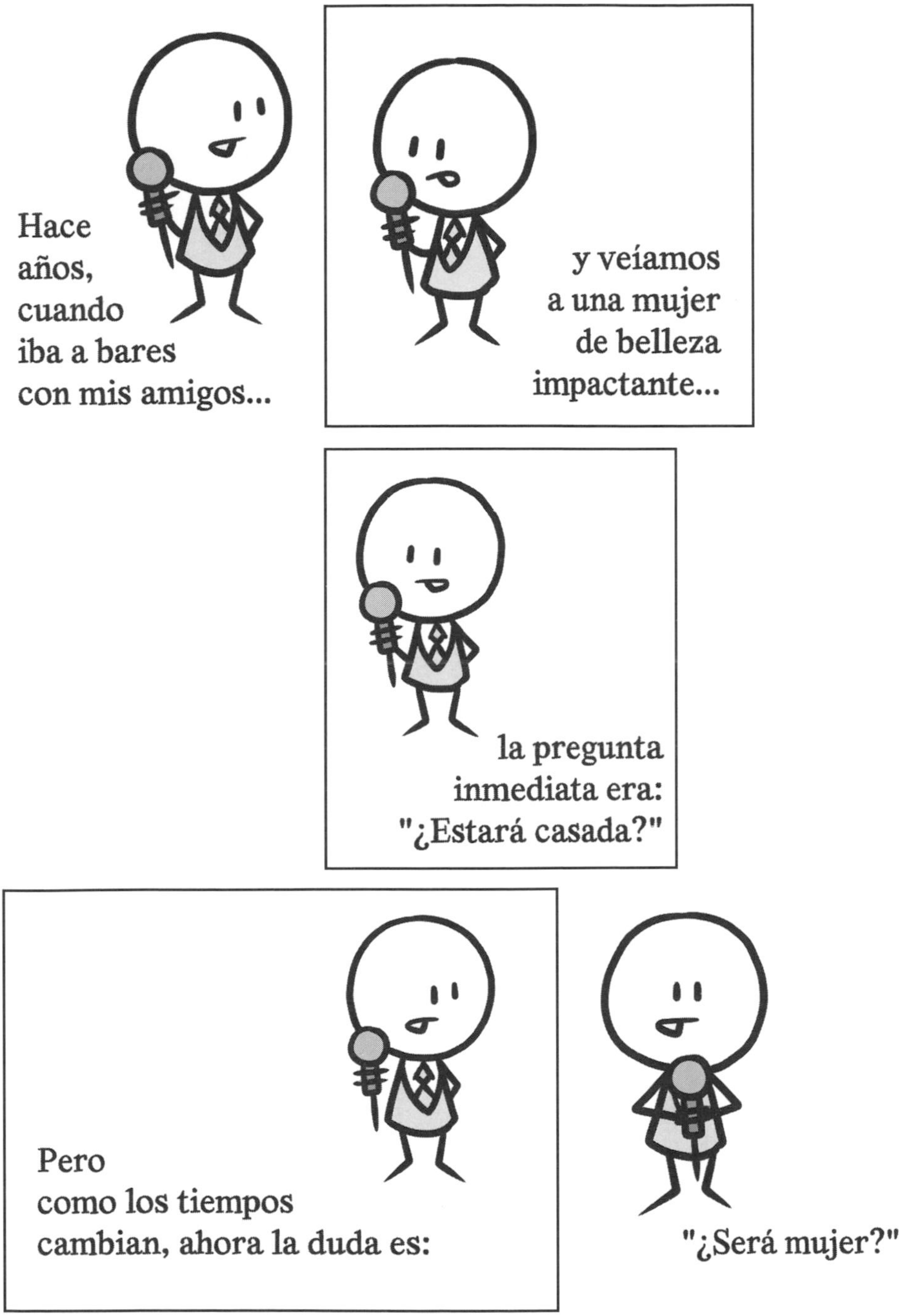
Hace años, cuando iba a bares con mis amigos...
y veíamos a una mujer de belleza impactante...
la pregunta inmediata era: "¿Estará casada?"
Pero como los tiempos cambian, ahora la duda es:
"¿Será mujer?"

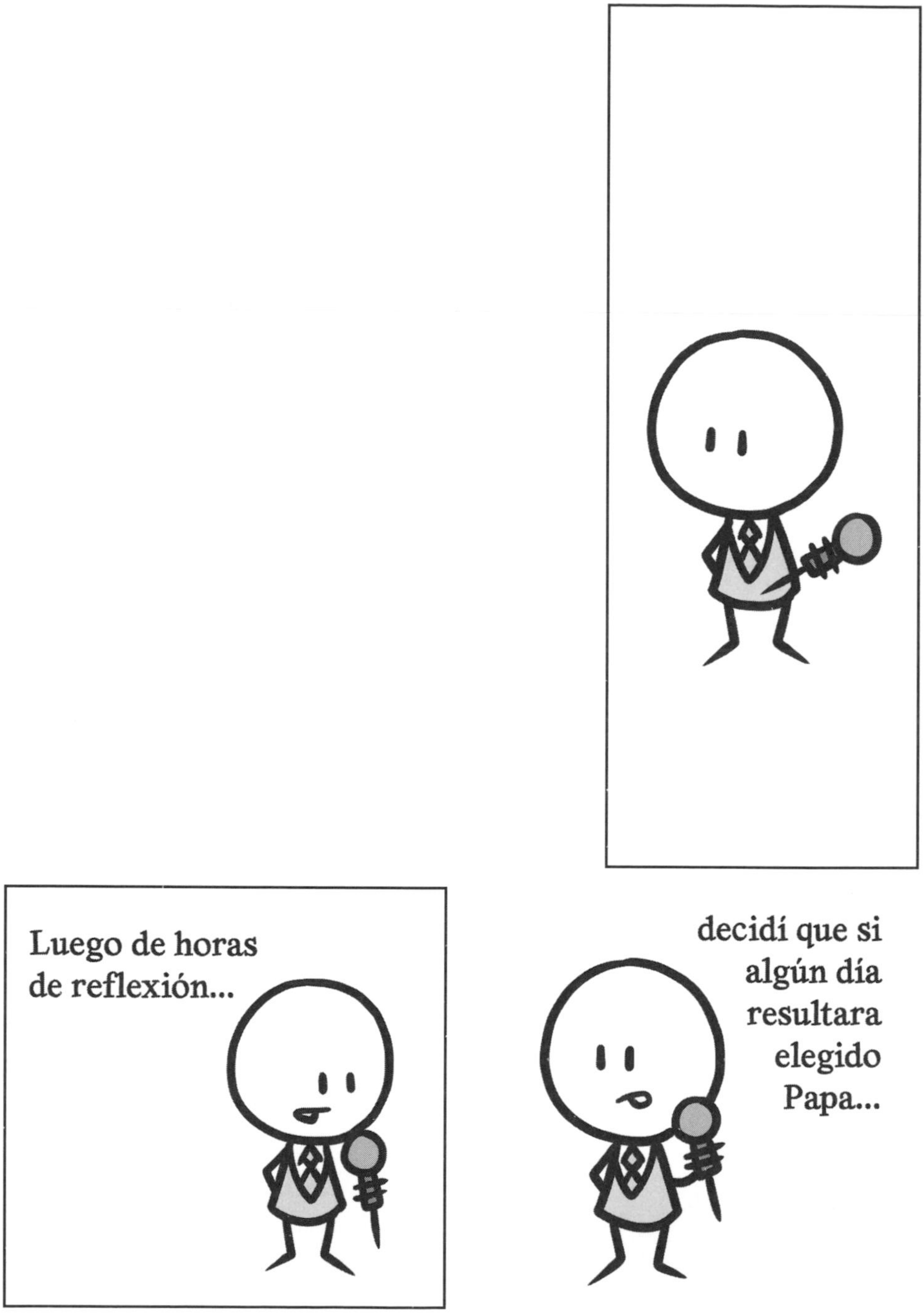
Luego de horas de reflexión...
decidí que si algún día resultara elegido Papa...

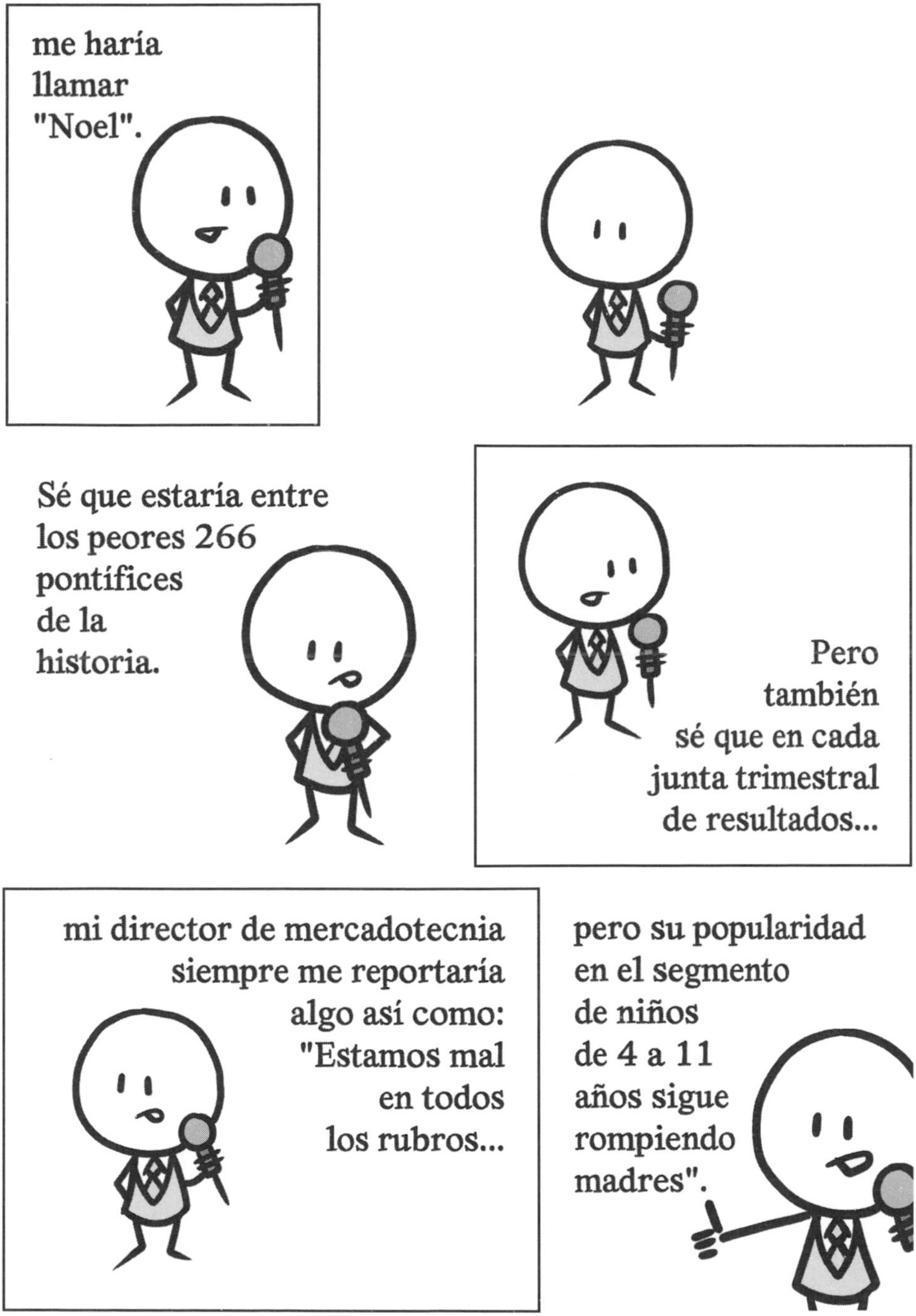
me haría
llamar
"Noel".
Sé que estaría entre
los peores 266
pontífices
de la
historia.
Pero
también
sé que en cada
junta trimestral
de resultados...
mi director de mercadotecnia
siempre me reportaría
algo así como:
"Estamos mal
en todos
los rubros...
pero su popularidad
en el segmento
de niños
de 4 a 11
años sigue
rompiendo
madres".

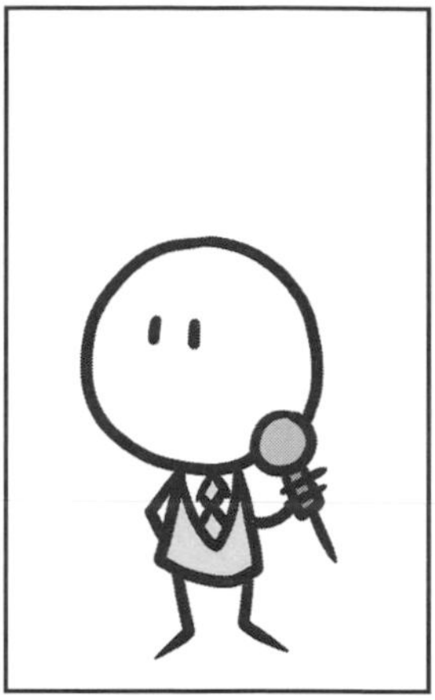

Recién descubrí que la leyenda:
"Está enfermo, necesita medicina"
que la gente escribe
en los carteles
que distribuyen
para recuperar
a un perro
perdido...

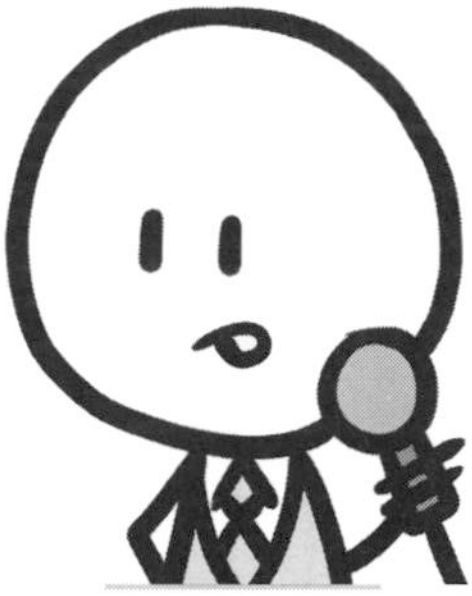

es casi siempre un truco
para que quienes
lo encuentren
no tengan ganas
de quedárselo.

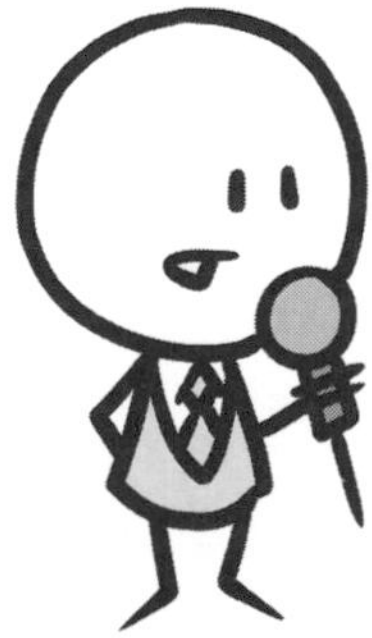

Y aunque muy baja,
esa estrategia
me pareció
inteligente
y eficaz.

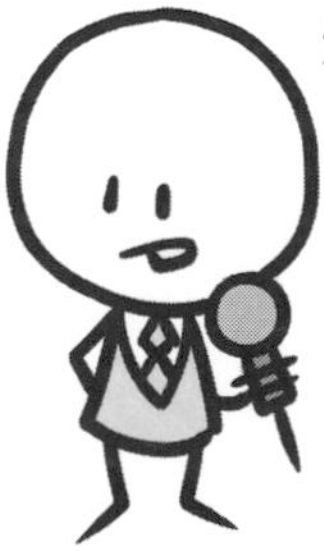

 Porque es como si tu esposo se perdiera y en los carteles para localizarlo escribieras:

 "No coge rico".

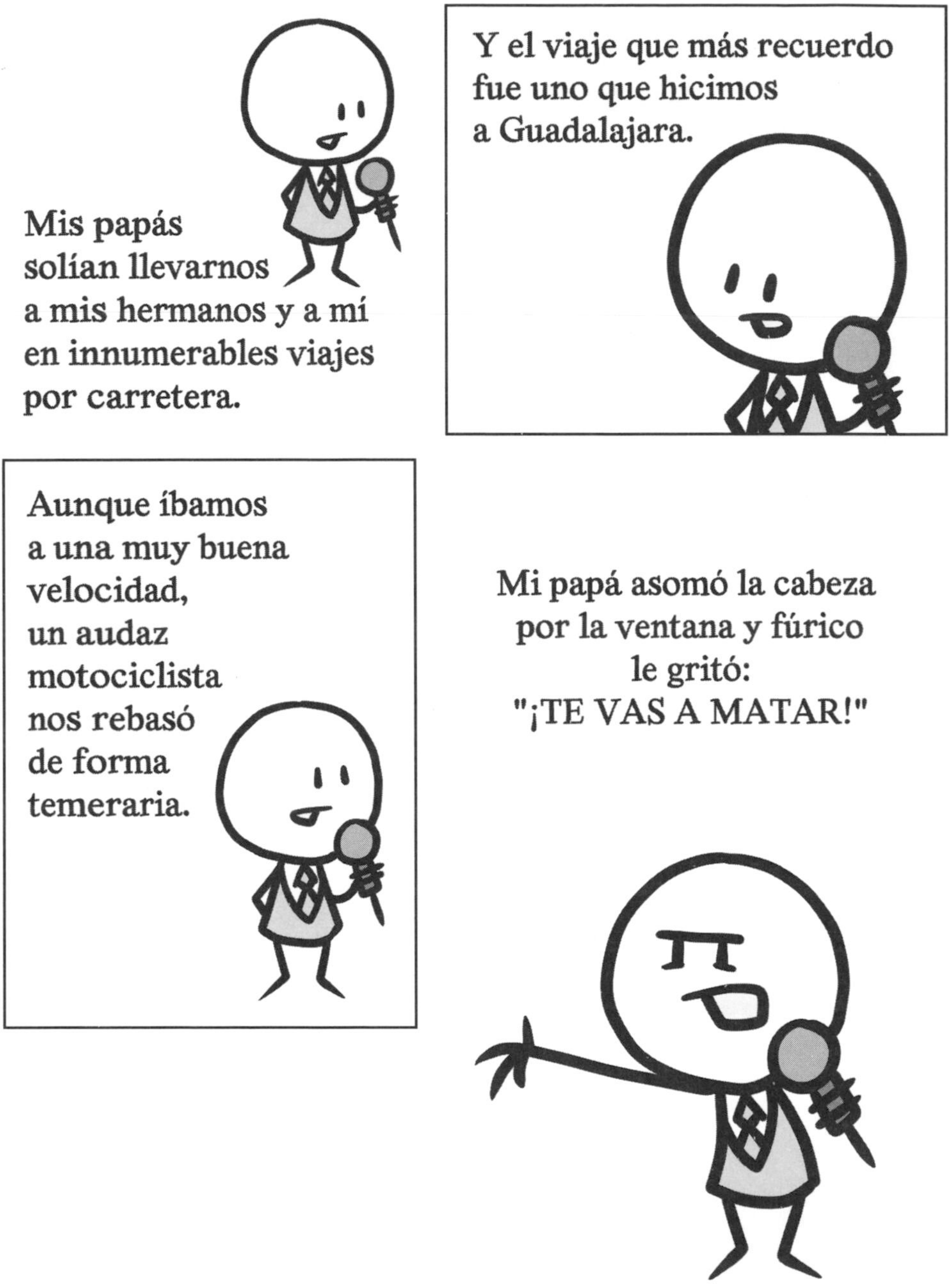
Mis papás solían llevarnos a mis hermanos y a mí en innumerables viajes por carretera.
Y el viaje que más recuerdo fue uno que hicimos a Guadalajara.
Aunque íbamos a una muy buena velocidad, un audaz motociclista nos rebasó de forma temeraria.
Mi papá asomó la cabeza por la ventana y fúrico le gritó: "¡TE VAS A MATAR!"

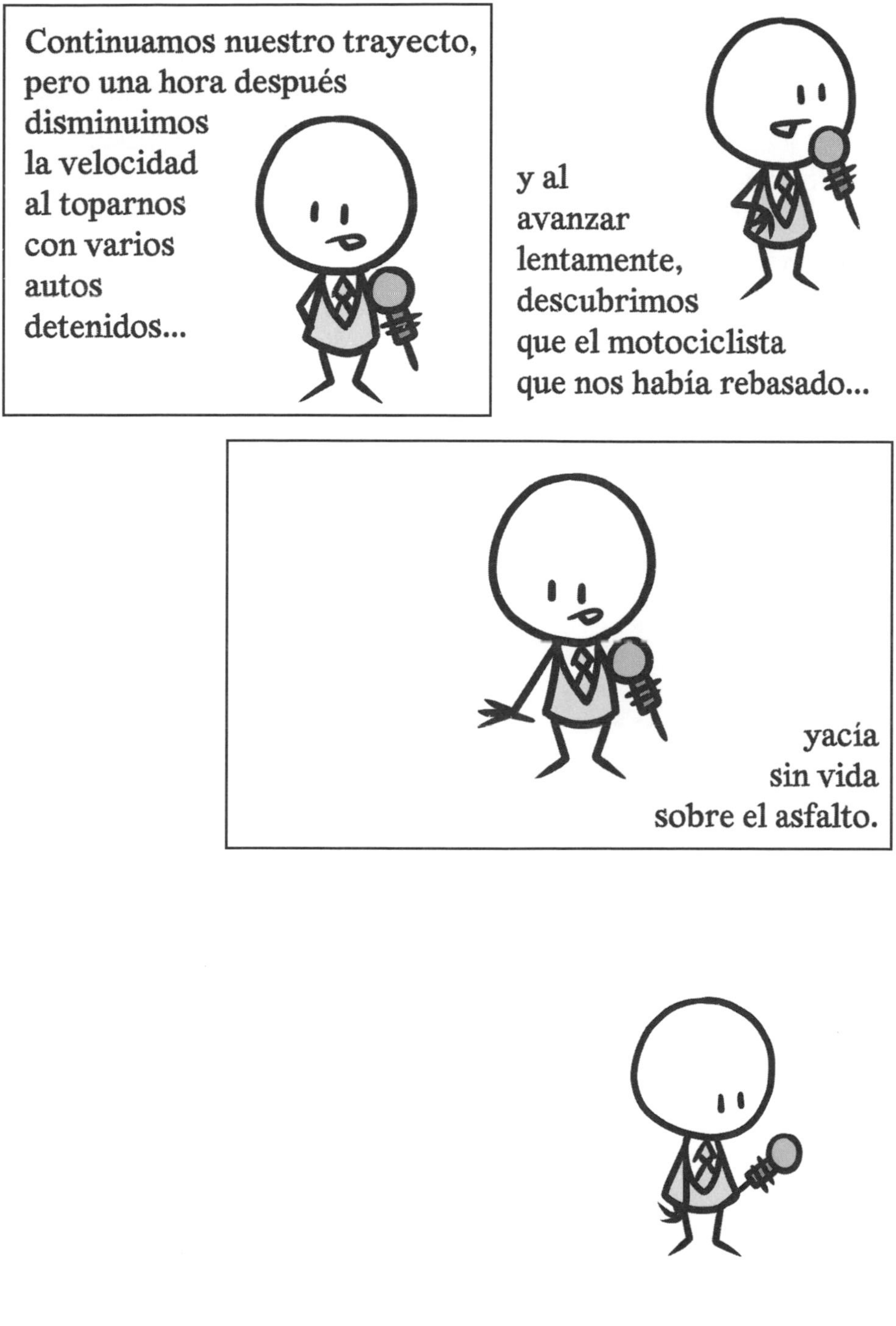
Continuamos nuestro trayecto, pero una hora después disminuimos la velocidad al toparnos con varios autos detenidos...
y al avanzar lentamente, descubrimos que el motociclista que nos había rebasado...
yacía sin vida sobre el asfalto.

El hecho de que, bajo
esas circunstancias,
el grito de mi padre
se hiciera realidad,
fue traumático
e inolvidable...

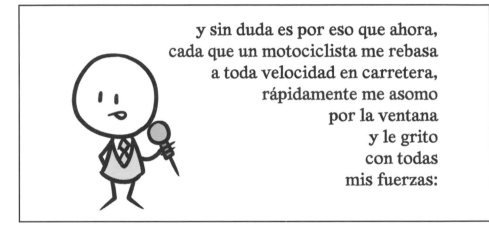

y sin duda es por eso que ahora,
cada que un motociclista me rebasa
a toda velocidad en carretera,
rápidamente me asomo
por la ventana
y le grito
con todas
mis fuerzas:

"¡VOY A SACARME
LA LOTERÍA!"

¡GRACIAS!
¡ERES
UN PÚBLICO
INCREÍBLE!

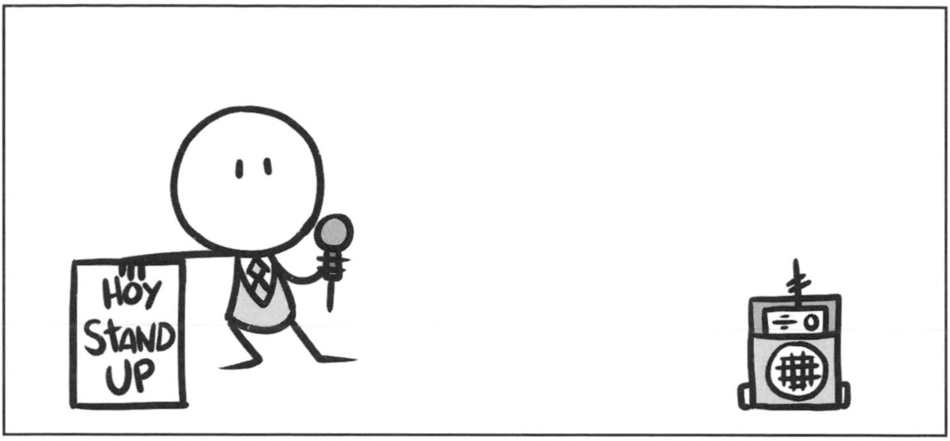
HOY
STAND
UP

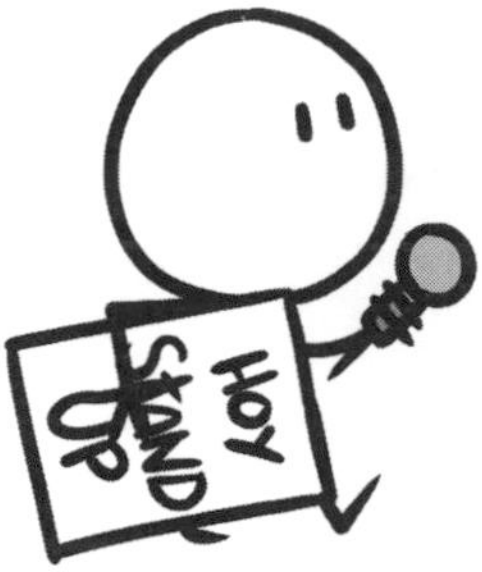
HOY
STAND
UP

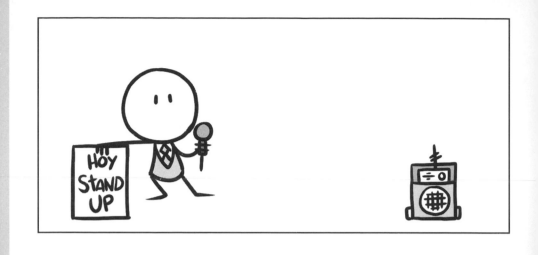

HOY
STAND

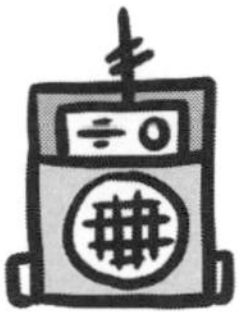